mentor Abiturhilfe

Deutsch

Oberstufe

Wissen und Strategien fürs Abitur

Antje Kelle

Mit ausführlichem Lösungsteil
und Beispielklausuren

Special: Lerntipps!

mentor
Eine Klasse besser.

Über die Autorin:

Antje Kelle, Oberstudienrätin am Gymnasium, Autorin mehrerer mentor Lern- und Abiturhilfen

Redaktion: Manuela Beisswenger

Illustrationen: Markus Olivieri, Herrischried

Layout: Barbara Slowik, München

Umschlaggestaltung: büro schels für gestaltung, München

Umwelthinweis: Gedruckt auf chlorfrei gebleichtem Papier.

Auflage:	7.	6.	5.	4.	3.	Letzte Zahlen
Jahr:	2007	2006	2005	2004	2003	maßgeblich

Satz/Repro: Satz + Litho Sporer KG, Augsburg
Druck: Druckhaus „Thomas Müntzer", Bad Langensalza
Printed in Germany · ISBN 3-580-63528-X

Inhalt

Benutzerhinweise

Der Text dieses Bandes entspricht – mit Ausnahme der Originalzitate – der neuen Rechtschreibung.

Übrigens:
Sollte man sich merken!

Fragen Sie sich mal …

Hier können Sie sich an die Arbeit machen.

NICHT WIE DER WIND WEHT – WIE ICH
DIE SEGEL SETZE, DARAUF KOMMT ES AN.

(alte Seglerweisheit)

Was man vorher braucht

A

Checkliste für die Expedition Abitur Deutsch

Abitur in Sicht!

Die Konturen der Oberstufenlandschaft zeichnen sich immer deutlicher ab. Die Marschroute zum Gipfel ist überschaubar: Klausurtermine markieren die Wegstrecke und teilen sie in planbare Abschnitte, und wenn nicht gerade Stundenprotokoll-Felsen oder Referat-Nebel den Blick verstellen, liegt das Ziel zum Greifen nah.
Damit die letzten Etappen keine Gratwanderung werden, bietet dieses Buch seine Dienste als Bergführer an.

Auf geht's – zur Expedition Abi Deutsch!

Wenn man eine größere Unternehmung plant, tut man bekanntlich gut daran, sich beizeiten zu besorgen, was man unbedingt mitnehmen muss. Auch unsere Expedition Abi Deutsch ist nur dann erfolgreich, wenn man mit Sorgfalt den Rucksack packt.

Folgende Grundausstattung hat sich hierbei bewährt:

A

1. Kondition – Training zahlt sich aus

Trainieren

Wer keinen geistigen Muskelkater bekommen will, muss so oft wie möglich trainieren: das Sprechen und Zuhören, das Schreiben und Lesen und das Behalten. Natürlich sind solche Fähigkeiten keineswegs auf das Fach Deutsch beschränkt; aber hier kommt ihnen naturgemäß eine zentrale Bedeutung zu.

1.1. Sprechen
Mut zur Meinung

Wer kennt nicht den verstohlenen Blick auf die Armbanduhr und das heimliche Flüstern des Nachbarn: „... noch 15 Minuten ..."
Und die Eifrigen rackern sich auch noch das letzte Viertelstündchen ab, bis der Pausengong Lust und Frust der Deutschstunde jäh beendet.

Mitreden

Dass es Stunden gibt, in denen man einfach nicht in Form ist, sei jedem zugestanden. Gefällt es einem jedoch, Zuschauer statt Akteur des Unterrichts zu sein, so hat man das Minutenzählen verdient. Schade nur um die verpasste Gelegenheit: Chancen zum Sprechen sind Chancen zum Mitgestalten. Mitgestalten heißt, Impulse geben. Mitgestalten heißt auch, sich inhaltlich und sprachlich festlegen und sich im Gespräch bewähren.
So könnte Schule sogar Spaß machen und ganz nebenbei ergäbe sich auch noch eine germanistische Trainerstunde und eine nette Note für das Mündliche.

Übrigens:
Es ist nicht abwegig, im Mündlichen ein Wörtchen mitzureden.

1. 2. Zuhören
Damit der Dialog kein Monolog wird

Dies ist nicht nur eine hohe Kunst, sondern auch ein komplizierter Vorgang:
Man nimmt akustische Sprachzeichen wahr und verwandelt/decodiert sie während des Hörens in Informationen – in der Annahme, dass der Sprecher dieselben Informationen im Kopf hatte, als er sie für den Hörer in akustische Sprachzeichen verwandelte/codierte.

Ideal heißt dies:

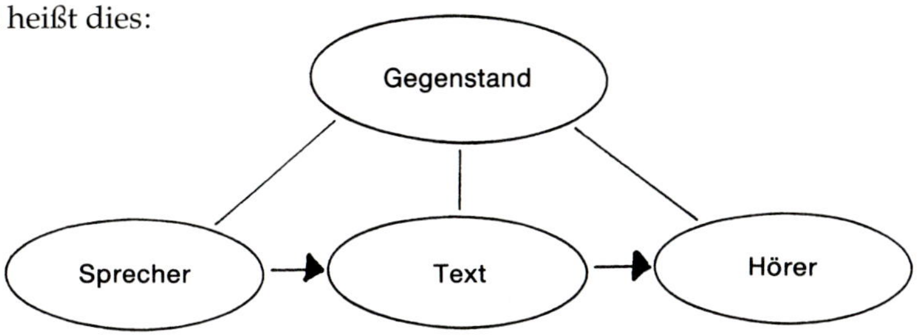

Real können sich jedoch manche Probleme einstellen, etwa:

nach: FRIEDEMANN SCHULZ VON THUN

Zuhören

Da schadet es nichts, wenn man sich ein bisschen Mühe gibt, genau hinzuhören – nicht nur dann, wenn es sich um Arbeitsanweisungen vor Klausuren handelt.

Übrigens:
Zuhören ist der Versuch, zwischen Tönen und Zwischentönen eine eindeutige Information zu empfangen.

1.3. Schreiben
Erst mal eine kreative Kladde

Schreiben – lästiges Überbleibsel aus Zeiten, in denen das Telefon noch nicht erfunden war?

Das wäre wirklich schade, nicht nur wegen der fehlenden Übung für Klausuren, Bewerbungsschreiben und Liebesbriefe, sondern auch wegen des unnötigen Einsatzes von Stresshormonen, die dem Ungeübten die Gelassenheit rauben, die er von Zeit zu Zeit benötigt.

Also: jede Gelegenheit wahrnehmen, damit es im Ernstfall leicht von der Hand geht.

Damit der Ernstfall gelingt, hat sich eine Arbeitsmethode eingebürgert, deren Nachahmung empfohlen wird.
Sie besteht aus 5 Arbeitsschritten:

- **Sammeln**
- **Ordnen**
- **Ausführen**
- **Überarbeiten**
- **Begutachten**

Stoff sammeln

Die erste Phase ist bei Chaoten und Kreativen besonders beliebt; da kann man nämlich spontan alles loswerden, was einem so zu dem jeweiligen Thema einfällt: Unfertiges, Ungeprüftes und Ungeordnetes, je mehr, umso besser. Solche Ansammlung ungehobelter Bauteile für den späteren Text nennen Fachleute auch **Stoffsammlung.**

Wer sein Denken in Schwung bringen möchte, kann sich durch die bekannten W-Fragen anregen lassen:

was?
wer?
wann?
wo?
wie?
warum?
wozu?

gliedern

Danach schlägt die große Stunde der Analytiker; denn nun gilt es auszusortieren, das Brauchbare vom Unbrauchbaren zu trennen, Unvollkommenes zu verbessern und Ordnung zu schaffen. Dies führt zu einer logisch überschaubaren **Gliederung,** die dem Inhaltsverzeichnis eines Buches gleicht. Hierbei ist es manchmal notwendig, Hauptgedanken in Teilaspekte zu untergliedern oder für Teilaspekte einen Oberbegriff zu finden, sodass am Schluss ein systematischer Überblick über die geplante Abfolge der Gedanken vorliegt.

Nach diesen Vorarbeiten kann es endlich losgehen mit der eigentlichen **Schreibphase,** in der das ausgeführt wird, was die Gliederung ankündigte, Punkt für Punkt.

Beim nächsten Arbeitsschritt kommen die besonders Anspruchsvollen zu ihrem Recht; denn kein Text ist so gut, dass man nicht noch sprachlich an ihm feilen könnte, bis wir mit Satzbau und Wortwahl zufrieden sind.

überprüfen

Zufrieden? Dieses wohlige Gefühl sollten wir uns noch einen Moment aufsparen. Falls es nämlich die Zeit erlaubt, sollten wir jetzt eine kleine Pause einlegen, um innerlich auf Distanz gehen zu können, und unser gesamtes Opus mit den Augen eines fremden Lesers noch einmal zur Kenntnis nehmen. Wenn es dann unserem kritischen Urteil standhält, haben wir guten Grund, uns zufrieden zurückzulehnen.

Übrigens:
Gedanken brauchen eine unsichtbare Ordnung, kein sichtbares Chaos.

1.4. Lesen Nur in geliehenen Büchern herrscht Schreibverbot

Lesen heißt, einem anderen zuhören.

Im Unterschied zum gesprochenen Wort hat das geschriebene Wort den Vorteil, dass es dauerhaft zur Verfügung steht: Wir können den Verfasser unterbrechen und ihn um Wiederholung bitten, indem wir das Kapitel noch einmal lesen; wir können diejenigen Informationen, die wir jeweils besonders wichtig finden, durch Farben und Striche optisch hervorheben. Solche Signale ermöglichen uns eine leichtere Orientierung und schaffen Übersicht und Souveränität beim Arbeiten mit Texten.

aktiv lesen

Zu guter Letzt können wir sogar ein Wörtchen mitreden, indem wir Kommentare an den Rand oder auf einen gesonderten Notizzettel schreiben und so vom passiven Konsumenten zum aktiven Produzenten werden.

Mit jedem dieser Zugriffe gehört uns der Text ein Stückchen mehr. Wenn wir ihn jedoch ganz in unser Wissen integrieren wollen, so müssen wir uns zu einem weiteren Schritt aufraffen und ihn schriftlich knapp zusammenfassen (vgl. Kap. 3.3.2).

Wer sich also etwas Gutes tun will, sollte sich bei der Lektüre wichtiger Texte folgendes Verfahren angewöhnen:

- **Lesen**
- **Lesen**
- **Unterstreichen**
- **Kommentieren**
- **Zusammenfassen**

Eines Tages – nicht nur im Abitur – wird sich auszahlen, dass man „was draufhat".

Und damit es an Lese-Ideen nicht mangelt, hier einige Anregungen in Form der **„ZEIT-Bibliothek der 100 Bücher"**:

Hans Christian Andersen, *Märchen*
Augustinus, *Bekenntnisse*
Honoré de Balzac, *Verlorene Illusionen*
Samuel Beckett, *Das letzte Band*
Die Bibel
Ernst Bloch, *Spuren*
Giovanni Boccaccio, *Das Decamerone*
Heinrich Böll, *Erzählungen*
Ulrich Bräker, *Der arme Mann im Tockenburg*
Bertolt Brecht, *Geschichten vom Herrn Keuner*
Georg Büchner, *Lenz*
Albert Camus, *Der Fremde*
Lewis Carroll, *Alice im Wunderland*
Giacomo Casanova, *Geschichte meines Lebens*
Dante Alighieri, *Die Göttliche Komödie*
Daniel Defoe, *Robinson Crusoe*
Charles Dickens, *Oliver Twist*
Denis Diderot, *Jacques der Fatalist und sein Herr*
Alfred Döblin, *Berlin Alexanderplatz*
John Dos Passos, *Manhattan Transfer*
Fjodor M. Dostojewski, *Die Dämonen*
Joseph von Eichendorff, *Aus dem Leben eines Taugenichts*
Die Erzählungen aus Tausendundeiner Nacht
William Faulkner, *Licht im August*
Henry Fielding, *Tom Jones*
Gustave Flaubert, *Madame Bovary*
Theodor Fontane, *Der Stechlin*
Sigmund Freud, *Das Unbehagen in der Kultur*
Max Frisch, *Stiller*
Jean Genet, *Querelle*
André Gide, *Tagebücher*
Johann Wolfgang Goethe, *Die Leiden des jungen Werther*
Johann Wolfgang Goethe, *Die Wahlverwandtschaften*
Nikolai Gogol, *Die toten Seelen*
Iwan A. Gontscharow, *Oblomow*
Gottfried von Straßburg, *Tristan und Isolde*
Günter Grass, *Die Blechtrommel*
Die Brüder Grimm, *Kinder- und Hausmärchen*
Hans Jakob Christoph von Grimmelshausen,
Der Abenteuerliche Simplicissimus
Knut Hamsun, *Hunger*
Jaroslav Hašek, *Die Abenteuer des braven Soldaten Schwejk*
Johann Peter Hebel, *Das Schatzkästlein des Rheinischen Hausfreundes*
Heinrich Heine, *Deutschland. Ein Wintermärchen*

Ernest Hemingway, *Der alte Mann und das Meer*
Hermann Hesse, *Der Steppenwolf*
Friedrich Hölderlin, *Hyperion*
E.T.A. Hoffmann, *Kater Murr und Kreisler*
Homer, *Odyssee*
Victor Hugo, *Die Elenden*
Jean Paul, *Siebenkäs*
Uwe Johnson, *Jahrestage*
James Joyce, *Ulysses*
Franz Kafka, *Erzählungen*
Franz Kafka, *Das Schloß*
Immanuel Kant, *Zum ewigen Frieden*
Gottfried Keller, *Der grüne Heinrich*

Søren Kierkegaard, *Entweder – Oder*
Heinrich von Kleist, *Erzählungen*
Gotthold Ephraim Lessing, *Anti-Goeze*
Claude Lévi-Strauss, *Traurige Tropen*
Georg Christoph Lichtenberg, *Sudelbücher*
Longos, *Daphnis und Chloë*
Heinrich Mann, *Der Untertan*
Thomas Mann, *Buddenbrooks*
Karl Marx, *Der achzehnte Brumaire des Louis Bonaparte*
Herman Melville, *Moby Dick*
Michel de Montaigne, *Essais*
Karl Philipp Moritz, *Anton Reiser*
Thomas Morus, *Utopia*
Robert Musil, *Die Verwirrungen des Zöglings Törless*
Das Nibelungenlied
Friedrich Nietzsche, *Menschliches, Allzumenschliches*
Blaise Pascal, *Pensées*
Platon, *Apologie*
Edgar Allan Poe, *Phantastische Erzählungen*
Marcel Proust, *Auf der Suche nach der verlorenen Zeit*
Wilhelm Raabe, *Abu Telfan oder die Heimkehr vom Mondgebirge*
François Rabelais, *Gargantua und Pantagruel*
Rainer Maria Rilke, *Die Aufzeichnungen des Malte Laurids Brigge*
Jean-Jacques Rousseau, *Die Bekenntnisse*
Jean-Paul Sartre, *Die Wörter*
Friedrich Schiller, *Ästhetische Schriften*
Arthur Schopenhauer, *Parerga und Paralipomena*
Anna Seghers, *Das siebte Kreuz*
Stendhal, *Rot und Schwarz*
Laurence Sterne, *Tristram Shandy*
Adalbert Stifter, *Erzählungen*
August Strindberg, *Sohn einer Magd*
Jonathan Swift, *Gullivers Reisen*
Tacitus, *Germania*
Leo Tolstoi, *Krieg und Frieden*
Leo Trotzki, *Mein Leben*
Anton Tschechow, *Erzählungen*
Iwan Turgenjew, *Väter und Söhne*
Vergil, *Aeneis*
Voltaire, *Candide*
Oscar Wilde, *Das Bildnis des Dorian Gray*
Wolfram von Eschenbach, *Parzival*
Emile Zola, *Germinal*

Übrigens:
Wer beim Lesen von Arbeitstexten Wichtiges nicht kennzeichnet, ist entweder ein Genie oder ein Dummkopf.

1.5. Behalten
Besitz, den keiner stehlen kann

Konditionstraining ohne Gedächtnistraining ist wie Sommer ohne Sonne.

Fangen wir gleich an. Nein, nicht mit englischen Vokabeln oder mathematischen Lehrsätzen, sondern mit etwas, zu dem man eine persönliche Beziehung hat, sodass man es Buchstabe für Buchstabe besitzen möchte.
Im Klartext heißt das: ab und zu etwas **auswendig lernen.**

auswendig lernen

Wie wär's mit einem Gedicht oder einer Fabel? Zum Beispiel:

Mondnacht

Originaltext

Es war, als hätt der Himmel
Die Erde still geküßt,
Daß sie im Blütenschimmer
Von ihm nun träumen müßt.

Die Luft ging durch die Felder,
Die Ähren wogten sacht,
Es rauschten leis die Wälder,
So sternklar war die Nacht.

Und meine Seele spannte
Weit ihre Flügel aus,
Flog durch die stillen Lande,
Als flöge sie nach Haus.

JOSEPH VON EICHENDORFF

Fabel

Originaltext

Der Wolf brach in eine Herde ein und trug ein Schaf fort. Der Hirt schleuderte ihm einen Stein nach und verwünschte ihn mit den heftigsten Worten. Darüber wunderten sich die Blumen, die zu seinen Füßen standen, und sprachen zueinander: „Warum flucht er dem Wolfe, der uns nichts zuleide tut, sondern nur die bösen Schafe vertilgt, die uns fressen?"

RUDOLF KIRSTEN

Wer es nicht so poetisch mag, kann vielleicht mit einigen Artikeln der Menschenrechte oder der Eidesformel für Olympiateilnehmer etwas anfangen:

Artikel 1. Alle Menschen sind frei und gleich an Würde und Rechten geboren. Sie sind mit Vernunft und Gewissen begabt und sollen einander im Geiste der Brüderlichkeit begegnen.

Originaltext

Artikel 2. Jeder Mensch hat Anspruch auf die in dieser Erklärung verkündeten Rechte und Freiheiten ohne irgendeine Unterscheidung, wie etwa nach Rasse, Farbe, Geschlecht, Sprache, Religion, politischer oder sonstiger Überzeugung, nationaler oder sozialer Herkunft, nach Eigentum, Geburt oder sonstigen Umständen.
Weiter darf keine Unterscheidung gemacht werden auf Grund der politischen oder internationalen Stellung des Landes oder Gebietes, dem eine Person angehört, ohne Rücksicht darauf, ob es unabhängig ist, unter Treuhandschaft steht, keine Selbstregierung besitzt oder irgendeiner anderen Beschränkung seiner Souveränität unterworfen ist.

Artikel 3. Jeder Mensch hat das Recht auf Leben, Freiheit und Sicherheit der Person.

Artikel 4. Niemand darf in Sklaverei oder Leibeigenschaft gehalten werden; Sklaverei und Sklavenhandel sind in allen ihren Formen verboten.

Artikel 5. Niemand darf der Folter oder grausamer, unmenschlicher oder erniedrigender Behandlung oder Strafe unterworfen werden.

Originaltext

Eid der Athleten

„Im Namen aller Teilnehmer verspreche ich, daß wir uns bei den Olympischen Spielen als loyale Wettkämpfer erweisen, die Regeln achten und teilnehmen im ritterlichen Geist zum Ruhme des Sports und zur Ehre unserer Mannschaften."

Übrigens:
Was „wie geschmiert" laufen soll, muss regelmäßig in Betrieb sein. Dies gilt auch für das Gedächtnis.

A

2. Krisenmanagement – Wider den Stress

Probleme erkennen

Dass jeder Mensch Stärken und Schwächen hat, ist hinlänglich bekannt. Dass Schwächen gefährlich werden können, verdrängt man jedoch allzu gern. Verdrängen heißt aber ignorieren. Was man aber ignoriert, das kann man nicht bewältigen.

Was also ist zu tun?
Den Problemen einfach ins Auge sehen und sie abschaffen.

Aber bitte jetzt keine tief schürfende Seelenschau inszenieren, sondern nur ein paar handfeste Fragen beantworten:

- Wie bin ich in Sachen Schule motiviert?
- Wie halte ich es mit den Hausaufgaben?
- Wie komme ich mit den Klausuren zurecht?
- Wie stehe ich zu Prüfungen?

2.1. Motivation
Was man will, klappt besser

Warum gehe ich zur Schule? …

____

____

Gehe ich gern zur Schule? …

____

____

Motivation ist geistiges Anlaufnehmen. Ihre Energie bringt uns in Schwung und hebt uns über manche Hürde.

Besonders zu beneiden sind diejenigen, die um des Lernens willen lernen. Neugierde beflügelt, und was Spaß macht, tut man freiwillig.
Schwerer haben es da jene, die nur um einer Note willen büffeln. Solche Sekundärmotivation ist unstet und fremdbestimmt, und außerdem verwischt sie den Zusammenhang zwischen Einsatz und Ergebnis.

Da bleibt nur eines: die Einstellung ändern. Auch der langweiligste Unterricht hat Interessantes zu bieten. Man muss es nur sehen (oder herbeiführen!) wollen.

Einstellung

Übrigens:
Motivation hat etwas mit Einstellung zu tun. Sie ist änderbar.

2.2. Hausaufgaben
Es geht ja wohl nicht ohne

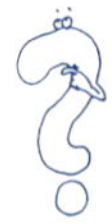

Sind sie mir ein Greuel? …

Mache ich sie regelmäßig? …

Die Schule ohne Hausaufgaben muss wohl erst noch erfunden werden. Bei allen Reformen und Reformen der Reformen kommen sie immer wieder zu hohen Ehren.
Und – Hand auf's Herz – wenn wir nicht selbst betroffen wären, würden wir sie anderen sicherlich wärmstens empfehlen …
Ohne häusliches Einüben, Vor- oder Nachbereiten des Unterrichtsstoffes wäre entweder der Schultag länger oder das Lernpensum geringer, und wer wollte dies schon?
Also ran!

Übrigens:
Ohne Arbeit ist das Abitur nun einmal nicht zu haben.

Einsatz

2.3. Klausuren
Da kann man endlich mal in Ruhe arbeiten

Bin ich gut vorbereitet? ...

Komme ich mit der Arbeitszeit aus? ...

Klausuren setzen in der Regel den Unterrichtsstoff eines längeren Zeitraums voraus, und daher haben es sich viele Schüler angewöhnt, ein paar Tage vor dem Termin alle Verabredungen abzusagen und sich zu einem Großeinsatz am Schreibtisch zurückzuziehen. Mit solchen Gepflogenheiten sind allerdings meist Missmut und Misserfolg vorprogrammiert; denn bei solcher Stofffülle muss einem ja angst und bange werden, und ein verkrampfter Schüler ist selten zu Hochleistungen fähig.

Vorbereitung

Da heißt es Abschied nehmen von der beliebten Saisonarbeit (deren aufgeblähtes Volumen aus lernpsychologischer Sicht ohnehin sehr schlecht abschneidet) und sich auf gleichmäßiges Arbeiten mit überschaubarem Umfang umzustellen: garantiert stressfrei und gedächtnisfreundlich. Ein ausgedehntes Mittelgebirge lässt sich eben leichter überwinden als ein steiler Viertausender. (Und das Rockkonzert am vorangehenden Wochenende braucht auch nicht gestrichen zu werden.)

Während die Vorbereitung auf eine Klausur mehr von der äußeren Planung abhängt, hat die Bewältigung bestimmter Aufgaben innerhalb einer festgesetzten Zeitspanne eher etwas mit innerem Vermögen zu tun: Bin ich in der Lage, bei begrenzter Arbeitszeit „auf Kommando“ gute Leistungen zu bringen? Wer bei diesem Satz ganz cool bleibt, sollte gleich zum nächsten Kapitel weiterblättern. Wer jedoch bei seinem Puls gewisse Unregelmäßigkeiten verspürt, der sollte erst einmal tief durchatmen.
Es gibt nämlich ein höchst wirksames Medikament gegen diesen Infekt: das Arbeiten mit der Uhr üben.

Zeitplanung

So einfach ist das: Ab sofort gewöhnt man sich an, die Hausaufgaben mit einer Zeittabelle zu begleiten, etwa:

Aufgabe:	*Zeit:*
– Kurzgeschichte 2 x gelesen (1 DIN-A4-Seite) – unterstrichen, kommentiert, Inhalt zusammengefasst – Wortwahl und Satzbau untersucht usw.	10 Minuten 15 Minuten 20 Minuten

Auf diese Weise stellt sich nach geraumer Zeit ein sicheres Zeitgefühl ein, das bei einer Klausur für einen klaren Kopf sorgt.
(Wem dieses erprobte Hausmittel noch nicht ausreicht, der sollte sich vom Lehrer eine „Probeklausur“ – vielleicht eine alte aus einer anderen Klasse – erbitten, die man innerhalb der normalen Klausurdauer zu Hause bearbeitet.)

Übrigens:
Was andere können, kann ich doch wohl auch.

Selbstbewusstsein

2.4. Prüfungen
Nur nicht nervös werden

Wovor habe ich Angst? ...

____

____

Was kann ich dagegen tun? ...

____

____

Prüfungs-angst

Selbst im DUDEN ist sie aufgeführt, die Prüfungsangst. Sie scheint also sehr verbreitet und sozusagen „normal" zu sein. Dies leuchtet auch ein; denn erfahrungsgemäß machen uns Erfolge nun einmal glücklicher als Niederlagen, und in der Regel hängt von einer Prüfung schließlich ja einiges ab, was uns wichtig ist.

Solange also eine gesunde Ernsthaftigkeit für die Mobilisierung aller Kräfte sorgt, wie man sie auch für eine sportliche Herausforderung benötigt, solange hat sie wohl noch keinem geschadet.
Wenn sie jedoch bedrückt und lähmt, statt anzuspornen, dann wird es höchste Zeit für eine Selbstanalyse:
– Was steckt dahinter?
– Warum habe ich eigentlich Angst?
Was auch immer wir jetzt antworten werden, in den meisten Fällen handelt es sich um Ursachen, die bei uns selbst liegen und die man beseitigen kann: die Angst vor dem Versagen.

Worin könnte man denn vor allem versagen? ...

1. Man weiß nicht genug.
2. Man kann sich nicht richtig ausdrücken.

1. Man weiß nicht genug

Der Erwerb des notwendigen Fachwissens ist ausschließlich eine Sache der gezielten Vorbereitung.
Diese beginnt mit der Frage an den Lehrer: „Was wird in der Prüfung verlangt?"
Danach ist es ratsam, sich als Planungshilfe eine Übersichtstabelle anzulegen und sich schlichtweg daran zu halten, z. B.

Thema/ Sachgebiet	*Schwerpunkt*	*Fragen/ Probleme*	*Zeitaufwand (mit Reserve)*	*erledigt*

Wie für alle Kenntnisse, über die man sicher verfügen möchte, ist es bei jedem Sachgebiet wichtig, dass man die **Zusammenhänge** durchschaut. Wer beispielsweise nicht weiß, dass die meisten Barockgedichte unter dem Eindruck der Pest und des Dreißigjährigen Krieges geschrieben wurden, wird wohl kaum den Vergänglichkeitsgedanken verstehen, der viele dieser Texte beherrscht.

Überblick verschaffen

Daher sollten wir nicht versäumen, uns in einem Handbuch oder Lexikon einen Überblick zu verschaffen, an dessen Koordinaten sich unsere späteren Detailkenntnisse orientieren können.

Für die Klärung der Fragen/Probleme bietet sich die Möglichkeit, sich mit Leidensgenossen aus der Jahrgangsstufe zusammenzutun. Wer sonst kennt die Sachlage besser? Und da bei den anderen sicher auch der Schuh drückt, kann man sich gegenseitig behilflich sein.

Besonderen Wert sollte man nach getaner Arbeit auf das kleine Häkchen in der letzten Spalte legen. Ohne Streicheleinheit geht es nun einmal nicht.
So, einer Angst hätten wir nun den Boden entzogen.

2. Man kann sich nicht richtig ausdrücken

Diese Sorge ist nur bei den Schülern berechtigt, die bisher zu den großen Schweigern gehörten. Ihnen fehlt einfach die Übung, im mündlichen Schlagabtausch ihren Mann zu stehen.

mitreden

Dies lässt sich meist problemlos nachholen; man braucht sich nur zum Mitreden (vgl. Kap. 1.1.) zu entschließen; der Rest regelt sich im täglichen Gebrauch.
Und falls dies wirklich ein Problem bleiben sollte, dann muss man es eben akzeptieren und sich von vornherein darauf einstellen, dass man eine Formulierung einmal korrigieren muss. Na und?
Davon ist noch keine Prüfung „danebengegangen".

cool bleiben

Zum Schluss dieses Kapitels noch zwei Tipps aus der psychologischen Trickkiste:

- am Abend vor der Prüfung völlig abschalten und etwas Schulfremdes unternehmen!
- am Morgen vor der Prüfung seine Lieblingsmusik hören!

Übrigens:
Wer gelassen in eine Prüfung geht, hat sie schon halb bestanden.

3. Know-how – Wie geht das denn?

3.1. Lernen
Wie soll das bloß alles in meinen Kopf?

3.1.1. Reihenfolge – Das Gedächtnis ist wählerisch

Reihenfolge

Da Wissen, Fähigkeiten und Fertigkeiten (und das Abitur) nun einmal ohne Lernen nicht zu erwerben sind, ist es nützlich, ein paar Einsichten der Lernpsychologie zu kennen und zu berücksichtigen.

Auf dem Weg ins Langzeitgedächtnis stehen dem Gelernten mancherlei Hindernisse entgegen.
Die Hauptprobleme beim lernenden Schüler liegen zum einen in der Störung des Speichervorgangs durch Unterbrechen des Lernprozesses, zum anderen in der Überlagerung eines Lernstoffs durch einen anderen. Letzteres geschieht immer dann, wenn wir ohne Pause arbeiten. In beiden Fällen hat das Gehirn keine Gelegenheit, das Gelernte an schon Vorhandenes zu binden und damit zu fixieren.

Pausen

Wenn uns einmal die Arbeitswut gepackt hat, dürfen wir uns nicht stören lassen; außerdem müssen wir das Pensum in kleinere Abschnitte aufteilen, nach deren Erledigung wir dem Gehirn ein wenig Erholung gönnen. Und falls der Rest der Welt diese gute Nachricht für eine faule Ausrede hält, so zeigen wir ihm die nachstehende Grafik,

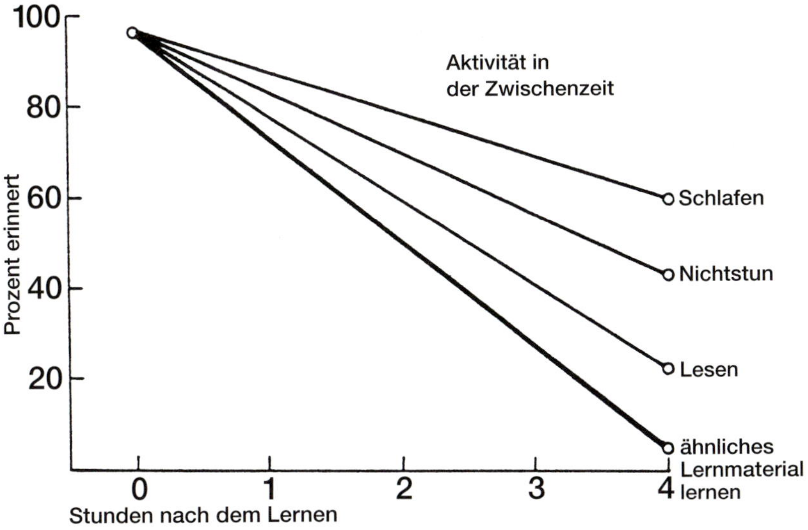

und er wird beim nächsten Mal selbst so verfahren:

Lernen – Entspannen – Lernen – Entspannen – Lernen …

Abwechslung

Wir können unserem Gehirn aber noch einen weiteren freundlichen Dienst erweisen, indem wir ihm **Abwechslung** bieten. Wenn wir nämlich z. B. bei den Hausaufgaben statt der Reihenfolge Englisch – Deutsch – Physik – Chemie die Reihenfolge wählen: Englisch – Physik – Deutsch – Chemie, dann irritieren wir den Speichervorgang im Gehirn nicht durch Nachlieferung ähnlicher Inhalte.
Dies gilt natürlich auch bei der Arbeit innerhalb eines Sachgebiets/Schulfachs: Man hat beispielsweise für eine Prüfung folgende Aufgaben zu erledigen:

1. Lexikonartikel lesen
2. Lektüre zu Ende lesen
3. rhetorische Stilmittel lernen
4. Lebensdaten lernen
5. Inhaltsangabe schreiben
6. Karteikarten schreiben

Ändert man nun die Reihenfolge zu 1 – 3 – 5 – 2 – 4 – 6, so ergibt sich ein Wechsel von Lesen zu Lernen zu Schreiben; das Gedächtnis wird sich – spätestens im Abitur – für diesen Service bedanken.

Übrigens:
Pausen sind lernpsychologisch vorgeschriebene Arbeitsphasen.

Übung A1

Beginnen Sie gleich morgen mit der Aufteilung des Lernstoffes.

Methode

3.1.2. Methode – Gewusst wie

Aus der Fülle der (sehr spannenden) Fachliteratur sei zunächst auf ein wichtiges Untersuchungsergebnis aufmerksam gemacht:

Positive Begleiterscheinungen fördern den Lernerfolg.

Atmosphäre

Wenn wir schon bei der Wahl des Lernstoffes so selten nach unseren Wünschen gefragt werden, so sollten wir zumindest das Lernumfeld bewusst nach unseren Vorstellungen gestalten. Je nach individueller Neigung reichen die Möglichkeiten hierbei vom gemütlichen Arbeitsplatz bis hin zur (lange umstrittenen) leisen Hintergrundmusik. Erlaubt ist, was gefällt.

Nicht nur die Begleiterscheinungen des Lernens werden von Mensch zu Mensch unterschiedlich eingeschätzt, auch die Arten der Vermittlung.
Mancher lernt am besten, was er hört oder worüber er spricht; mancher muss sehen oder anfassen, was er lernt, ein anderer braucht die Anwendung des Gelernten.
Das heißt, jeder Mensch bevorzugt offensichtlich eine bestimmte Art der Vermittlung. Diese Tatsache sollte man sich bewusst machen und beim Lernen nutzen.

Lerntyp

Auch wenn für das Fach Deutsch nicht jeder Lerntyp auf seine Kosten kommt, sollte man in jedem Fall versuchen, seine Veranlagung durch Selbstbeobachtung in Erfahrung zu bringen, um die von der Schule gebotene Art zu ergänzen, etwa in Form von Filmen/Dias, Radio- und Fernsehsendungen/Vorträgen oder eigenen Grafiken/Tabellen.

Falls solche Bereicherung gelingt, ist das Annehmlichkeitsgefühl beim Lernen größer (vgl. S. 24); außerdem erreicht uns der Lernstoff auf mehreren Eingangskanälen; er „sitzt" also besser.

Originaltext

TISCHBEIN: Goethe in Rom

1783 Erster Kontakt zu Christian Gottlob von Voigt. Zweite Harzreise. Aufenthalte in Göttingen (Besuch eines Kollegs von Georg Christoph Lichtenberg) und Kassel (Begegnung mit dem Naturforscher Samuel Thomas Sömmering).

1784 Entdeckung des „Os intermaxillare" (Zwischenkieferknochen). Dritte Harzreise.

1785 Botanische Studien. Erster Kuraufenthalt in Karlsbad. Halsbandaffäre am französischen Hof.

1786 Aufenthalt in Karlsbad. Tod Friedrichs II. von Preußen (17. 8.). Heimliche Abreise nach Italien. In Rom Unterkunft bei Johann Heinrich Wilhelm Tischbein und Bekanntschaft mit Angelika Kauffmann, Johann Heinrich Meyer, Karl Philipp Moritz.

1787 Reise nach Neapel (mit Tischbein) und Sizilien (mit Christoph Heinrich Kniep). Gesteins- und Pflanzenstudien („Urpflanze"). Bekanntschaft mit Philipp Hackert, unter dessen Anleitung G. zeichnet. Eintreffen Schillers in Weimar.

Karteikarten

Die nächste Arbeitshilfe ist sicherlich aus dem Fremdsprachenunterricht bekannt: der Karteikasten mit seinen 5 Fächern für die verschiedenen Gedächtnisstufen.

- **keine Ahnung**
- **ein bisschen**
- **na ja**
- **recht ordentlich**
- **erledigt!**

Auch für das Fach Deutsch kann er sich manchmal nützlich machen, z. B. wenn es darum geht, Metaphern, Personifikationen oder Synästhesien auseinander zu halten (oder Blankvers, Alexandriner und Hexameter). Auf der Vorderseite stehen dann die lateinischen Fachausdrücke, auf der Rückseite die Erläuterungen mit Beispielen.
Nach jeder Wiederholung hat dann ein Kärtchen die Chance, eine Abteilung weiterzurücken, bis es nur noch ein großes Fach „erledigt!" gibt.

Wiederholung

Wiederholen gehört nämlich auch zu den unerlässlichen Lernmethoden, wie aus folgender Grafik abzuleiten ist:

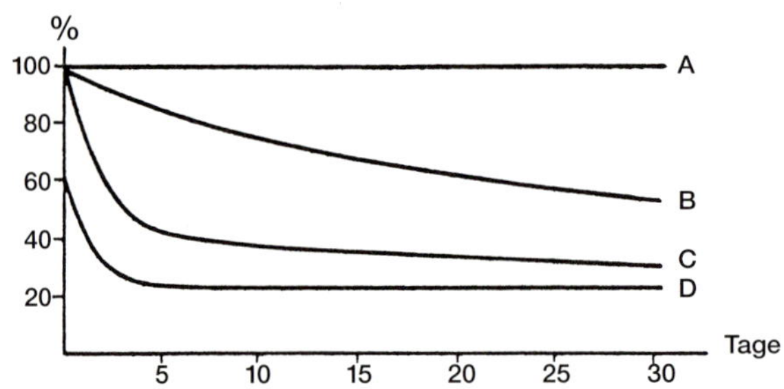

Vergessenskurve

A = Gesetzmäßigkeiten
B = Gedichte
C = Prosatexte
D = sinnlose Silben

Die abschließende Anregung ist nichts für Ästheten, da der Schönheitssinn vorübergehend durch den Nützlichkeitssinn überdeckt wird: Man kann nämlich die Wiederholung wichtiger Fakten dadurch fördern, dass man einige Flächen im Arbeitszimmer (z. B. Tür, Schrank) zur Plakatwand umfunktioniert und sie mit Zetteln verziert.
So kann man zusätzlich – sozusagen im Vorübergehen – manche Kenntnis festigen und für den späteren Gebrauch abrufbar machen.

Übrigens:
Fachsimpeln mit Gleichgesinnten hat schon manches Bücherwissen zum Leben erweckt.

Übung A2

Überlegen Sie, welche der vorgeschlagenen Lernmethoden Sie ausprobieren wollen, und schaffen Sie die Voraussetzungen dafür.

3.2. Notieren
Unsentimentaler Abschied vom Schmierzettel

3.2.1. Arbeitstechnik – Vom unsichtbaren Raster eines DIN-A4-Blattes

Bitte nicht empört weiterblättern, weil es doch eine Zumutung ist, einem Oberstufenschüler das Notizenmachen beibringen zu wollen.
Wer noch kein Profi ist, erfährt vielleicht doch noch etwas Neues:

- **Notizen gehören auf DIN-A4-Blätter.**

Format

Da Kopien meist gleich groß sind, ermöglicht das einheitliche Format ein bequemes Durchblättern der Arbeitsunterlagen.

- **Notizen haben nur eine Vorderseite.**

Dies ist zwar Papierverschwendung; aber erstens gibt es preiswertes Papier, und zweitens ist die Zeit noch viel kostbarer, die man benötigt, um die Rückseiten von Blättern abzuschreiben, deren Vorderseiten überholt sind.

- **Notizen ohne Überschrift sind wertlos.**

Zuordnung

Ob es sich um Notizen aus einer Schulstunde handelt (vgl. Kap. 3.3.3.) oder um das Exzerpt eines Zeitungsartikels (vgl. Kap. 3.3.1.), nach einigen Tagen wissen wir selten noch, aus welchem Zusammenhang, aus welcher Quelle unsere Notiz stammt. Also: kein Blatt ohne Thema und Quelle/Zusammenhang.

- **Notizen sind nie „fertig".**

Struktur

Da man oft Veranlassung hat, frühere Notizen zu ergänzen, darf das Blatt nicht voll geschrieben sein. Folgende Einteilung hat sich als sinnvoll erwiesen:

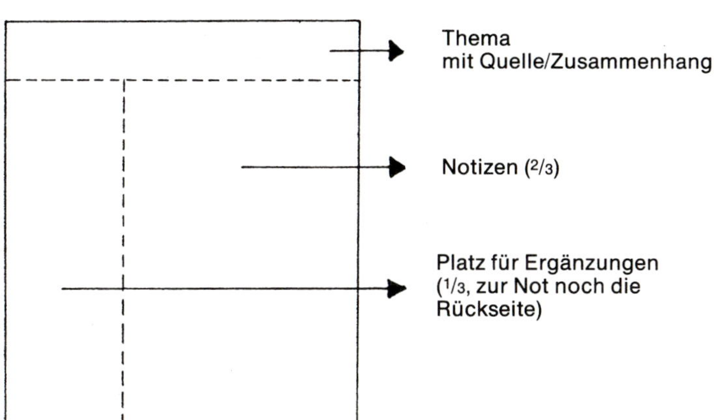

Übrigens:
Notizen sind Bausteine des Wissens; sie verdienen unsere Aufmerksamkeit.

Räumen Sie Ihren Schreibtisch auf und verwandeln Sie wichtige Info-Zettelchen in mustergültige Notizblätter.

3.2.2. Verfügbarkeit – Ordnung, die sich lohnt

„Wer Ordnung hält, ist nur zu faul zum Suchen."

Systematik

Unterlagen, die man nicht findet, sind wie Unterlagen, die es gar nicht gibt. Daher versteht es sich von selbst, dass man sich ein überschaubares **Ablageverfahren** angewöhnt. Welche Methode man auch wählt, systematisch muss es zugehen, entweder thematisch oder alphabetisch oder beides: in der Grobstruktur thematisch und in der Binnenstruktur alphabetisch. Es wird zwar kaum möglich sein, ohne eine Abteilung „Verschiedenes" auszukommen; aber 90 % der Unterlagen müssen jederzeit griffbereit sein, um ergänzt, gelesen oder gelernt werden zu können. Ob sie in Aktenordnern oder Hängemappen aufbewahrt werden, ist reine Geschmacksache. Hauptsache, die Ordner haben Register und die Hängemappen Reiter.
Falls es jemand noch effektiver möchte, so kann er noch die Signalwirkung von Farbstiften gezielt einsetzen:
Wenn man es sich nämlich zur Gewohnheit macht, bestimmte Namen, Themen oder Begriffe auf den Unterlagen in einer bestimmten Farbe zu kennzeichnen, so weiß man schon beim Durchblättern, ob das gesuchte Stichwort vorkommt.

Für das Fach Deutsch wäre es beispielsweise hilfreich, alle Dichter und ihre Werke grün und alle Themen rot zu markieren; dann schrumpft aufwendiges Lesen auf den optischen Befehl: „Halt! Hier lesen!"

Übrigens:
Wer systematisch arbeitet, lebt 70 Minuten pro Stunde.

Übung A4

Überprüfen Sie sämtliche Deutsch-Unterlagen, die sich im Laufe der Jahre so angesammelt haben, auf ihre Brauchbarkeit.
Was Sie voraussichtlich noch einmal verwenden können, wandert auf gesonderte Stapel, das Übrige in den Papierkorb.
Entscheiden Sie sich für ein Ablagesystem und verwirklichen Sie es. Achten Sie in Zukunft darauf, dass jedes neue Material sofort richtig einsortiert wird.

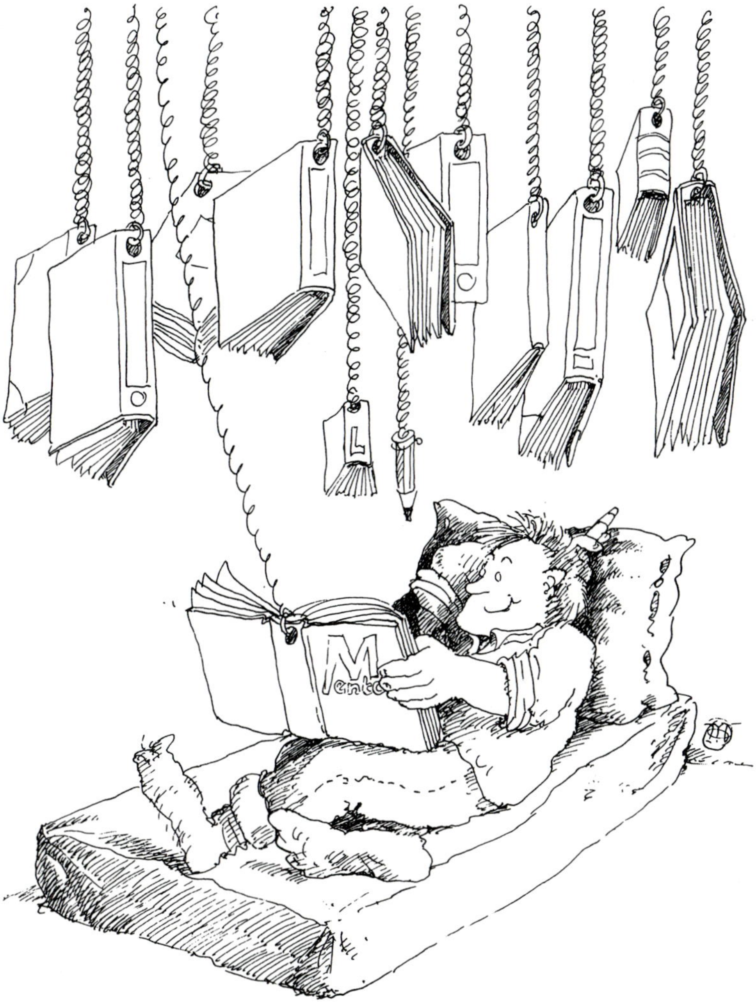

3.3. Kürzen
Damit man es besser wiederholen kann

Wer soll das bloß alles behalten! Das Leben besteht ja schließlich nicht nur aus Schule. Wenn es sich jedoch manchmal nicht verhindern lässt, eine Menge Texte und Unterrichtsergebnisse parat zu haben, so sollte man wenigstens rationell vorgehen.

3.3.1. Exzerpt[1] – Und kein Jota darf fehlen

[1] *(aus lat.* heraus-nehmen*)*

Damit man über exakte Informationen verfügen kann, ohne einen Originaltext von vorn lesen zu müssen, hat man das Exzerpieren erfunden.

Es ist die Kunst, wichtige Einzelheiten aus einem Text herauszulösen, mit dem Anspruch der Genauigkeit, aber ohne den Anspruch der Vollständigkeit. Ein solcher Textauszug ist zu einem späteren Zeitpunkt ein zuverlässiger Ersatz für das Original.

Es gibt zwei Formen von Exzerpten:

Abschreiben

1. das **wörtliche Herausschreiben** von Sätzen mit Anführungszeichen und eindeutiger Quellenangabe (vgl. Kap. 3.4.2.).
   Dieses Verfahren ist immer dann geeignet, wenn die Originalformulierungen so gelungen sind, dass eigene Worte sie wahrscheinlich nur verwässern würden (z. B. bei Definitionen).
   Das Exzerpt besteht dann aus einer Aneinanderreihung von Zitaten in der Reihenfolge ihres Vorkommens im Original.

Stichworte

2. das **stichwortartige Zusammenfassen** von Textinhalten, natürlich ohne Anführungszeichen, aber mit eindeutiger Quellenangabe. Dieses Verfahren bietet sich an, wenn das Notieren des genauen Wortlauts zu unökonomisch ist (oder wenn man es gar nicht so genau wissen möchte). Es ist bei dieser Art jedoch unbedingt darauf zu achten, dass die eigenen Formulierungen so verständlich sind, dass man sie auch noch nach langer Zeit – z. B. bei der Vorbereitung auf das Abitur – versteht.

Beide Arbeitsmethoden führen also zur Reduzierung eines Textes auf ausgewählte Einzelheiten. Diese dürfen in keinem Falle eigene Zusätze enthalten. (Dafür ist auf einer gesonderten Fläche unserer Notizblätter ja Platz, vgl. Kap. 3.2.1.).

Übrigens:
Exzerpieren ist erlaubtes Abschreiben.

Übung A5

Fertigen Sie zu nachstehendem Text zwei Exzerpte an, eines mit dem genauen Wortlaut und eines mit zusammenfassenden Stichwörtern.

Originaltext

Aufklärung, 1) Bez. für eine geistesgeschichtl. Epoche, beginnend Ende des 17. Jh. (Aufklärungszeitalter); zugleich die sie prägende Richtung des Denkens, die von England (‚enlightenment') und Frankreich (‚lumières') ausgehend das europ. Geistesleben bestimmte und bis ins 19. Jh. wirksam war und einen Einschnitt in der Geschichte des Denkens markierte, dessen Bedeutung auch in der Gegenwart noch zu erkennen ist. Charakteristisch für das Denken der A. ist ein Erkenntnisprozeß, der traditions- und institutionskritisch dem Grundanliegen verpflichtet ist, dem Menschen mit Hilfe der Vernunft zum ‚Ausgang aus einer selbstverschuldeten Unmündigkeit' (I. Kant) zu verhelfen.

Grundzüge und Entwicklung

Grundlage der versch. Richtungen der A. ist die Vorstellung, daß die Vernunft das Wesen des Menschen darstelle, wodurch alle Menschen gleich seien (Egalitarismus) und die Vernunft als einzige und letzte Instanz befähigt sei, über Wahrheit und Falschheit von Erkenntnissen zu entscheiden und die in ihrer Gesamtheit vernünftig angelegte Welt zu erkennen (Vernunftoptimismus). Hieraus folgt eine am Modell naturwissenschaftl. Erkenntnis orientierte Kritik an allen autoritätsbezogenen, irrational bestimmten Denkweisen, bes. am Weltbild des christl. Offenbarungsglaubens, jeder Metaphysik und allem Aberglauben. Die Loslösung des seiner Natur nach als gut gedachten und nur durch Entfernung von dieser Natur ‚depravierten' (verderbten) Menschen aus seinen Abhängigkeiten soll durch Anleitung zum freiheitl., autonomen Vernunftgebrauch möglich werden. Durch diese Rückkehr zu seiner Natur werde die stete Vervollkommnung und Verwirklichung eines freiheitl., menschenwürdigen und glückl. Daseins in einer neuen Gesellschaft möglich (Fortschrittsoptimismus).

aus: Brockhaus Enzyklopädie

3.3.2. Inhaltsangabe – So schrumpft das dickste Buch

Benötigt man statt isolierter Einzelinformationen eine zusammenhängende Kurzfassung eines Textes, so ist dies Anlass für eine Inhaltsangabe.

Textzusammenfassung

Will man nämlich nach langer Zeit – z. B. für Prüfungsvorbereitungen – wissen, was eigentlich in einem Text „drinstand", so ist es sehr praktisch, auf eine solche **Textzusammenfassung** zurückgreifen zu können.
Für eine kleine Auswahl meist literarischer Texte gibt es Inhaltsangaben zwar im Buchhandel als Schauspielführer, Romanführer o. Ä. zu kaufen; in den meisten Fällen müssen wir sie jedoch selbst anfertigen.

Inhaltsangaben haben vor allem 2 Bedingungen zu erfüllen:

• **Sie müssen sachlich sein.**
(Das heißt, Ergänzungen oder gar Wertungen sind unerlaubt, da Inhaltsangaben ausschließlich Berichte über die Meinung des Verfassers sein sollen.)

• **Sie müssen knapp sein.**
(Das heißt, Einzelheiten sind unerwünscht; sonst kann man ja gleich das Original lesen.)

Um dies zu erreichen, muss man eine gute Textkenntnis besitzen. Wie sollte man sonst Wesentliches von Unwesentlichem unterscheiden?
Methodisch beginnt man am besten, wie bereits beim Lesen üblich, mit

- **Lesen**
- **Lesen**
- **Unterstreichen.**

Danach fasst man die Gedanken abschnittweise mit eigenen Worten (!) zusammen, wobei man zum besseren Verständnis der Zusammenhänge auch einmal die Reihenfolge umstellen kann. Hierbei verwendet man immer das Präsens und wandelt eine unentbehrliche wörtliche Rede in die Distanz schaffende indirekte Rede (im Konjunktiv Präsens!) um. Auf diese Weise erhält man informative Kurzformen der Originale. Wie kurz die Zusammenfassung ist, richtet sich natürlich nach dem jeweiligen Zweck, für den man sie anfertigt. In jedem Fall gilt:

So wenig wie möglich – so viel wie nötig.

Wenn man solche Fleißarbeit über lange Zeit durchhält, so entsteht im Laufe der Jahre eine ansehnliche Materialsammlung mit überschaubaren Dimensionen – ein Ergebnis, das den hohen Einsatz lohnt.

Weil man manchmal aber noch nicht einmal Zeit hat, eine Kurzinformation zu lesen, ist es nützlich, zur schnellen Orientierung jeweils eine Kürzestinformation vorauszuschicken: einen einzelnen Satz mit Angabe von

Schnellinformation

- **Verfasser**
- **Titel**
- **Textart** (ggf. mit wichtigen Besonderheiten)
- **Inhalt**

(zum Beispiel: Goethe stellt in seinem Schauspiel *Faust I* dar, wie ein unzufriedener Gelehrter einen Pakt mit dem Teufel schließt, der ihn neue Seiten des Lebens kennen lernen und an anderen Menschen schuldig werden lässt.)

Übrigens:
Inhaltsangaben sind Bücher in Kleinformat.

Fertigen Sie zu dem folgenden Text eine Inhaltsangabe mit einleitender Schnellinformation an.

Übung A6

Originaltext

Das Fenster-Theater

Die Frau lehnte am Fenster und sah hinüber. Der Wind trieb in leichten Stößen vom Fluß herauf und brachte nichts Neues. Die Frau hatte den starren Blick neugieriger Leute, die unersättlich sind. Es hatte ihr noch niemand den Gefallen getan, vor ihrem Haus niedergefahren zu werden. Außerdem wohnte sie im vorletzten Stock, die Straße lag zu tief unten. Der Lärm rauschte nur mehr leicht herauf. Alles lag zu tief unten. Als sie sich eben vom Fenster abwenden wollte, bemerkte sie, daß der Alte gegenüber Licht angedreht hatte. Da es noch ganz hell war, blieb dieses Licht für sich und machte den merkwürdigen Eindruck, den aufflammende Straßenlaternen unter der Sonne machen. Als hätte einer an seinen Fenstern die Kerzen angesteckt, noch ehe die Prozession die Kirche verlassen hat. Die Frau blieb am Fenster. Der Alte öffnete und nickte herüber. Meint er mich? dachte die Frau. Die Wohnung über ihr stand leer, und unterhalb lag eine Werkstatt, die um diese Zeit schon geschlossen war. Sie bewegte leicht den Kopf. Der Alte nickte wieder. Er griff sich an die Stirne, entdeckte, daß er keinen Hut aufhatte, und verschwand im Innern des Zimmers.

Gleich darauf kam er in Hut und Mantel wieder. Er zog den Hut und lächelte. Dann nahm er ein weißes Tuch aus der Tasche und begann zu winken. Erst leicht und dann immer eifriger. Er hing über die Brüstung, daß man Angst bekam, er würde vornüberfallen. Die Frau trat einen Schritt zurück, aber das schien ihn nur zu bestärken. Er ließ das Tuch fallen, löste seinen Schal vom Hals – einen großen bunten Schal – und ließ ihn aus dem Fenster wehen. Dazu lächelte er. Und als sie noch einen weiteren Schritt zurücktrat, warf er den Hut mit einer heftigen Bewegung ab und wand den Schal wie einen Turban um seinen Kopf. Dann kreuzte er die Arme über der Brust und verneigte sich. Sooft er aufsah, kniff er das linke Auge zu, als herrsche zwischen ihnen ein geheimes Einverständnis. Das bereitete ihr so lange Vergnügen, bis sie plötzlich nur mehr seine Beine in dünnen, geflickten Samthosen in die Luft ragen sah. Er stand auf dem Kopf. Als sein Gesicht gerötet, erhitzt und freundlich wieder auftauchte, hatte sie schon die Polizei verständigt.

Und während er, in ein Leintuch gehüllt, abwechselnd an beiden Fenstern erschien, unterschied sie schon drei Gassen weiter über dem Geklingel der Straßenbahnen und dem gedämpften Lärm der Stadt das Hupen des Überfallautos. Denn ihre Erklärung hatte nicht sehr klar und ihre Stimme erregt geklungen. Der alte Mann lachte jetzt, so daß sich sein Gesicht in tiefe Falten legte, streifte dann mit einer vagen Gebärde darüber, wurde ernst, schien das Lachen eine Sekunde lang in der hohlen Hand zu halten und warf es dann hinüber. Erst als der Wagen schon um die Ecke bog, gelang es der Frau, sich von seinem Anblick loszureißen.

Sie kam atemlos unten an. Eine Menschenmenge hatte sich um den Polizeiwagen gesammelt. Die Polizisten waren abgesprungen, und die Menge kam

hinter ihnen und der Frau her. Sobald man die Leute zu verscheuchen suchte, erklärten sie einstimmig, in diesem Hause zu wohnen. Einige davon kamen bis zum letzten Stock mit. Von den Stufen beobachteten sie, wie die Männer, nachdem ihr Klopfen vergeblich blieb und die Glocke allem Anschein nach nicht funktionierte, die Tür aufbrachen. Sie arbeiteten schnell und mit einer Sicherheit, von der jeder Einbrecher lernen konnte. Auch in dem Vorraum, dessen Fenster auf den Hof sahen, zögerten sie nicht eine Sekunde. Zwei von ihnen zogen die Stiefel aus und schlichen um die Ecke. Es war inzwischen finster geworden. Sie stießen an einen Kleiderständer, gewahrten den Lichtschein am Ende des schmalen Ganges und gingen ihm nach. Die Frau schlich hinter ihnen her.
Als die Tür aufflog, stand der alte Mann, mit dem Rücken zu ihnen gewandt, noch immer am Fenster. Er hielt ein großes weißes Kissen auf dem Kopf, das er immer wieder abnahm, als bedeutete er jemandem, daß er schlafen wolle. Den Teppich, den er vom Boden genommen hatte, trug er um die Schultern. Da er schwerhörig war, wandte er sich auch nicht um, als die Männer schon knapp hinter ihm standen und die Frau über ihn hinweg in ihr eigenes finsteres Fenster sah.
Die Werkstatt unterhalb war, wie sie angenommen hatte, geschlossen. Aber in die Wohnung oberhalb mußte eine neue Partei eingezogen sein. An eines der erleuchteten Fenster war ein Gitterbett geschoben, in dem aufrecht ein kleiner Knabe stand. Auch er trug sein Kissen auf dem Kopf und die Bettdecke um die Schultern. Er sprang und winkte herüber und krähte vor Jubel. Er lachte, strich mit der Hand über das Gesicht, wurde ernst und schien das Lachen eine Sekunde lang in der hohlen Hand zu halten. Dann warf er es mit aller Kraft den Wachleuten ins Gesicht.

Ilse Aichinger

3.3.3. Protokoll – Einmal erwischt es jeden

„Wer übernimmt denn heute das Protokoll?"

Die Stunde fängt ja gut an.

Blitzschnell gleiten alle Blicke in Richtung Ringbuch und verharren bange Sekunden über dem letzten Satz der gestrigen Notizen. Ganz Mutige blättern eifrig in der Lektüre oder hantieren geschäftig an ihren Schreibutensilien. Jetzt nur nicht nach oben gucken! Aber kein Ritus nützt. Einen erwischt es doch. Und eigentlich ist es ja ein guter Brauch, so ein Protokoll: Man hält Verlauf oder Ergebnisse einer Unterrichtsstunde knapp und übersichtlich fest und erhält auf diese Weise einen handlichen Überblick über den durchgenommenen Stoff.

Für die Durchführung benötigt man vor allem zweierlei:

• **hohe Konzentration,**
um rasch Wichtiges von Unwichtigem zu unterscheiden

• **hohe Schreibgeschwindigkeit,**
um nicht allzu viel Aufmerksamkeit vom Zuhören und Mitdenken abzuziehen.
Hier kann man übrigens mit einem harmlosen Trick ein wenig nachhelfen, indem man sich Symbole und Abkürzungen angewöhnt, z. B.

Symbole und Abkürzungen

+	statt	*und*
↔	statt	*Gegensatz*
=	statt	*ist*
≠	statt	*ist nicht*
→	statt	*daraus folgt*
←	statt	*entstanden aus*
Jh.	statt	*Jahrhundert*
dt.	statt	*deutsch*
Zus.	statt	*Zusammenhang*
hist.	statt	*historisch*
Bed.	statt	*Bedeutung*
...tg/ht/kt	statt	*...tung/heit/keit*

Solche sprachlichen Rationalisierungsmaßnahmen sind erheblich wirkungsvoller als jenes geniale Gekrakel,

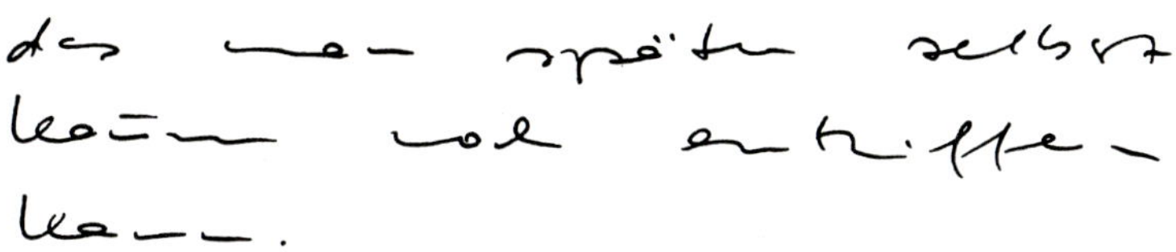

Die stichwortartigen Aufzeichnungen können zu zwei unterschiedlichen Protokollarten (oder einer Mischform) führen:

Verlaufsprotokoll

1. Verlaufsprotokoll
Es hält den Gang des Unterrichtsgesprächs in seinem zeitlichen Ablauf (im Präsens) fest.

Ergebnisprotokoll

2. Ergebnisprotokoll
Es gibt nur die Ergebnisse des Unterrichtsgesprächs (im Präsens oder Imperfekt) wieder.

Wie bei der Inhaltsangabe sind Sachlichkeit und Kürze gefordert, damit das Protokoll seinen Hauptzweck als Gedächtnisstütze erfüllen kann.

Das Protokoll ist dann gelungen, wenn jemand, der in der betreffenden Stunde abwesend war, ohne Rückfragen „daraus schlau wird".
Zur Anfertigung des Stichwortzettels sei empfohlen, die Tipps aus Kap. 3.2.1. zu berücksichtigen.

Es hat sich zusätzlich bewährt, schon während des Mitschreibens

- Wichtiges optisch hervorzuheben (und ggf. wörtlich zu notieren),
- neue Gesprächsphasen durch Ziffern oder Spiegelstriche zu kennzeichnen.

Bei der Reinschrift sind natürlich folgende Informationen mitzuliefern:

Basis-Daten

vorweg:
- **Fach** (ggf. Lehrer)
- **Datum**
- **Thema**
- **Protokollant**

abschließend:
- **Unterschrift**

(Bei außerschulischen Protokollen sind noch weitere juristisch relevante Angaben zu machen, z. B. über die Namen der Anwesenden.)

Mitschreiben ist reine Übungssache.

Man sollte daher so oft wie möglich trainieren, am besten täglich – auch wenn man nicht offiziell „dran“ ist. Irgendetwas Interessantes gibt es immer zu notieren; es muss ja nicht unbedingt vollständig sein.

Neben dem arbeitstechnischen Übungseffekt ergibt sich hierbei übrigens noch eine lernpsychologisch wichtige Folge: Der Mitschreibende ist (handwerklich und) intellektuell aktiv.
Diese Aktivität darf ihn jedoch nicht vom Mitreden abhalten; denn Unterricht ist und bleibt nun einmal ein Zusammenspiel von

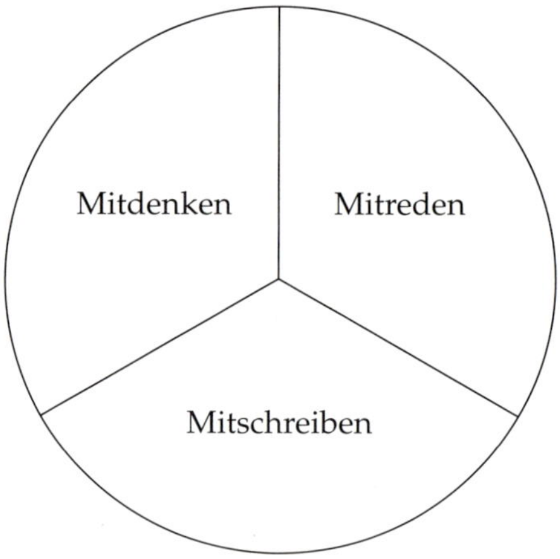

Übrigens:
Protokolle sind verbale Dokumentarfilme in Zeitraffertechnik.

Übung A 7

Fertigen Sie von dem folgenden Unterrichtsausschnitt ein Verlaufs- und ein Ergebnisprotokoll an.

Originaltext

Frau Schrader: Wie Sie wissen, heißt unser Semesterthema laut Lehrplan **Reflexion über Sprache.**

Sven: Schreibt die Behörde uns etwa auch vor, was wir lesen müssen?

Frau Schrader: Nein, dies tut sie nicht. Sie gibt in unserem Bundesland nur das Thema vor; wie wir es realisieren wollen, bleibt uns überlassen.

Tina: Dann gibt es heute ja eine Menge zu besprechen.

Jörg: ... und abzustimmen!

Sven: ... Demokratie in der Schule – Wege zum mündigen Bürger!

Alexandra: Nun fang doch nicht schon wieder mit deinen Sprüchen an!

Frau Schrader: Was halten Sie davon, wenn wir zur Sache kommen. Ich denke, zunächst sollten wir das Thema konkretisieren: Worüber sollen – wollen wir eigentlich „reflektieren"? Welche Aspekte des Themas sollen überhaupt Unterrichtsgegenstand werden?

Danach wäre zu überlegen, auf welche Weise wir vorgehen wollen: Wollen wir beispielsweise als Gesamtgruppe arbeiten oder wollen wir uns in Kleingruppen aufteilen? Wollen wir Texte lesen oder mit Notizblock und Tonband nach draußen gehen?

Hier wäre manches Methodische zu entscheiden.

Aber zunächst zu dem Inhaltlichen: Welche Fragestellungen sind für das Thema unerlässlich, welche wünschenswert?

Marten: Also, in erster Linie ist Sprache ja wohl ein Verständigungsmittel, und da meine ich, dass wir uns mit diesem Aspekt zuallererst beschäftigen sollten.

Heiko: Is doch banal. Was gibt´s denn da zu reden?

Frau Schrader: Der Vorschlag klingt zwar tatsächlich ein wenig banal; aber Marten hat völlig Recht; denn bei näherem Hinsehen entpuppt sich jede Kommunikation als ein sehr komplexer und hochinteressanter Vorgang.
Was könnten wir beispielsweise an unserem augenblicklichen Gespräch untersuchen?

Alexandra: Welche Faktoren eigentlich an so einem Gespräch beteiligt sind und wie sie miteinander zusammenhängen.

Sascha: Versteh ich nicht. Ich bin doch kein Faktor.

Alexandra: Strukturell schon. Schlag mal dein Buch „Wissen und Strategien fürs Abitur" auf Seite 9 auf; dann siehst du, was ich meine.

Sascha: Ach so. Aber auf dem Bild fehlt ja die Hälfte.

Frau Schrader: Was fehlt denn, Sascha?

Sascha: Wir haben in der Mittelstufe mal gelernt, dass gar nicht alle Deutschen dasselbe Deutsch sprechen, sondern jeder über einen anderen Zeichenvorrat, einen anderen Code, verfügt. Der muss doch auch in so einem Modell vorkommen.

Frau Schrader: Eine gute Idee. Wer könnte denn einmal ein ergänztes Kommunikationsmodell an die Tafel zeichnen?

Marten zeichnet Folgendes an.

Kommunikationsmodell

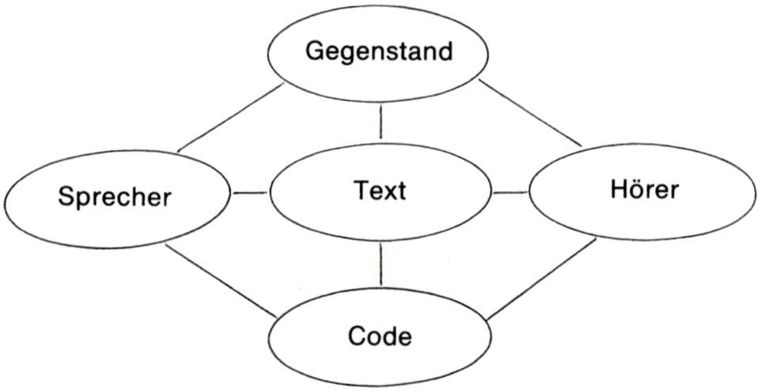

Gesa: Aber das ist ja viel zu vereinfacht dargestellt. Wenn jeder seinen eigenen Sprechcode verwendet, muss die Grafik doch etwas anders aussehen.

Frau Schrader: Dann ergänzen Sie die Grafik an der Tafel doch einfach.

Gesa zeichnet:

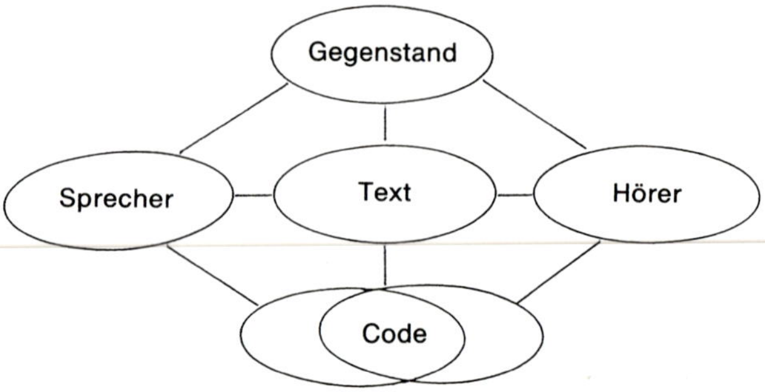

Frau Schrader: Wir werden immer genauer. Aber wie Sie sehen, sind wir bereits mitten im Thema.
Da wir unseren Unterricht heute aber nur planen wollen, sollten wir erst einmal den Vorschlag zur Unterrichtsgestaltung an der Tafel festhalten:
Untersuchung des Kommunikationszusammenhangs.

Frau Schrader schreibt dies an.

Florian: Müsste man nicht vorher klären, was man unter Kommunikation versteht?
Katrin: Das ist doch wohl klar; das machen wir doch fast immer.
Frau Schrader: Dann können wir es ja auch notieren.

Sie schreibt an: **Begriffserklärung Kommunikation**

Christoph: Mich interessieren aber andere Sachen viel mehr, beispielsweise Fragen wie „Was bedeutet eigentlich Sprechenkönnen für die individuelle Entwicklung des Menschen und für die Strukturierung der gesellschaftlichen Gruppen?"
Ulrike: Das machen wir demnächst ausführlich in Philosophie.
Christoph: Ich bin aber im Religionskurs.
Ulrike: Du kannst doch noch wechseln.
Christoph: Deswegen aber nicht.
Frau Schrader: Aber vielleicht wäre es möglich, dass Ulrike zu einem späteren Zeitpunkt einmal einige Ergebnisse aus dem Philosophieunterricht in Form eines Referates zu unseren Überlegungen beisteuert. Wie wär's, Ulrike – oder ein anderer aus dem Philosophiekurs?

Hier blenden wir uns aus dem Unterricht aus und machen uns an die Arbeit.

3.4. Belegen
Weil Denken eine ehrliche Sache sein soll

Intellektuelle Redlichkeit ist Ehrensache.

Daraus folgt, dass wir fremde Gedanken niemals als unsere eigenen ausgeben, sondern sie stets ordnungsgemäß als Entlehnungen kennzeichnen.

3.4.1. Zitat – Schade, dass der Gedanke nicht von mir ist

wichtige Formalitäten

Die wohl gebräuchlichste Form solcher Entlehnungen ist das Zitat, die wörtliche Übernahme einer Textstelle. Hierfür gelten strenge Regeln:

1. Zitate sind in Anführungszeichen zu setzen.
   (Zitate innerhalb eines Zitats erhalten halbe Anführungszeichen.)

Regeln

2. Zitate müssen genau sein.
   (Ggf. sind auch Fehler zu übernehmen.)

3. Zitate dürfen an ihrem neuen Platz nicht ihren Sinn ändern.
   (Es ist also ratsam, den Zusammenhang zu kennen.)

4. Kürzungen sind durch drei Pünktchen in eckigen Klammern [...] zu kennzeichnen.
   (Dadurch kann man sie von Auslassungen unterscheiden, die bereits im Original vorkommen.)

5. Erläuterungen eines unverständlichen Wortes dürfen in eckigen Klammern hinzugefügt werden.
   (Ist im Zitat beispielsweise von „jemand“ die Rede, so darf man ergänzen, wer dieser Jemand ist.)

Man sollte allerdings mit Zitaten sehr sparsam umgehen, da sie in der Regel wie Fremdkörper wirken (die sie ja auch sind). Vor allem weichen sie meist stilistisch von der eigenen Ausdrucksweise ab, sodass sie leicht spröde wirken. Diese Gefahr lässt sich ein wenig vermindern, wenn man nicht wörtlich, sondern sinngemäß zitiert; dadurch wird es möglich, einen geborgten Satz umzuformulieren und fugenlos dem eigenen Gedankengang anzupassen.

Übrigens:
Akustisch hören sich die Anführungszeichen beim Zitieren so an: „Zitat ... Zitat-Ende“.

Übung A8

Im alten DUDEN[1] ist unter R 11 zu lesen: „Wird ein Zitat unterbrochen, so werden die einzelnen Zitatteile in Anführungszeichen gesetzt.“
Suchen Sie unter den vorangegangenen Regeln 1–5 eine Stelle, an der Sie diesen DUDEN-Satz wörtlich einfügen könnten.
Im neuen DUDEN von 1996, der bereits die reformierte Rechtschreibung enthält, ist es R 8.

[1] *Gemeint ist hier der alte „Rechtschreibduden“; Nr. 1 aus der DUDEN-Reihe, Bibliographisches Institut Mannheim.*

3.4.2. Quellenangabe – Damit es jeder nachlesen kann

Das ist ja wirklich ein Ding!

Da steht in Übung A8 ein waschechtes Zitat, und kein Leser weiß, an welcher Stelle er im DUDEN jenes mysteriöse „R 11“ bzw. „R 8“ findet.

Zugestanden, das ist peinlich. Denn jeder Interessierte muss die Gelegenheit haben, die entsprechende Passage im Original nachzulesen. Sonst ist sie unbrauchbar.

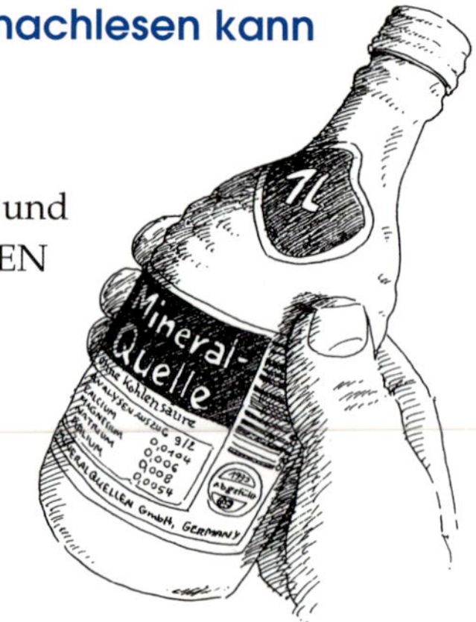

Also: **Kein Zitat ohne Quellenangabe!**

nützliche Konventionen

Auch hierbei gelten bindende Vorschriften; beim Zitieren sind folgende Angaben zu machen:

- Verfasser mit Vorname (Falls es sich um den Herausgeber handelt, hat [Hrsg.] dahinter zu stehen.)
- Buchtitel (ggf. mit Untertitel)
- Erscheinungsort (ggf. mit Verlag)
- Auflage (als hoch gestellte Ziffer vor dem Erscheinungsjahr oder ausführlich geschrieben)
- Erscheinungsjahr
- (ggf. Bandzahl)
- Seite (Erstreckt sich das Zitat auf die Folgeseite, so steht „f" hinter der Seitenangabe, erstreckt es sich auf mehrere Folgeseiten, steht „ff".)

Modifiziert bedeutet dies für Aufsätze in Zeitschriften oder Sammlungen:

- Verfasser mit Vorname
- Aufsatztitel
  „in": Name der Zeitschrift/Sammlung (ggf. mit Untertitel)
- Herausgeber
- Erscheinungsort (ggf. mit Verlag)
- Jahrgang
- Seite

Die korrekte Quellenangabe für den Unterrichtsausschnitt auf Seite 37 lautet also:

Kelle, Antje, Wissen und Strategien fürs Abitur, München, Mentor Verlag, 1998, Seite 37 ff.

Eine weitere zulässige Möglichkeit der Quellenangabe lautet:

Kelle, Antje (1998): Wissen und Strategien fürs Abitur. München: Mentor Verlag, S. 37 ff.

Je nach Geschmack werden die Quellenangaben als Fußnote oder – wie in diesem Buch – im Anhang unter „Quellenverzeichnis" aufgeführt.

Um Vermittlungsfehler zu vermeiden, sollte man Zitate möglichst aus dem Originaltext entnehmen. Falls dieser jedoch nicht zugänglich ist, darf man mit dem Hinweis „zitiert nach" ausnahmsweise auch einmal auf ein Zitat aus zweiter Hand zurückgreifen.

Dies alles gilt auch, wenn man nicht wörtlich, sondern sinngemäß mit eigenen Worten zitiert. Natürlich muss man sich dann noch einen Zusatz einfallen lassen wie etwa „vgl. hierzu“ oder „in Anlehnung an“.

Übrigens:
Quellenangaben sind Zertifikate für geistige Leihgaben.

Besorgen Sie sich einen DUDEN, suchen Sie im alten DUDEN „R 11“ (im neuen DUDEN „R 8“) und liefern Sie eine korrekte Quellenangabe.
(Dies ist allerdings im Fall DUDEN etwas kompliziert, da der DUDEN wie eine Zeitschrift/Sammlung bekannt ist. Behandeln Sie ihn deshalb wie eine Zeitschrift/Sammlung – ohne Angabe eines speziellen Aufsatzes.)

3.5. Mitreden
Warum eigentlich nicht?

Unabhängig von der allgemeinen Beteiligung am Unterrichtsgeschehen gibt es auch sonst manche Gelegenheit, ein Wörtchen mitzureden: beispielsweise durch Übernahme eines Referates, das man in aller Ruhe zu Hause vorbereiten kann, oder in Form der Diskussionsleitung, die spontane Entscheidungen während des Gesprächs verlangt.

3.5.1. Referat – Wenn alle anderen zuhören müssen

Jeder weiß, dass sich hinter dieser Horrorvision letztlich etwas recht Harmloses verbirgt: ein Vortrag.
Seine Aufgabe ist es, Informationen an andere weiterzugeben, nicht mehr und auch nicht weniger.

Thema

Nachdem man sich klargemacht hat, was das Thema genau erfordert, ist Folgendes zu tun:

- **Informationen beschaffen**
- **Informationen verarbeiten**
- **Informationen vortragen**

Informationen beschaffen:

Wie gut, dass es **Handbücher und Lexika** gibt: Sie erweisen sich nämlich vor allem für die erste Arbeitsphase als sachkundige Berater, die in der Regel dafür sorgen, dass man einen Überblick über das Sachgebiet erhält. Außerdem sind sie meist so freundlich, uns am Schluss jedes Artikels weiterführende Literatur zu nennen, sodass wir vom Allgemeinen zum Speziellen fortschreiten können.

Überblick

Die zweite Arbeitsphase führt dann in eine **Bibliothek**. Dort bedient man sich vor allem des Schlagwortkatalogs (anhand der Kernbegriffe des jeweiligen Themas) und des Verfasserkatalogs (anhand der ersten Büchertipps aus den Nachschlagewerken).

Fachliteratur

Anmerkung: Am besten mehrere Bücher bestellen! Erfahrungsgemäß sind von 6 bestellten Büchern 2 gerade ausgeliehen und 2 bei näherem Hinsehen doch nicht brauchbar.

Nun geht es ans **Exzerpieren** (vgl. Kap. 3.3.1.).

Hierbei erweist es sich oft als nützlich, das Exzerpt eines Buches nicht als Ganzes zusammenzulassen, sondern von vornherein unter inhaltlichen Gesichtspunkten, die sich aus dem Thema ergeben, aufzuteilen.

Exzerpt

Ist beispielsweise ein Referat über eine literarische Epoche anzufertigen, so bietet es sich an, einzelne Exzerptkapitel gleich unter Untertiteln wie „politischer Hindergrund", „kulturelles Umfeld" oder „biographische Daten" abzuheften.
Wem dieses Verfahren nicht zusagt, der sollte auf jeden Fall während des Exzerpierens solche Untertitel deutlich in der Spalte für Ergänzungen (vgl. Kap. 3.2.1.) notieren, um sich später unnötiges Suchen zu ersparen.
Außerdem hat es sich bewährt, irgendwo – vielleicht ganz hinten im Ordner – Notizblätter für „Einfälle" einzurichten. Man kann ja nie wissen …

Informationen verarbeiten:

Nun verfügen wir über einen handlichen Wissensvorrat und müssen ihn so aufbereiten, dass Unkundige ihn bei einmaligem Hören in begrenzter Zeitspanne verstehen und behalten können.
Daher macht man sich zunächst erst einmal klar, welche Voraussetzungen die Hörer eigentlich mitbringen und welche Verständnishilfen man ihnen geben muss.

Einstellen auf die Hörerschaft

Und dann geht es los mit der Umsetzung des Gelesenen (und Exzerpierten) in die eigene Gedankenwelt und Sprache, bis schließlich eine **Gliederung** auf dem Papier steht. (Nur Genies dürfen auf sie verzichten!)

Gliederung

Das Material ist dabei so auszuwerten, dass die Sachinformationen objektiv erhalten bleiben, auch wenn sie in neue Zusammenhänge gestellt werden.

Spätestens in dieser Arbeitsphase wird klar, dass viele Einzelheiten, von denen wir uns höchst schwer trennen, später nicht im Referat vorkommen werden. (Aber besser Wissen, das wir nur in Reserve haben, als Wissen, das Mitschüler nach dem Klingelzeichen gar nicht mehr hören wollen …)

Für die Gedankenfolge der Gliederung lassen sich natürlich nur allgemeine Tipps geben, so z.B. für Einleitung und Schluss.

Einleitung

Die **Einleitung** soll zum Thema hinführen und zugleich die Mitschüler neugierig machen. Dabei soll nicht nur ihr Interesse an der Sache geweckt werden; sie sollen auch in die Lage versetzt werden, mitdenken zu können.

Denkbare **Einstiege** wären z. B.
- das Thema erläutern
- einen Überblick geben
- einen „Aufhänger" vorausschicken.

Schluss

Am **Schluss** könnte man z. B.
- auf weiterführende Fragen hinweisen
- die Ergebnisse zusammenfassen. (Dies bietet sich allerdings schon manches Mal vorher an, nämlich nach Abschluss eines Gedankenkomplexes.)

Wenn nun die Gliederung steht, ist eine wichtige Entscheidung zu fällen: Wollen wir das Referat vollständig ausformulieren oder anhand von Stichwortzetteln später frei halten? Anfängern sei eindringlich empfohlen, auf Nummer Sicher zu gehen und den Vortragstext Wort für Wort vorzuschreiben. Profis dagegen sollten es als persönliche Herausforderung ansehen, sich mit ein paar DIN-A5-Blättern (!) vor die Mitschüler zu wagen (die es bestimmt auch nicht besser können).

Ausformulierung

Nun geht es an die schriftliche Fixierung der Gedanken – nach der Vorlage der Gliederung. Ob vollständiges Manuskript oder Stichwortzettel – in jedem Fall sollte man dabei überlegen, welche **Hilfsmittel** man zur Veranschaulichung der Inhalte einsetzt. Die Spanne reicht hier vom Dia/Poster/Filmausschnitt über Tafelskizzen/Overhead-Folien bis hin zu Vervielfältigungen wichtiger Textstellen für jeden Schüler.
Auch hier gilt nämlich, was für das individuelle Lernen zutraf: Was uns über mehrere Eingangskanäle erreicht, „sitzt" besser (vgl. S. 24 f.).

Veranschaulichung

Wenn das Ganze fertig ist, sollte man **wichtige Stellen** farbig markieren, damit man sich beim Vortrag schnell zurechtfindet, und den Text – eventuell mit Kassettenrekorder – zu Hause Probe sprechen. Dies schafft nicht nur Sicherheit, sondern vermittelt auch Zeitgefühl.

Informationen vortragen:

Und dann ist es so weit: Der Tag X ist da.

Gegen Lampenfieber hilft nur gute Vorbereitung. Der verbleibende Rest spornt an. Die Mitschüler schauen höflich und erwartungsvoll nach vorn, und man weiß, jetzt gibt es kein Entrinnen. Der Count-down läuft.

Vortrag

Das Wichtigste ist der erste Satz. Der muss klappen – nicht mit Blick auf das Manuskript, sondern mit Blick auf die Zuhörer: In wenigen Sekunden muss man zu ihnen Kontakt herstellen; man spricht schließlich nicht **vor** ihnen, sondern **zu** ihnen.

Der „Rest" geht fast von allein, wenn man zwei Ratschläge befolgt:

1. **Nicht wörtlich ablesen oder Auswendiges referieren!**
(Das nimmt dem gesprochenen Wort die Lebendigkeit und verbreitet Monotonie und Langeweile. Außerdem sind die Zuhörer für jede Pause dankbar, in der der Referent nach dem treffenden Wort sucht.)

2. **So oft wie möglich die Zuhörer anschauen!**
(Wer interessierte Gesichter oder müdes Gähnen wahrnimmt, erhält eine Rückmeldung, die ihn beflügeln oder zu rechtzeitiger Korrektur veranlassen kann.)

In welcher Form man zum Abschluss mitteilt, welche Bücher man zur Anfertigung des Referats benutzt hat, bleibt jedem selbst überlassen. Mündlich reicht meist die Angabe von Verfassern und Titeln, schriftlich verfährt man wie bei den Quellenangaben (vgl. Kap. 3.4.2.).

Übrigens:
Qualität und Verständlichkeit der Informationen machen ein gutes Referat aus.

Bemühen Sie sich darum, so bald wie möglich ein Referat zu halten. Viel Erfolg!

Übung A10

3.5.2. Diskussionsleitung – Dompteur auf Zeit

Wer bei einem Referat das Gefühl kennen gelernt hat, ganz allein „da vorn" zu sitzen, weiß inzwischen, dass alles halb so schlimm ist. Die Zuhörer sind nämlich keineswegs darauf erpicht, den Referenten hereinzulegen, schon deshalb, weil sie eines Tages in derselben Situation sein könnten.
Das macht Mut, auch einmal eine Diskussionsleitung zu übernehmen.
Gelegenheit dazu gibt es immer dann, wenn über kontroverse Standpunkte diskutiert wird – es sei denn, der Lehrer macht sowieso alles selbst. Dann sollte man dieses Kapitel getrost überschlagen.

Gesetzt den Fall, man hat sich zu dieser Aufgabe bereit erklärt:
Da sitzt man nun in Amt und Würden und soll den Ablauf eines Geschehens organisieren, das kaum vorhersehbar ist.
Was darf/kann man in dieser Rolle tun?

Aufgaben

Ein Diskussionsleiter hat folgende Befugnisse/Möglichkeiten/Pflichten:

- **das Gespräch formal leiten**
(Eröffnung, Worterteilungen, Beendigung)

- **das Gespräch inhaltlich lenken**
(Überleitungen, Impulse, Zusammenfassungen)

Beide Funktionen sind zwar nicht frei von einer Beeinflussung der Gruppe; aber eine Gesprächsleitung ohne Leitung nähme sich selbst zurück.
Wenn die gezielten Eingriffe der Klärung der Standpunkte dienen – statt einer bestimmten Position zum Sieg zu verhelfen –, so müssten sie wohl von allen Beteiligten akzeptiert werden.

Was gäbe es denn nun formal zu regeln?

Gesprächseröffnung

Zunächst muss das Gespräch erst einmal in Gang gebracht werden. Dies geschieht gewiss nicht durch die Frage: „Möchte jemand von euch etwas dazu sagen?" Stattdessen sollte man gleich zur Sache kommen:

- Wie wär's mit ein paar einleitenden Worten des Diskussionsleiters, die zum Abschluss mit einer ganz konkreten Frage die Teilnehmer in Schwung bringen?
- Denkbar wäre auch eine (leicht) provozierende These, die eine Reaktion geradezu herausfordert.
- Man könnte auch – nach vorheriger Absprache – zwei Teilnehmer mit unterschiedlichen Positionen um kurze Erklärungen bitten, die für Gesprächsstoff sorgen.

Gesprächsorganisation

Für die nun (hoffentlich) folgenden Wortmeldungen gilt das Gesetz der Reihenfolge: Dran kommt, wer dran ist – auch wenn es sich nicht verhindern lässt, dass mancher Beitrag durch das konsequente/sture Einhalten dieser Regel zu spät kommt.
Solches Verfahren erfordert natürlich, dass der Gesprächsleiter alle Wortmeldungen hintereinander notiert.

Theoretisch könnte jetzt alles von allein „laufen", und man hätte nur noch die Abfolge von Rede und Gegenrede zu organisieren und am Schluss die Ergebnisse zusammenzufassen.

Nach Magda Kelber: Fibel der Gesprächsführung

In der Praxis sieht das alles jedoch ganz anders aus:

Einer hört sich gern reden und findet kein Ende; der Nächste schweift vom Thema ab; ein anderer wiederholt längst Gesagtes, und mancher schafft es einfach nicht, sich verständlich zu machen, ganz abgesehen von denen, die es nicht lassen können, mit dem Nachbarn zu plaudern oder auf andere Weise ihr Desinteresse zu demonstrieren.
Da bleibt dem Diskussionsleiter nichts anderes übrig, als zu unterbrechen und von Zeit zu Zeit
- zur Kürze zu mahnen
- zum Thema zurückzuführen
- Unklarheiten zu beseitigen
- Impulse zu geben.

Falls der Verlauf einmal zu dramatisch werden sollte, könnte man sich auch einschalten und den derzeitigen Stand der Diskussion bewusst machen. Dies schafft Gelegenheit zur Distanz; außerdem kann man dabei gesicherte Teilergebnisse zusammenfassen und Gemeinsamkeiten und Unterschiede der Standpunkte verdeutlichen. Das hilft, die Atmosphäre zu entspannen, ohne die Gegensätze zu relativieren und damit das Engagement zu vermindern.

Aufforderungen

Für den eingreifenden Diskussionsleiter selbst gelten natürlich hohe Maßstäbe: Er muss
- besonders gut zuhören
- besonders sorgsam formulieren
- besonders sachlich bleiben.

Dies alles wird ihm erleichtert, wenn er sich während des gesamten Gesprächs darum bemüht,
- das Thema im Auge zu behalten
- nicht schon weiterzudenken, wenn einer spricht
- sich – zusätzlich zur Meldeliste – Notizen über den Gesprächsverlauf zu machen.

Dass er andere aussprechen lässt, sich selbst kurz fasst und sich der eigenen Meinung enthält, ist selbstverständlich (so schwer es manchmal fallen mag.)
So, mehr kann ein Diskussionsleiter ja wohl kaum zu einem geordneten und ergebnisreichen Gespräch beitragen. Oder doch?

Eine Dimension fehlt noch:
Der Mensch ist keine Denkmaschine, die gescheite Argumente produziert, sondern ein Wesen aus Fleisch und Blut. Er hat Gefühle, die er zwar in solcher Sachdiskussion nicht äußern darf, die aber unsichtbar daran beteiligt sind, z. B. das Gefühl, ein individueller Teil der Gesamtgruppe zu sein. Man sollte daher neben der sachlogischen Ebene auch die Beziehungsebene zwischen den Teilnehmern einbeziehen, indem man beispielsweise den Sprechenden jeweils anschaut und bei gedanklichen Rückverweisen den früheren Sprecher bei Namen nennt. Es ist nämlich nicht verboten, bei einer sachlichen Auseinandersetzung auch persönlich betroffen zu sein.

Übrigens:
Diskussionen unterscheiden sich von Gelaber wie die Strichmännchen beim Telefonieren vom Porträt.

Lesen Sie **Ruth Cohns Regeln für die Gruppendiskussion** und diskutieren Sie – ohne Diskussionsleiter – mit einem guten Freund darüber.

Übung A 11

Originaltext

Nachdenkenswertes

Existentielle Postulate

Sei dein eigener Chairman

Bestimme selbst, was du sagen willst. Sprich oder schweig, wann du es willst. Versuche, in dieser Stunde das zu geben und zu empfangen, was du selbst geben und erhalten willst. Sei dein eigener Chairman (Vorsitzender) und richte dich nach deinen Bedürfnissen, im Hinblick auf das Thema und was immer für dich sonst wichtig sein mag. Ich als Gruppenleiter werde es genauso halten (falls Gruppenleiter vorhanden).

Diese Regel soll dir zwei Dinge besonders deutlich machen:

a) Du hast die Verantwortung dafür, was du aus dieser Stunde für dich machst.

b) Du brauchst dich nicht zu fragen, ob das, was du willst, den anderen Gruppenmitgliedern gefällt oder nicht gefällt. Sag einfach, was du willst. Die anderen Gruppenmitglieder sind auch ihre eigenen Chairmen und werden es dir schon mitteilen, wenn sie etwas anderes wollen als du.

Störungen haben Vorrang

Unterbrich das Gespräch, wenn du nicht wirklich teilnehmen kannst, zum Beispiel wenn du gelangweilt, ärgerlich oder aus einem anderen Grund unkonzentriert bist. Ein „Abwesender“ verliert nicht nur die Möglichkeit der Selbsterfüllung in der Gruppe, sondern er bedeutet auch einen Verlust für die ganze Gruppe. Wenn eine solche Störung behoben ist, wird das unterbrochene Gespräch entweder wieder aufgenommen werden oder einem momentan wichtigeren Platz machen.

Hilfsregeln

Es kann immer nur einer sprechen

Es darf nie mehr als einer sprechen. Wenn mehrere Personen auf einmal sprechen wollen, muß eine Lösung für diese Situation gefunden werden. „Seitengespräche“ sind also zu unterlassen, oder der Inhalt ist als Störung in die Gruppendiskussion einzubringen.

Experimentiere mit dir

Frage dich, ob du dich auf deine Art verhältst, wie du es wirklich willst. Oder möchtest du dich eigentlich anders verhalten – tust es aber nicht, weil dir das Angst macht. Prüfe dich, ob dein Verhalten Annäherungs- oder Vermeidungsverhalten ist. Versuche, öfter neues Verhalten auszuprobieren, und riskiere das kleine aufgeregte körperliche Kribbeln dabei. Dieses Kribbeln ist ein guter Anzeiger dafür, dass du für dich ungewohntes und neues Verhalten ausprobierst.

Beachte deine Körpersignale
Um besser herauszubekommen, was du im Augenblick fühlst und willst, horche in deinen Körper hinein. Er kann dir oft mehr über deine Gefühle und Bedürfnisse erzählen als dein Kopf.

„Ich" statt „Man" oder „Wir"
Sprich nicht per „Man" oder „Wir", weil du dich hinter diesen Sätzen zu gut verstecken kannst und die Verantwortung nicht für das zu tragen brauchst, was du sagst. Zeige dich als Person und sprich per „Ich". Außerdem sprichst du in „Man"- oder „Wir"-Sätzen für andere mit, von denen du gar nicht weißt, ob sie das wünschen.

Eigene Meinung statt Fragen
Wenn du eine Frage stellst – sage, warum du sie stellst. Auch Fragen sind oft eine Methode, sich und seine eigene Meinung nicht zu zeigen. Außerdem können Fragen oft inquisitorisch wirken und den anderen in die Enge treiben. Äußerst du aber deine Meinung, hat der andere es viel leichter, dir zu widersprechen oder sich deiner Meinung anzuschließen.

Sprich direkt
Wenn du jemandem aus der Gruppe etwas mitteilen willst, sprich ihn direkt an und zeige ihm durch Blickkontakt, daß du ihn meinst. Sprich nicht über einen dritten zu einem anderen und sprich nicht zur Gruppe, wenn du eigentlich einen bestimmten Menschen meinst.
[...]
(„Regeln sind Hilfestellungen, die der Verwirklichung der Postulate dienen. Sie sind jedoch keine absoluten Größen. Ihre Verabsolutierung ist Mißbrauch und dient dem Geist, den sie bekämpfen möchten.")

RUTH COHN

Das Lernen lernen

Wie macht man das?

Wer kennt das nicht: Da hat man ein ganzes Wochenende für die Klausur am Montag gepaukt, und wenn man dann am nächsten Morgen vor den Aufgaben sitzt, ist manches, was man doch gestern „gekonnt" hat, nicht verfügbar.

Es gibt also offensichtlich falsches Lernen, das uns trotz intensiver Anstrengung nicht zum Erfolg führt. Was liegt da näher, als richtiges Lernen zu lernen.

Hierzu einige Anregungen:

Zur Grundhaltung:

- Prüfe dich, ob du selbst den Wunsch hast, Abitur zu machen, oder ob ein anderer es von dir erwartet. Nur wenn du selbst es möchtest, wird es gelingen.
- Entscheide dich, dieses Ziel „hauptberuflich" anzusteuern. Nimm es ernst – aber nicht zu ernst.
- Habe Vertrauen zu dir und glaube an deine Fähigkeiten. Wenn du es nicht tust, wer soll es denn dann tun?

Zur Konzentration:

- Suche dir einen Platz, an dem du ungestört arbeiten kannst. Gestalte ihn so, dass du dich wohl fühlst.
- Bemühe dich um eine ausgeglichene Stimmung. Bedrückt dich etwas, versuche, das Problem zu lösen – oder lerne, mit ihm zu leben.
- Sei beim Lernen ganz bei der Sache. Lass dich von niemandem ablenken.

Zur Kenntnissicherung:

- Halte nach jedem abgeschlossenen Lernvorgang inne und vergegenwärtige dir in einer kurzen Zusammenfassung, was du gerade gelernt hast. Was eben noch passives Aneignen war, wird so zum aktiven Wissen.
- Beschäftige dich mit wichtigen Lerninhalten immer mehrmals, d. h., festige sie durch Wiederholen (= Wiederherholen!) nach 1, 3, 5 und 14 Tagen.
- Versuche, das Gelernte in dein bisheriges Wissen einzuordnen, damit es nicht „in der Luft" hängt. Das Gedächtnis hat nämlich die Struktur eines Netzes, in dem alles mit allem zusammenhängt.

Zur Einstellung:

- Teile dein Arbeitspensum in überschaubare Einheiten ein.
  Es ist nämlich nicht verboten, sich zu freuen, wenn man wieder eine Etappe „geschafft" hat.
- Vermeide also „Saisonarbeit" (besonders vor Klausuren!).
  Der damit verbundene Stress führt leicht zu Denkblockaden und Chaos im Kopf.
- Setze dich mit dem Lernstoff eigenständig auseinander. Neugieriges Fragen ist besser als verordneter Drill.

Zur Reihenfolge:

- Beginne mit dem, was dir am umfangreichsten erscheint.
  Dann brauchst du keine Angst vor dem „dicken Ende" zu haben.
- Achte darauf, dass ähnliche Lernstoffe nie unmittelbar aufeinander folgen. Bei der Speicherung im Gehirn behindern sie sich sonst gegenseitig.
- Sorge also für Abwechslung der Lerngebiete.
  (Dies erleichtert übrigens auch die Konzentration.)

Zur Entspannung:

- Plane 20 % deiner Arbeitszeit als Pause ein. Bewährt hat sich:
  45 Minuten Lernen – 5 Minuten Zusammenfassen – 10 Minuten Pause.
- Fülle diese kleinen Pausen mit etwas, was sich deutlich von dem unterscheidet, was du gerade gelernt hast (z. B. Musik). Der Speichervorgang im Gehirn darf nämlich nicht durch neue Eindrücke überlagert werden. (Ideal wäre Schlaf!)

- Lebe in den großen Pausen und deiner Freizeit aktiv: Freunde statt Fernsehen, Radtour statt Radio.

Zur Orientierung:

- Frage den Lehrer (oder einen Mitschüler), wenn du etwas nicht verstanden hast.
  Lass nicht locker!
- Lerne es, zwischen Grundwissen und Detailwissen zu unterscheiden. Wenn du in Zeitnot gerätst, lege den Schwerpunkt auf die Beherrschung der Grundlagen.
- Überlass es nicht der Schule allein, dir Lerninhalte zu bieten. Interessiere dich für die Welt, in der du lebst, und nimm viele Gelegenheiten wahr, wieder ein Stück von ihr zu verstehen (und sie dir vertraut zu machen).

Viel Spaß beim Lernen!

4. Kenntnisse – Als Standardausrüstung empfohlen

Im Fach Deutsch wird zwar selten Wissen abgefragt; dennoch ist eine gute Portion Wissen erforderlich, um die gestellten Aufgaben ausführen zu können.
Um zu verhindern, dass unsere „großen" Gedanken durch „kleine" Fehler in peinliches Zwielicht rücken, sei mit allerlei Selbstverständlichem vorgebeugt.

4.1. Grammatik Ein ausgetüfteltes System

Sprach-strukturen

Eigentlich beherrschen wir es ja, dieses unsichtbare Regelsystem, nach dem wir automatisch unsere Sätze bauen.
Da Deutschunterricht jedoch u. a. dazu da ist, vieles bewusst zu machen, um es zu durchschauen und einsetzen zu können, sollten wir uns die Mühe machen, all die vielen Kenntnis-Teilchen, die sich im Laufe der Schulzeit so im Kopf angesammelt haben, zu einem Ganzen zusammenzufügen.
Bitteschön:

4.1.1. Wortvorrat – Auf Abruf bereit

Über 300.000 Laut- bzw. Buchstabenfolgen haben sich im Deutschen herausgebildet und zu jeder gibt es eine inhaltliche Vorstellung, die sich wiederum auf Phänomene der Welt bezieht.

Wenn man nun die heute vorhandenen Wortarten betrachtet, so kann man rückschließen, dass unsere Vorfahren die Welt in 10 Bereiche aufgeteilt und sich angewöhnt haben, die Elemente gleichartiger Bereiche mit Wörtern derselben Wortart zu bezeichnen, z. B. die Dinge mit Substantiven und deren Eigenschaften mit Adjektiven.

Wortarten – Spezialisten empfehlen sich

Übung A 12

Notieren Sie so viele Wortarten, wie Ihnen einfallen. (Falls es 8 sind, können Sie schon sehr zufrieden mit sich sein!)

Wortarten

Natürlich müssen wir nun sicherstellen, dass keine Wortart fehlt, und uns in Erinnerung rufen, welche Flexibilität einige von ihnen haben.

1. Substantiv (aus lat. *darunter stehen*)

für Dauerhaftes

Das Substantiv ist die meistgefragte Wortart – kein Wunder, da es zuständig ist für alles, was dauerhaft ist oder sein möchte, von *Stein, Erde, Sonne* bis *Logarithmus, Wahrheit, Liebe.* Und das ist bekanntlich viel.

So ist mehr als die Hälfte unserer Wörter damit beschäftigt, den konkreten und abstrakten Dingen auf der Welt einen Namen zu geben.

2. Verb (aus lat. *Wort*)

Auch diese Wortart ist recht ausgelastet; sie sorgt dafür, dass wir all unser Tun und Handeln vor der Vergänglichkeit bewahren und sprachlich fassen können. Zahlenmäßig bringt es diese Wortart zwar nur auf ungefähr ein Viertel unseres gesamten Wortschatzes; aber sie ist die einzige, die in keinem unserer Gedanken fehlen darf.

für Aktivitäten

Die meisten Verben interessieren sich für unsere Aktivitäten, z. B. *rudern, wandern, schwimmen* (**Handlungsverben**); einige fühlen sich für Vorgänge verantwortlich, die sozusagen von allein ablaufen, z. B. *wachsen, rollen, fallen* (**Vorgangsverben**); ein paar Spezialisten kümmern sich um Angelegenheiten, die ihre Dynamik allerdings nur den Linguisten ins Ohr flüstern, z. B. *heißen, wohnen, stehen* (**Zustandsverben**).
Zu ihrer Verwandtschaft zählt noch ein kleiner Kreis von **Hilfsverben,** die zwar allein nicht handlungsfähig sind, deren Hilfe sich aber oft als unentbehrlich erweist: *sein, haben, werden.*

Beide Wortarten, Substantiv und Verb, haben ihren eigenen Freundeskreis, mit dem sie manches gemeinsam unternehmen.

3. Adverb (aus lat. *beim Verb*)

für das Drum und Dran

Wie man schon am Namen hört, hat seine Tätigkeit etwas mit dem Aufgabenbereich der Verben zu tun, nämlich mit dem, was auf der Welt so alles los ist. Unsere Aktivitäten spielen sich schließlich nicht im luftleeren Raum ab, sondern hängen mit mancherlei Drum und Dran zusammen, ohne dessen Erwähnung eine Mitteilung oft höchst unvollständig wäre, z. B. wo, wann, wie und warum sich etwas ereignet. Solche Aufgaben sind Sache der Adverbien, z. B. *dort, morgen, gern, deshalb.*

4. Adjektiv (aus lat. *beigefügt*)

Adjektive sind gute Beobachter. Sie haben einen scharfen Blick für Details und verbringen ihre Zeit damit, die besonderen Merkmale der Dinge zu erfassen: ihre Formen, ihre Farben, ihre sonstigen Eigenschaften, z. B. *riesig, rot, rar.*

Dadurch hat sich eine enge Beziehung zu den Substantiven ergeben, sodass sie diese oft begleiten. Wenn sich die Gelegenheit ergibt, so helfen sie auch manchmal bei den Adverbien aus, wo sie bei Angaben über die Art und Weise eines Geschehens wegen ihrer Sensibilität auch gern gesehen sind (s. o.).

für Eigenschaften

5. Numerale (aus lat. *zählen*)

Unter den Mathematikern und Philosophen ist zwar immer noch manches Geheimnis der Frage, was denn nun eigentlich eine Zahl sei, ungeklärt; im Alltag aber haben wir kein Problem damit, dass die Adjektive alle Mengenangaben an die Numeralien delegiert haben.

für Mengen

Für eine unermesslich große Anzahl von ihnen gibt es nun Gelegenheit zu zeigen, was Exaktheit ist: entweder als Kardinalzahl wie *eins, zwei, drei* oder als Ordinalzahl wie *der erste …, der zweite …, der dritte …* (**bestimmte Numeralien**). Ein paar Individualisten dagegen sind der Meinung, dass im Bereich des Messens auch ungefähre Mengen mitteilbar sein müssten, und haben sich zur Gruppe der **unbestimmten Numeralien** zusammengeschlossen, z. B. *einige, viele, alle.*

6. Artikel (aus lat. *Gelenk*)

Gegenüber den Scharen der bisher vorgestellten Wörter nimmt sich diese Wortart recht bescheiden aus. Nur 6 Vertreter gehören ihr an: *der, die, das* (**bestimmte Artikel**) und *ein, eine, ein* (**unbestimmte Artikel**).

für das Geschlecht

Aber der Schein trügt. Sie kompensieren ihre kleine Zahl durch große Dominanz. Obwohl in der Welt keineswegs alle Dinge ein Geschlecht haben, beanspruchen sie bei jedem Ding ein Mitspracherecht. Dabei sprechen sie sich noch nicht einmal mit ihren Kollegen aus anderen Ländern ab, sodass es durchaus vorkommt, dass ***die** Sonne* im Französischen maskulin ist *(**le** soleil)* und ***der** Mond* im Lateinischen feminin (*luna*).

Die Substantive akzeptieren solches souveräne Auftreten und haben sich mit ihnen zu einem Arbeitsteam – mit klar abgegrenzten Kompetenzen – verbunden: Das Substantiv muss sich zwar in der Festlegung seines Geschlechts nach dem Artikel richten; der Artikel darf in der Öffentlichkeit jedoch nur in Begleitung des Substantives auftreten. Die Zusammenarbeit klappt bestens.

Manchmal erhalten die Artikel sogar eine Sondergenehmigung: Sie dürfen sich in allen übrigen Bereichen der Welt umsehen und vorübergehend durch ihre bloße Anwesenheit künstliche Substantive erzeugen. Da dies nur selten auf Widerstand stößt, lässt sich daraus schließen, dass die Position des Substantivs unter den Wortarten besonders hohes Ansehen genießt.

7. Pronomen (aus lat. *Für-Wort*)

für Vertretung oder Begleitung

Damit die gestressten Substantive ab und zu einmal entlastet werden können, bieten 6 unterschiedliche Pronomen ihre Dienste als Stellvertreter oder Fachmann für Spezialfragen an:

- Das **Personalpronomen** (aus lat. *Person*) ist der ideale Ersatzmann, da es sich vollständig mit dem Substantiv identifiziert und dessen Rolle ohne Einschränkung übernimmt, z. B. *er, sie, es* (statt *der Mann, die Frau, das Kind*).

- Das **Indefinitpronomen** (aus lat. *unbestimmt*) nimmt es mit seiner Aufgabe nicht ganz so genau. Es lässt nämlich immer offen, für welches Substantiv es exakt steht, z. B. *man, jeder, jemand.*

- Das **Possessivpronomen** (aus lat. *besitzen*) hat etwas gegen Wiederholung, wie sie z. B. in folgenden Sätzen vorkommt:
  Dort liegt ein Kugelschreiber. Die Farbe des Kugelschreibers ist blau. Da klingt es doch wirklich viel eleganter, wenn man im zweiten Satz das Substantiv durch ein Possessivpronomen ersetzt: *Dort liegt ein Kugelschreiber.* ***Seine*** *Farbe ist blau.*

- Das **Relativpronomen** (aus lat. *sich beziehen auf*) stellt sogar Bedingungen: Es erklärt sich nur dann zum Einspringen bereit, wenn es auf etwas Bestimmtes zurückverweisen darf, z. B. *Ich lese den Brief,* ***den/welchen*** *ich eben erhalten habe.*

• Das **Demonstrativpronomen** (aus lat. *hinweisen*) liebt den erhobenen Zeigefinger und verschafft sich akustisch gern ein wenig Nachdruck. Je nach Situation vertritt oder begleitet es ein Substantiv, z. B. ***Dieser** Stift gehört mir, **jener** meinem Nachbarn. **Das** hatte ich übersehen.*

• Das **Interrogativpronomen** (aus lat. *fragen*) ist besonders wissbegierig. Anstelle eines Substantivs oder mit ihm zusammen interessiert es sich für die Aufklärung ungelöster Fälle, z. B. ***Wem** gehört das Heft? **Warum** hast du gestern gefehlt? An **welchem** Platz möchtest du sitzen?*

8. Präposition (aus lat. *vorangestellt*)

für Verhältnisse

Diese Wortart verfügt über ein ausgeprägtes topologisches Gespür. Sie ist nämlich für die räumliche und gedankliche Zuordnung der einzelnen Bereiche auf der Welt zuständig. Sie sorgt also für klare Verhältnisse, z. B. *über, unter, in, auf.*

Da die Präpositionen somit den Substantiven bei ihrer Standortbestimmung behilflich sind, hat sich zu diesen eine enge Beziehung ergeben, die (ähnlich wie bei Artikel und Substantiv) zu einer wechselseitigen Abhängigkeit zwischen ihnen geführt hat: Wollen sich die Substantive der Präpositionen bedienen, so müssen sie sich nach deren Kasusvorschriften richten (**Rektion**); wollen die Präpositionen aktiv werden, so müssen sie immer ein Substantiv um Begleitung bitten.

9. Konjunktion (aus lat. *verbinden*)

für Verbindungen

Konjunktionen sind wohl die scharfsinnigsten unter den Wortarten. Ihnen obliegt es, Verbindungen herzustellen, nicht nur zwischen einzelnen Elementen, z. B. *Orion **und** die Plejaden, oben **oder** unten,* sondern vor allem zwischen größeren Komplexen, z. B. ***Wenn** die Erde eine Kometenbahn durchkreuzt, kann man viele Sternschnuppen sehen. **Da** die Staubteilchen in der Erdatmosphäre verglühen, leuchten sie auf.*
Einige von ihnen sind nur für Verbindungen auf gleicher Stufe geeignet, z. B. *weder-noch, aber, denn* (**Nebenordnung/Parataxe**), andere dagegen nur für Verbindungen auf ungleicher Stufe, z. B. *nachdem, sodass, obwohl* (**Unterordnung/Hypotaxe**).

10. Interjektionen (aus lat. *dazwischenwerfen*)

für Spontanes

Neben all diesen abgeklärten Herrschaften gibt es noch Wörter, die besonderen Wert auf ihre Natürlichkeit legen: die Interjektionen. Sie sind zwar ein wenig vorlaut, da sie sich einfach durch Zwischenrufe Gehör verschaffen, z. B. *ach! oh! hallo!*. Aber spontane Gefühle dürfen sich wohl auch einmal Luft machen.
Bei einigen ist der Wunsch nach unverfälschter Natur so groß, dass sie versuchen, Geräusche lautmalerisch nachzuahmen, z. B. *kikeriki, miau, brrr!*
Wegen ihrer fehlenden Bereitschaft, sich zu zügeln, müssen die Interjektionen immer durch Komma auf Distanz gehen. Sie empfinden dies jedoch als Aufwertung.

Und so lassen sich die Aufgaben der einzelnen Wortarten und ihre Beziehungen zueinander grafisch veranschaulichen:

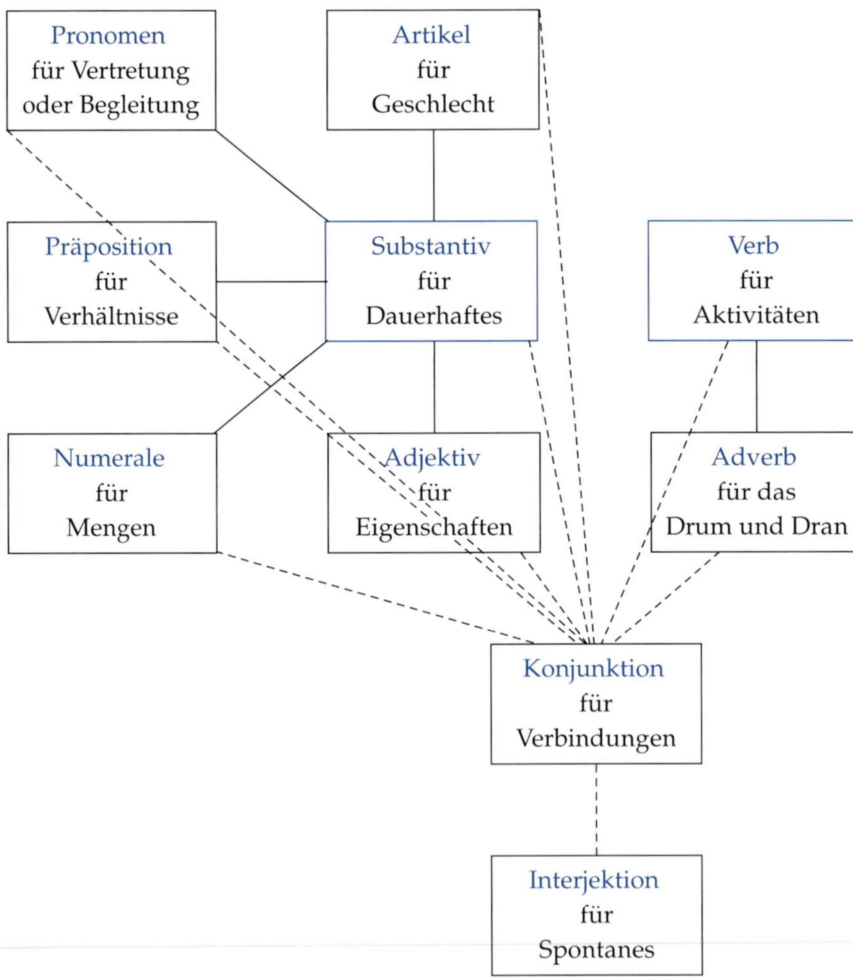

Übrigens:
Wörter sind die Bausteine unserer Sprache.

Übung A 13

Welchen Wortarten gehören folgende Wörter an?

vor ______________________	gern ______________________
keiner ______________________	mit ______________________
so ______________________	indem ______________________
schön ______________________	ach ______________________
wir ______________________	oder ______________________

Wortveränderung – Ganz schön flexibel

Damit aus den vorgestellten Wortarten ein zusammengehöriger Satz werden kann, müssen sie sich aufeinander einstellen.
Einige zeigen sich dabei sehr flexibel (deklinierbar, konjugierbar), andere dagegen möchten so bleiben, wie sie nun einmal sind.

Übung A 14

Sortieren Sie die 10 Wortarten nach ihrer Flexionsfähigkeit.

flexibel:	inflexibel:

Konjugation:

Das muss man den Verben lassen: Sie sind im wahrsten Sinne des Wortes flexibel. Wenn sie sich nicht gerade in ihrer Grundform, dem Infinitiv, ausruhen möchten, können sie wählen zwischen:

6 Zeiten

Präsens – *er sieht*
Imperfekt – *er sah*
Futur I – *er wird sehen*

Perfekt – *er hat gesehen*
Plusquamperfekt – *er hatte gesehen*
Futur II – *er wird gesehen haben*

3 Aussageweisen

Indikativ	–	*er sieht*
Konjunktiv	–	*er sehe/er sähe (würde ... sehen)*
Imperativ	–	*sieh!*

2 Handlungsrichtungen

Aktiv	–	*er sieht*
Passiv	–	*er wird gesehen*

Da diese Differenzierungsmöglichkeiten jedem Schüler in Abiturnähe wohl vertraut sind, seien sie nun nicht näher ausgeführt – mit Ausnahme des Konjunktivs.

Der Konjunktiv:

Wenn wir nicht aufpassen, können wir diese Aussageweise bald nur noch im Museum bewundern.
Dabei ist das deutsche Verb sehr stolz darauf, diese Formen bilden zu können, da sie nicht zum selbstverständlichen Repertoire jeder Sprache gehören.

Es gibt grundsätzlich zwei Ausdrucksformen:

indirekte Rede

• **Konjunktiv Präsens** = Konjunktiv I
Er ist vor allem in der indirekten Rede gefragt (vgl. auch Kap. 3.3.2./ Inhaltsangabe), da man ja nie ganz sicher sein kann, dass das Gesagte auch wahr ist, z. B.

Sie sagt, morgen ***sei*** *schulfrei.*
Er behauptet, dass es keinen Zweifel ***gebe.***

Der Konjunktiv Präsens kommt im Alltag fast ausschließlich in der 3. Pers. Sg. vor. Er wird durch das Anhängen eines ***-e*** an den Präsensstamm gebildet, z. B.

er läuft	Ind. Präs.	*er lauf-**e***	Konj. Präs.
er kommt	Ind. Präs.	*er komm-**e***	Konj. Präs.
er beginnt	Ind. Präs.	*er beginn-**e***	Konj. Präs.

In den übrigen (sehr selten vorkommenden) Fällen sind Indikativ und Konjunktiv fast immer identisch, z. B.

Sie ***gehen*** *nach Hause.*	Ind. Präs.
Sie sagt, sie ***gehen*** *nach Hause.*	Konj. Präs.

Um nun Missverständnisse zu vermeiden, schlägt das Verb vor, für solche Fälle die andere Ausdrucksform zu verwenden, den **Konjunktiv Imperfekt**, z. B.

Sie ***gehen*** *nach Hause.*	Ind. Präs.
Sie sagen, sie ***gingen*** *nach Hause.*	Konj. Imp.

- **Konjunktiv Imperfekt = Konjunktiv II**

Irrealis

Dieser ist sonst für irreale Aussagen vorgesehen, z. B.

*Wenn ich Zeit **hätte**, **besuchte** ich dich jetzt.*
*Ich **wäre** jetzt gerne in Paris.*

starke Verben

Der Konjunktiv Imperfekt wird bei starken Verben (d. h. bei Verben, die bei der Zeitenbildung ihren Stammvokal verändern) gebildet, indem sie nach dem Imperfektstamm ein *-e* einfügen und – falls möglich – ihren Stammvokal umlauten, z. B.

*ich **lief***	Ind. Imp.	*ich **lief-e***	Konj. Imp.
*du **kamst***	Ind. Imp.	*du **käm-e-st***	Konj. Imp.
*er **begann***	Ind. Imp.	*er **begänn-e***	Konj. Imp.

schwache Verben

Bei schwachen Verben (die ihr Imperfekt durch Anhängen der Nachsilbe **-te** bilden) sind Ind. Imp. und Konj. Imp. immer identisch, z. B.

*Als ich das Blatt **fortlegte** …*	Ind. Imp.
*Wenn ich das Blatt **fortlegte** …*	Konj. Imp.

Um auch hier Missverständnisse zu vermeiden, erlauben die Verben die Umschreibung mit *würde*, also

*Wenn ich das Blatt **fortlegen würde** …* Konj. Imp.

Übrigens:
Wortveränderungen sind immer Gedankenveränderungen.

Übung A 15

a) Setzen Sie folgende Sätze in die indirekte Rede:

1. Er sagt: „Ich verstehe dich."
2. Sie fragt: „Kommst du heute?"
3. Sie meinen: „Wir haben heute Zeit."
4. Ihr rieft: „Wo steckt ihr?"

b) Setzen Sie die richtigen Konjunktivformen ein:

1. ____________________ (geben) es doch keine Zeugnisse mehr!

2. Wenn er jetzt ____________________ (kommen), könnten wir ausführlich darüber sprechen.

3. Wenn er es mir ____________________ (erklären), verstünde ich es sofort.

4. Wenn wir zusammen ____________________ (lernen), könnten wir uns gegenseitig abfragen.

Deklination:

Die deklinierbaren Wörter verfügen nur über einen geringen Handlungsspielraum:

2 Numeri
Singular, Plural

4 Kasus

1. *wer oder was?*	Nominativ	*das Fest*	*die Feste*
2. *wessen?*	Genitiv	*des Festes*	*der Feste*
3. *wem?*	Dativ	*dem Fest*	*den Festen*
4. *wen oder was?*	Akkusativ	*das Fest*	*die Feste*

Das reicht ihnen offensichtlich.

4.1.2. Satzbau – Ökonomische Arbeitsteilung

Da die verschiedenen Wortarten sich schon bei ihrer Gebietsabgrenzung als loyale Partner erwiesen haben, wird man zu Recht vermuten, dass sie sich für das Zustandekommen der Gedankeneinheiten, der **Sätze**, ebenfalls voll und ganz in den Dienst der Sache stellen. Jedes Wort, das im Satz mitmachen möchte, muss bereit sein, sich in die Strukturen eines uralten Denkmusters einzufügen, das in allen indoeuropäischen Sprachen ähnlich ist.

Satzglieder – Das bewährte Team

In jedem Satz sind prinzipiell 5 Posten zu vergeben:

- **Subjekt**
- **Prädikat**
- **Objekt**
- **Attribut**
- **adverbiale Bestimmung**

Hierbei bilden Subjekt und Prädikat die unverzichtbare Stammbesatzung; die übrigen Satzglieder arbeiten bei Bedarf oder sogar freiwillig mit.

Subjekt

Von ihm handelt der Satz. Es ist **Urheber** des Geschehens; ohne Subjekt läuft nichts.
Nur ein Substantiv oder Pronomen (als dessen Stellvertreter) kann diese Aufgabe wahrnehmen. Es nimmt seine Rolle im **Nominativ** ein und entscheidet, in welcher Person das Prädikat zu erscheinen hat und ob es den Singular oder Plural wählen muss (Kongruenzforderung), z. B.

für Urheber

*Hast **du** schon den neuen Lehrer gesehen?*
***Der Hausmeister und die Sekretärin** gehören zu den Stützen jeder Schule.*

Prädikat

Es ist zwar in seiner äußeren Form von den Entscheidungen des Subjektes abhängig (s. o.); aber ... in Wirklichkeit hat es das Sagen. Bei ihm laufen nämlich sämtliche Fäden zusammen. Es ist das **Organisationszentrum** jedes Satzes.
Wer wäre dafür besser geeignet als das Verb, das sich mit seinem Formenreichtum jeder Situation anpassen kann (vgl. S. 59 ff.), z. B.

für die Aussage

*Die Schiffe auf der Elbe **tuten.***
*Am Willkommhöft **werden** alle Schiffe mit ihrer Nationalhymne **begrüßt.***

Manchmal lässt es auch das Hilfsverb *sein* (Prädikatskern) mit Ergänzung (Substantiv im Nominativ oder unflektiertes Adjektiv als Prädikatsnomen) für sich arbeiten; aber es gehört ja schließlich zur Verwandtschaft, z. B.

Prädikatskern
Prädikatsnomen

*Die Fahne **ist ein Erkennungszeichen.***
*Die Fahne **ist gestreift.***

Das Prädikat kann jedoch selten die ganze Arbeit allein tun. Daher hat es zwei weitere Satzglieder engagiert: das Objekt und die adverbiale Bestimmung.

Objekt

Objekte sind für alles zuständig, was noch unbedingt erledigt werden muss. Sie sind gewissermaßen die rechte Hand des Prädikats.
Dieser Job ist nur etwas für Substantive oder Pronomen, die sich je nach Bedarf im Genitiv, Dativ oder Akkusativ präsentieren, z. B.

für Ergänzungen

*Sie bedürfen **der Hilfe.***	Genitivobjekt
*Sie vertrauen **dir.***	Dativobjekt
*Sie suchen **eine Ausrede.***	Akkusativobjekt

Einige wenige Verben, die eine besondere Schwäche für bestimmte Präpositionen haben (z. B. *bitten um, fragen nach, abraten von*), besetzen sogar noch die Stelle eines **präpositionalen Objekts**, das aber nur über die Präposition mit dem Verb Kontakt aufnehmen darf, z. B.

*Er bittet **um Rat.***	präp. Objekt
*Du fragst **nach dem Ergebnis.***	präp. Objekt
*Sie rät **vom Spickzettel** ab.*	präp. Objekt

Mit diesen drei Posten ist das Allermeiste zu erledigen. Wer aber erfüllt die Sonderwünsche?
Hierfür sind die Attribute und adverbialen Bestimmungen vorgesehen, die letztlich beide dieselbe Aufgabe haben, diese nur für verschiedene Vorgesetzte erledigen: die Attribute für die Substantive, die adverbialen Bestimmungen für Verben.

Attribut

für Erläuterungen der Substantive

Attribute haben als Assistenten dafür zu sorgen, dass genauere Einzelheiten über Substantive bekannt werden, wobei unwichtig ist, welche Positionen diese Substantive einnehmen.
Diese Tätigkeit ist den Adjektiven wie auf den Leib geschrieben, die als adjektivische Attribute jedoch ein kleines Zugeständnis machen müssen: Sie haben sich nach den Flexionsformen der dazugehörigen Substantive zu richten, z. B.

Die Blume duftet.	
*Die **rote** Blume duftet.*	adj. Attribut zum Subjekt
Ich gieße die Blumen.	
*Ich gieße die **welken** Blumen.*	adj. Attribut zum Akk.-Objekt

Auch Substantive eignen sich als Attribute. Sie können entweder als Genitivattribut auftreten, z. B.

*Die Blätter **der Blume** welken.*	Gen.-Attribut zum Subjekt
*Die Blume braucht das Licht **der Sonne.***	Gen.-Attribut zum Akk.-Objekt

oder als Apposition; dazu müssen sie zwar den Kasus des dazugehörigen Substantives annehmen, dürfen sich aber den Platz vor oder nach ihm aussuchen, z. B.

***Mutter** Natur ist einfallsreich.*	vorangestellte Apposition
*Dort wächst Efeu, **ein Immergrün.***	nachgestellte Apposition

Wie man sieht, distanzieren sich nachgestellte Appositionen durch Komma vom übrigen Satz (vgl. S. 71).

Endlich bekommen auch die Präpositionen wieder etwas zu tun; sie können nämlich zusammen mit einem Substantiv ein präpositionales Attribut bilden, z. B.

*Die Regentropfen **auf den Blättern** glitzern.*	präp. Attribut zum Subjekt
*Ich benutze eine Gießkanne **aus Plastik.***	präp. Attribut zum Akk.-Objekt

Manchmal gibt es sogar hierbei unerwartete Einsatzmöglichkeiten für ein Adverb als adverbiales Attribut, z. B.

Der Regen ***gestern*** *war notwendig.*	adv. Attribut zum Subjekt
Ich meine die Blume ***dort.***	adv. Attribut zum Akk.-Objekt

Alle Attribute geben sich auf die Frage *„was für ein?"* zu erkennen.

Adverbiale Bestimmung

für Erläuterungen der Verben

Das Verb im Prädikat scheint seine Aufgabe, Satzaussage zu sein, sehr ernst zu nehmen. Wie anders wäre es sonst zu erklären, dass es gleich einen ganzen Stab von adverbialen Bestimmungen unter sich hat, die jeweils Spezialisten auf einem Fachgebiet sind.
Dies ist natürlich die große Stunde der Adverbien, die sich bei ihrem Sondereinsatz als adverbiales Attribut (vgl. den vorigen Abschnitt) ein bisschen fehl am Platze gefühlt haben. Aber auch Präpositionen mit Substantiv sind sehr willkommen.

Die adverbialen Bestimmungen sind Profis auf folgenden Sachgebieten:

- Ort — lokale adverbiale Bestimmung
  Im Zoo *gibt es viel zu sehen.*
- Zeit — temporale adverbiale Bestimmung
  Er ist ***täglich*** *geöffnet.*
- Art und Weise — modale adverbiale Bestimmung
  Viele Tiere halten sich ***gern*** *im Freien auf.*
- Grund — kausale adverbiale Bestimmung
  Darum *gibt es zahlreiche Freigehege.*
- Zweck — finale adverbiale Bestimmung
  Zum Fressen *kommen sie dann an einen bestimmten Platz.*
- Bedingung — konditionale adverbiale Bestimmung
  Bei Gewitter *verhalten sich viele Tiere unruhig.*
- Mittel — instrumentale adverbiale Bestimmung
  Die Pinguine hieven sich ***mit den Flossen*** *an Land.*
- Folge — konsekutive adverbiale Bestimmung
  Zum Erstaunen *der Kinder greift der Elefant nach dem Geldstück.*
- Einräumung — konzessive adverbiale Bestimmung
  Die Bären scheinen ***trotz ihres dichten Fells*** *nicht zu schwitzen.*

Die folgende Grafik zeigt noch einmal zusammengefasst die Aufgabe der einzelnen Satzglieder und ihr Zusammenspiel im Satz:

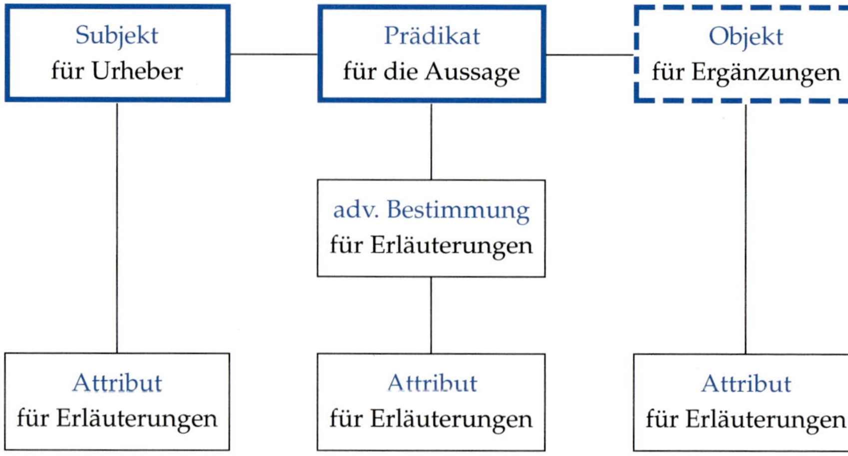

Übrigens:
Grammatik ist die Konstruktionsvorschrift der Sprache.

Sätze lassen sich grafisch so darstellen, dass ihr Bauplan, ihre logische Struktur, sichtbar wird, z. B.

Visualisierung grammatischer Strukturen

1. *Das Abiturzeugnis ist ein begehrtes Papier.*

Subjekt	*Das Abiturzeugnis*
Prädikat	*ist ein Papier* (Präd.-Kern und Präd.-Nomen)
adj. Attribut	*begehrtes*

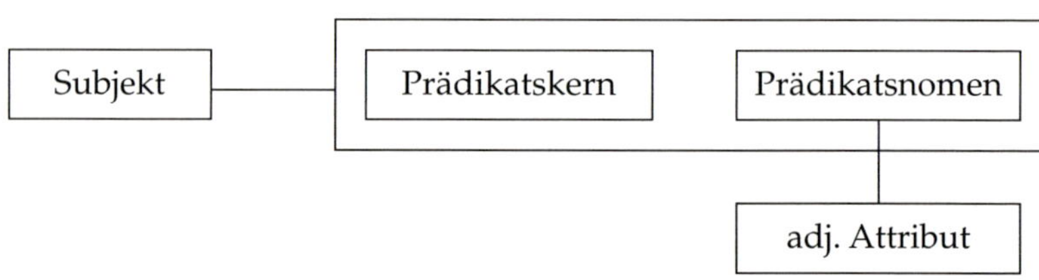

2. *Bei regelmäßigem Einsatz erhält man es ohne Stress.*

Subjekt	*man*
Prädikat	*erhält*
Akk.-Objekt	*es*
kond. adv. Best.	*Bei regelmäßigem Einsatz*
mod. adv. Best.	*ohne Stress*

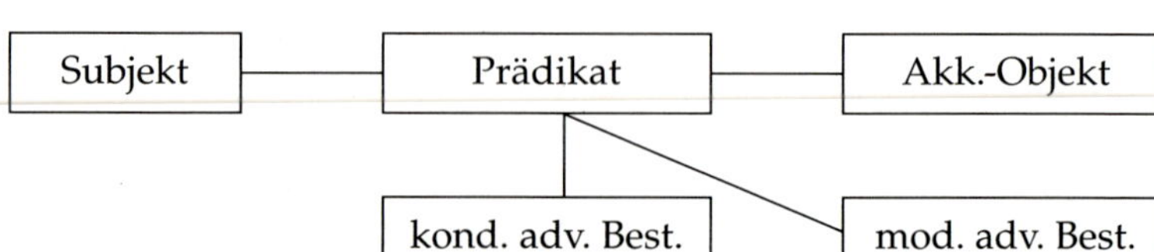

3. *Das Zuhören bei den Abiturprüfungen des Vorjahres nimmt dem zukünftigen Abiturienten oft die Unsicherheit.*

Subjekt	*Das Zuhören*
Prädikat	*nimmt*
Akk.-Objekt	*die Unsicherheit*
Dat.-Objekt	*dem … Abiturienten*
adj. Attribut	*zukünftigen*
präp. Attribut	*bei den Abiturprüfungen*
Gen.-Attribut	*des Vorjahres*
temp. adv. Best.	*oft*

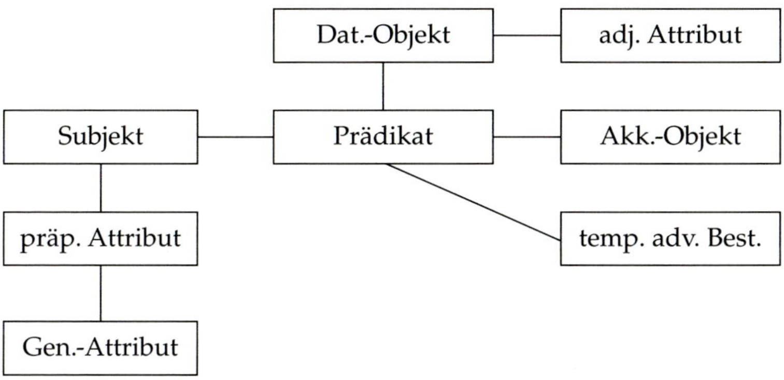

Übung A16

Stellen Sie nun folgende Sätze grafisch dar:

1. Gesundes Selbstvertrauen fördert den Erfolg.
2. Aufmerksame Unterrichtsbeteiligung schafft eine gute Basis.
3. Klausuren geben Gelegenheit zum Üben.
4. Die meisten Lehrer geben den Schülern gern Tipps.
5. Zum Erstaunen ihrer Freunde vermissen manche Schüler nach dem Abitur die Schule.

Gliedsätze – Wenn zu viel Arbeit anfällt

So ausgeklügelt dieses arbeitsteilige Verfahren ist – einen Nachteil hat es: Man kann nur einzelne, in sich geschlossene Sinneinheiten hintereinander stellen und höchstens einmal bei besonders enger Beziehung den Punkt zwischen ihnen zu einem Semikolon oder einem Komma verändern (**Satzreihe**).

Satzreihe

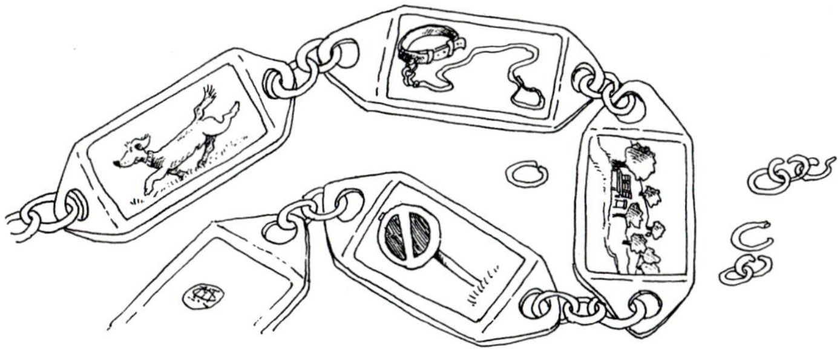

Wenn die Sätze jedoch inhaltlich etwas miteinander zu tun haben, ist es oft mühselig, ihre unsichtbaren Beziehungen auch sprachlich auszudrücken.

Daher ist man auf die Idee gekommen, bei Bedarf einzelne Abteilungen – mit Ausnahme des Prädikats – so auszubauen, dass sie die Grundbedingungen eines Satzes erfüllen, nämlich Subjekt und Prädikat aufweisen.

Hauptsatz
„Nebensatz"

Damit diese zu Gliedsätzen erweiterten Satzglieder jedoch nicht allzu eigenmächtig werden, bleiben sie dem „richtigen" Satz, der als unabhängiger Satz den Namen Hauptsatz erhält, logisch untergeordnet (weshalb sie auch manchmal „Nebensätze" genannt werden). Außerdem müssen sie ihr Prädikat stets an den Schluss stellen und sich vom Hauptsatz durch Kommas absondern (vgl. S. 70). Als Erkennungszeichen für die besondere Art ihrer logischen Beziehung zum übergeordneten Hauptsatz erhalten die meisten von ihnen eine Konjunktion (vgl. S. 57), einige auch ein Pronomen (vgl. S. 56 f.).

So können aus den Satzgliedern Glied- oder Nebensätze entstehen:

• aus Subjekten: **Subjektsätze**

Verkehrsteilnehmer *werden um Aufmerksamkeit gebeten. Dies betrifft zurzeit vor allem den Verkehr am Rathausplatz.*

→ ***Wer sich zurzeit als Verkehrsteilnehmer am Rathausplatz befindet****, wird um Aufmerksamkeit gebeten.*

• aus Objekten: **Objektsätze**

Hast du eben ***Radio*** *gehört? Der Sprecher soll etwas über den Stau in der Innenstadt gesagt haben.*

→ *Hast du eben gehört,* ***was der Sprecher im Radio über den Stau in der Innenstadt gesagt haben soll?***

• aus Attributen: **Attributsätze** (die auch **Relativsätze** heißen)

Das Parkhaus ***auf der Hauptstraße*** *ist besetzt. Es wäre zum Einkaufen so günstig.*

→ *Das Parkhaus,* ***das auf der Hauptstraße so günstig zum Einkaufen wäre****, ist besetzt.*

• aus adv. Bestimmungen: **Adverbialsätze**

Wegen des dichten Verkehrs *lassen viele Leute das Auto zu Hause. Bei solcher Verkehrslage ist man nämlich manchmal mit der U-Bahn viel schneller.*

→ ***Da man bei dichtem Verkehr manchmal mit der U-Bahn viel schneller ist****, lassen viele Leute das Auto zu Hause.*

Satzgefüge

Da bei einem solchen Satzgebilde ein Gliedsatz mit einem Hauptsatz zusammengefügt wird, erhält es den Namen **Satzgefüge**.

PS: Manche Gliedsätze lieben das Besondere und verkürzen sich von Zeit zu Zeit so, dass sie statt Subjekt und Prädikat einen Infinitiv mit ***zu*** vorzeigen. Wenn sie noch ein Objekt bei sich haben, bleiben sie vollwertige Gliedsätze (erweiterter Infinitiv), z. B.

erweiterter Infinitiv

Dass Hunde ohne Leine laufen, ist in manchen Parks verboten. (Subjektsatz)
Hunde ohne Leine laufen zu lassen, ist in manchen Parks verboten.

Der erweiterte Infinitiv mit **zu** braucht nach den „neuen" (reformierten) Regeln nicht mehr durch Komma vom Hauptsatz abgetrennt zu werden.

Satzbauplan – Wege der Zusammenarbeit

Subjekt
Subjektsatz
wer oder was?

Prädikat
Prädikatskern und
Prädikatsnomen
Was wird von dem Subjekt ausgesagt?

Objekt
Objektsatz

Akkusativobjekt:
wen oder was?

Dativobjekt:
wem?

Genitivobjekt:
wessen?

Präpositionales Objekt:
Fragewort mit eingeschlossener Präposition

Adverbiale Bestimmung
Adverbialsatz

des Ortes: *wo? woher? wohin?*
der Zeit: *wann? wie lange? bis wann?*
der Art und Weise: *wie? auf welche Art und Weise?*
des Grundes: *warum? weshalb? aus welchem Grunde?*
des Zwecks: *wozu? zu welchem Zweck?*
der Bedingung: *unter welcher Bedingung?*
des Mittels: *womit? wodurch?*
der Folge: *mit welcher Folge?*
der Einräumung: *trotz welcher Voraussetzung?*

Attribut
Attributsatz

Adjektivisches Attribut
Genitivattribut
Apposition
Präpositionales Attribut
Adverbiales Attribut
was für ein?

Übrigens:
Gliedsätze sind geräumige Satzglieder.

Übung A 17

Bestimmen Sie die Gliedsätze und notieren Sie die Fragen, die Sie dabei anwenden.

1. Es wird wohl kaum einen Menschen geben, der ungern in Urlaub fährt.
2. Es macht den meisten Spaß, in der Sonne zu liegen.
3. Manche dagegen verreisen, weil sie etwas von der Welt kennen lernen möchten.
4. Obwohl Studienreisen manchmal anstrengend sind, bringen auch sie Erholung.
5. Indem wir wegfahren, gewinnen wir Abstand vom Alltag.
6. Erzähle mir doch, was du alles erlebt hast!
7. Falls es geht, fahren wir das nächste Mal zusammen.
8. Vor mir liegt der Stadtplan von Florenz, sodass mich gleich das Reisefieber packt.
9. Wo es schön ist, bleibt man gern.
10. Wenn wir die Fotos anschauen, erinnern wir uns an viele Einzelheiten.

4.2. Kommaregeln Zäsurzeichen mit Methode

Für ungefähr 90 % der vorkommenden Fälle genügt die Kenntnis folgender Regeln:

- **Satzreihe:**

Aneinander gereihte Hauptsätze werden (mindestens) durch Komma voneinander getrennt. Ein Komma kann gesetzt werden, wenn sie durch eine der folgenden Konjunktionen verbunden sind: **und, oder, beziehungsweise, sowie, weder … noch, entweder … oder, nicht … noch, sowohl … als auch;** z. B.

Hauptsätze hängen von keinem anderen ab(,) und sie bilden daher eine in sich geschlossene Gedankeneinheit.

- **Satzgefüge:**

Gliedsätze werden durch Kommas vom übergeordneten Satz getrennt, z. B.

Ein Satzgefüge besteht aus (mindestens) einem Hauptsatz und (mindestens) einem Gliedsatz, der vom Hauptsatz logisch abhängt.

• **Aufzählung:**

Bei Aufzählung gleichartiger Satzglieder oder gleichrangiger Gliedsätze steht entweder ein Komma oder eine nebenordnende Konjunktion (wie z. B. **und**, **oder**). Bei Aufzählung gleichrangiger Gliedsätze kann man zur deutlicheren Gliederung ein Komma setzen, auch wenn sie durch eine der folgenden Konjunktionen verbunden sind: **und, oder, beziehungsweise, sowie, weder ... noch, entweder ... oder, nicht ... noch, sowohl ... als auch;** z. B.

Punkt, Komma und Semikolon sind recht nützliche Pausenzeichen. Wenn (wie in diesem Satzgefüge) zwischen aufgezählten Gliedsätzen eine nebenordnende Konjunktion steht(,) und wenn man über deren Funktion ein wenig nachdenkt, macht man die Zeichensetzung „von allein" richtig.

• **Nachgestellte Apposition:**

Nachgestellte Erläuterungen eines Substantivs werden in Kommas eingeschlossen, z. B.

Appositionen, die praktischen Erläuterungen, stehen immer in demselben Kasus wie das dazugehörige Substantiv.

Übrigens:
Kommas sind kleine Zeichen mit großer Wirkung.

Übung A18

Setzen Sie die fehlenden Kommas ein und begründen Sie Ihre Entscheidung.

1. Ein normaler Hauptsatz beginnt mit einem großen Buchstaben und er schließt mit einem Punkt ab.
2. Jeder weiß dass man nach einem Semikolon klein weiterschreibt.
3. Weder Rechtschreibung noch Grammatik oder Zeichensetzung sind in der Schule beliebt.
4. Dieser Satz erhält ein Komma das logisch einleuchtet und das daher wohl auch von jedem richtig eingesetzt wird.
5. Kommas diese sichtbaren Verständnishilfen sind recht nützliche Strichelchen.

4.3. Textarten

Von der erdachten und der empirischen Welt

Natürlich verwechselt niemand eine **Tragödie** mit einer **Komödie**. Die Unterscheidung zwischen **Novelle** und **Kurzgeschichte** oder **Elegie** und **Ode** dürfte jedoch schon etwas schwieriger sein, und ob wohl jeder weiß, wie ein Text genau aussehen muss, damit er ein **Sonett** ist??? Da wahrscheinlich jeder an einer anderen Stelle ins Stocken gerät, ist es sicherlich von Nutzen, ein wenig auszuholen.

Wer aber jetzt glaubt, er fände endlich einmal alles Wichtige beieinander, der wird enttäuscht werden. Vollständigkeit würde den Rahmen völlig sprengen; auch wird es bei den Erläuterungen der einzelnen Textarten bei einigen knappen Andeutungen bleiben müssen, sonst würde dieses Buch ein mehrbändiges Werk werden. Vielleicht gelingt es, ein paar grundlegende Hinweise zu geben, mit denen man dann im Spezialfall allein weiterkommt.

literarische Texte

Was für Texte gibt es denn überhaupt?
Sprechen wir über etwas, das es in dieser Weise nur im Text gibt, das wir also erst durch den Text „erschaffen", so entstehen **literarische Texte**, die man auch **poetische** oder **fiktionale Texte** nennt (aus lat. *Erdichtung*). Hierunter fällt alles, was wir gewohnt sind, als „Dichtung" zu bezeichnen, also Texte, deren Aussagen nicht an der Wirklichkeit überprüft werden können und die unterschiedliche Deutungen zulassen (z. B. THOMAS MANNS „Tonio Kröger", dessen Hauptperson zwar manche Eigenschaft der historischen Person THOMAS MANN besitzt, die aber einzig und allein in dieser Erzählung existiert, sonst nirgends).

Sachtexte

Sprechen wir dagegen über die uns umgebende Welt, so entstehen **Gebrauchstexte**, die man auch **nichtliterarische** oder **expositorische Texte** nennt (aus lat. *darlegen*). Hiermit sind also **Sachtexte** gemeint, deren Aussagen an der Wirklichkeit überprüft werden können und die auf eindeutiges Verstehen hin angelegt sind (z. B. Gebrauchsanleitungen).

So einleuchtend diese Unterscheidung zwar sein mag, ganz scharf ist die Grenze zwischen beiden Textarten allerdings nicht immer zu ziehen, z. B.

Originaltext

FLAIR – die Flügel der Frische. Nur ein paar Tropfen, und Sie gleiten federleicht in das Land der Träume.
FLAIR – der Duft, der keine Wünsche offen lässt.

Nicht nur Werbefachleute sind manchmal kreativer, als die Definitionsschärfe erlaubt …

Übrigens:
Dichten heißt, sich eine Welt ausdenken.

Übung A 19

Sortieren Sie nachstehende Textarten richtig in die folgende Tabelle ein:

Abkommen – Erzählung – Wetterbericht – Notiz – Novelle – Epos – Anzeige – Anekdote – Ballade – Sonett – Inhaltsangabe – Fabel – Satzung – Predigt – Kurzgeschichte – Bewerbung – Roman – Parabel – Biographie – Gebrauchsanweisung

literarische Texte:	Gebrauchstexte:

4.3.1. Literarische Texte – Man darf sie einfach nur schön finden

literarische Gattungen

Traditionellerweise unterscheidet man drei Grundgattungen:

- **Lyrik**
- **Epik**
- **Dramatik**

Eine solche Einteilung setzt voraus, dass alle literarischen Texte einer dieser Grundgattungen zugeordnet werden können, dass damit alle Texte derselben Gattung gemeinsame Merkmale aufweisen.

Beides trifft jedoch nicht zu.
Zum einen lassen sich viele Werke gar nicht eindeutig in ein strenges Gattungsschema einfügen (z. B. eine Ballade, die an allen drei Gattungen Anteil hat); zum anderen hat sich im Laufe der Zeit mit den großen Veränderungen unserer Welt auch die Dichtung entscheidend verändert, sodass es heute Gedichte gibt ohne lyrische Elemente, Romane ohne Handlung und Schauspiele ohne Dialoge.

Wenn jedoch diese traditionelle Einteilung als **Orientierungsrahmen** verstanden wird, in dem sich schwerpunktmäßig die Stoffgestaltung abspielt, so kann sie sicherlich helfen, den Blick für die Besonderheiten eines literarischen Textes zu schärfen. In diesem Sinn werden die Begriffe im Folgenden verwendet werden.

[1] *aus griech.* Leier/ Saitenspiel

Lyrik[1] – Texte für stille Stunden

Lyrik ist die subjektivste Gattung: Ein **lyrisches Ich** (das nicht mit dem Autor identisch sein muss), führt im Allgemeinen ein Selbstgespräch, in dem es unmittelbare Aussagen über innere Vorgänge macht. Hierbei werden Gedanken, Gefühle und Stimmungen oft zu Bildern und sparsamen Andeutungen verdichtet oder verschlüsselt, sodass sich die individuelle Erlebnisebene in eine allgemeinere Ebene wandelt, auf der dann eine spätere Begegnung mit dem Leser möglich wird, z. B.

Originaltext

Ich lebe mein Leben in wachsenden Ringen

Ich lebe mein Leben in wachsenden Ringen,
die sich über die Dinge ziehn.
Ich werde den letzten vielleicht nicht vollbringen,
aber versuchen will ich ihn.

Ich kreise um Gott, um den uralten Turm,
und ich kreise jahrtausendelang;
und ich weiß noch nicht: bin ich ein Falke, ein Sturm
oder ein großer Gesang.

RAINER MARIA RILKE

Nicht erst seit ADORNOS Feststellung, dass nach Auschwitz keine Lyrik mehr möglich sei, hat sich die Lyrik gewandelt:
Die **moderne Lyrik** zeugt von der Schwierigkeit, in der Welt ein sinnvolles Ganzes zu sehen. Oft löst sie Zusammenhänge in Einzelteile auf oder versucht, durch sprachliches Experimentieren eine angemessene Ausdrucksform für das neue Lebensgefühl zu finden, z. B.

Originaltext

1944/1945

1944	1945
krieg	krieg
krieg	krieg
krieg	krieg
krieg	krieg
krieg	mai
krieg	
krieg	
krieg	
krieg	
krieg	
krieg	
krieg	

ERNST JANDL

In welchem Gewand sich Lyrik auch immer zeigt, bei folgenden Merkmalen sollte man sich auskennen:

Rhythmus

• **Rhythmus** (aus griech. *fließen*)
der sog. „Pulsschlag der Sprache", d. h. die durch die Verteilung betonter und unbetonter Silben (und der Pausen!) entstehende Sprechbewegung, z. B.

Die linden Lüfte sind erwacht,
sie säuseln und weben Tag und Nacht.
(aus: UHLAND, Frühlingsglaube)

Blüht nicht zu früh, ach blüht erst, wenn ich komme.
(aus: BENN, März. Brief nach Meran)

Metrum

• **Metrum** (auch griech. *messen*)
das durch regelmäßige Abfolge betonter und unbetonter Silben zählbare Versmaß (Takt)

Hauptarten metrischer Einheiten sind:

– **Jambus** (griech. *der Aufschnellende*)
xx́ z. B. *gemischt, grundiert*

– **Trochäus** (griech. *der Laufende*)
x́x z. B. *Bildnis, Farbe*

– **Daktylus** (griech. *der Finger*)
x́xx z. B. *skizzenhaft, Untergrund*

– **Anapäst** (griech. *der Zurückgeschlagene*)
xxx́ z. B. *Staffelei, Atelier*

Beim Zusammenspiel von Metrum und Rhythmus geht vom Rhythmus in der Regel die stärkere Wirkung aus.

• **Vers** (aus lat. *wenden*)
Gedichtzeile, etwa

Versformen

– **Freie Rhythmen**
metrisch ungebundene Verse, ohne Reim, z. B.
Bedecke deinen Himmel, Zeus,
mit Wolkendunst,
und übe, dem Knaben gleich,
der Disteln köpft,
an Eichen dich und Bergeshöhn.
(aus: GOETHE, Prometheus)

– **Blankvers**
Fünffüßiger Jambus ohne Reim (in der Klassik bevorzugt, besonders zur Darstellung allgemeiner Wahrheiten), z. B.
Der brave Mann denkt an sich selbst zuletzt.
(aus: SCHILLER, Wilhelm Tell)

– **Alexandriner**
Sechshebiger Jambus mit Zäsur in der Mitte (im Barock bevorzugt, besonders zur Darstellung von Kontrasten), z. B.
Wir sind zwar gleich am Fleisch, doch nicht von gleichem Stande.
(aus: GRYPHIUS, Ebenbild des Lebens)

– **Hexameter**
Sechshebiger Vers aus Daktylen, wobei in den ersten 4 Takten die beiden unbetonten Silben gekürzt werden können und der letzte Takt unvollständig ist, z. B.
Also bestimmten die Götter der elenden Sterblichen Schicksal.
(aus: HOMER, Ilias XXIV, 525, übers. von H. Voss)

Reimformen

• **Reim**
Gleichklang von Einzelbuchstaben oder Buchstabenfolgen als Anfangsreim, Binnenreim, Endreim

Besonderheiten des Versausgangs (Kadenz):
– **stumpf/männlich**: Der Vers endet mit einer betonten Silbe, z. B.
Ohne Fleiß kein Preis.
– **klingend/weiblich**: Der Vers endet mit einer unbetonten Silbe, z. B.
Übung macht den Meister.

Besonderheiten des Endreims:

- **Paarreim** aa bb cc
- **Kreuzreim** ab ab cd cd
- **Umarmender Reim** abba cddc
- **Schweifreim** aab ccb

„Der arme Poet – heute" (frei nach Carl Spitzweg)

Strophenformen

• **Strophen** (aus griech. *wenden*)
Verbindung mehrerer Verszeilen zu einer (meist) in sich geschlossenen Gedichteinheit (gliedernde Funktion)

Besonderheiten der Struktur:

– **Zeilenstil:** Satzende und Versende decken sich, z. B.

Gereizte Menschen gnug ich find.
Doch wo sind die, die reizend sind?
(E. ROTH, Reiztherapie)

– **Zeilensprung/Enjambement:** Das Satzende überspringt das Versende, z. B.

So mancher hat sich wohl die Welt
bedeutend besser vorgestellt.
(aus: E. ROTH, Ausgleich)

Gedichtformen

Gedichtarten

Ballade

• ***Ballade*** (aus spätlat. *tanzen)*
erzählendes, handlungsreiches Gedicht, z. B.

Originaltext

Die Brücke am Tay
28. Dezember 1879

When shall we three meet again? (Macbeth)

„Wann treffen wir drei wieder zusamm'?"
„Um die siebente Stund, am Brückendamm."
„Am Mittelpfeiler."
„Ich lösche die Flamm'."
„Ich mit."
„Ich komme vom Norden her."
„Und ich vom Süden."
„Und ich vom Meer."
„Hei, das gibt einen Ringelreihn,
Und die Brücke muß in den Grund hinein."
„Und der Zug, der in die Brücke tritt
Um die siebente Stund'?"
„Ei, der muß mit."
„Muß mit."
„Tand, Tand
Ist das Gebilde von Menschenhand!"

Auf der Norderseite das Brückenhaus –
Alle Fenster sehen nach Süden aus,
Und die Brücknersleut' ohne Rast und Ruh'
Und in Bangen sehen nach Süden zu,
Sehen und warten, ob nicht ein Licht
Übers Wasser hin „Ich komme" spricht,
„Ich komme, trotz Nacht und Sturmesflug,
Ich, der Edinburger Zug."

Und der Brückner jetzt: „Ich seh'einen Schein
Am anderen Ufer. Das muß er sein.
Nun, Mutter, weg mit dem bangen Traum,
Unser Johnie kommt und will seinen Baum,
Und was noch am Baume von Lichtern ist,
Zünd alles an wie zum heiligen Christ,
Der will heuer zweimal mit uns sein –
Und in elf Minuten ist er herein."

Und es war der Zug. Am Süderturm
Keucht er vorbei jetzt gegen den Sturm,
Und Johnie spricht: „Die Brücke noch!
Aber was tut es, wir zwingen es doch.
Ein fester Kessel, ein doppelter Dampf,
Die bleiben Sieger in solchem Kampf.
Und wie's auch rast und ringt und rennt,
Wir kriegen es unter, das Element.

Und unser Stolz ist unsre Brück';
Ich lache, denk' ich an früher zurück,
An all den Jammer und all die Not
Mit dem elend alten Schifferboot;
Wie manche liebe Christfestnacht
Hab' ich im Fährhaus zugebracht
Und sah unsrer Fenster lichten Schein
Und zählte und konnte nicht drüben sein."

Auf der Norderseite, das Brückenhaus –
Alle Fenster sehen nach Süden aus,
Und die Brücknersleut' ohne Rast und Ruh'
Und in Bangen sehen nach Süden zu;
Denn wütender wurde der Winde Spiel,
Und jetzt, als ob Feuer vom Himmel fiel,
Erglüht es in niederschießender Pracht
Überm Wasser unten ... Und wieder ist Nacht.

„Wann treffen wir drei wieder zusamm'?"
„Um Mitternacht, am Bergeskamm."
„Auf dem hohen Moor, am Erlenstamm."
„Ich komme."
„Ich mit."
„Ich nenn' euch die Zahl."
„Und ich die Namen."
„Und ich die Qual."
„Hei!"
Wie Splitter brach das Gebälk entzwei."
„Tand, Tand
Ist das Gebilde von Menschenhand."

THEODOR FONTANE

Elegie

• **Elegie** (auch griech. *Trauergesang*)
Klagegedicht mit wehmütiger Stimmung, z. B.

Originaltext

Nänie

Auch das Schöne muß sterben! Das Menschen und Götter bezwinget,
Nicht die eherne Brust rührt es des stygischen Zeus.
Einmal nur erweichte die Liebe den Schattenbeherrscher,
Und an der Schwelle noch, streng, rief er zurück sein Geschenk.
Nicht stillt Aphrodite dem schönen Knaben die Wunde,
Die in den zierlichen Leib grausam der Eber geritzt.
Nicht errettet den göttlichen Held die unsterbliche Mutter,
Wann er, am skäischen Tor fallend, sein Schicksal erfüllt.
Aber sie steigt aus dem Meer mit allen Töchtern des Nereus,
Und die Klage hebt an um den verherrlichten Sohn.
Siehe! Da weinen die Götter, es weinen die Göttinnen alle,
Daß das Schöne vergeht, daß das Vollkommene stirbt.
Auch ein Klagelied zu sein im Mund der Geliebten, ist herrlich,
Denn das Gemeine geht klanglos zum Orkus hinab.

FRIEDRICH SCHILLER

Lied

• **Lied**
(Meist) mehrstrophiges Gedicht mit gleichmäßigem Versbau und starker Betonung eines rhythmisch-melodischen Grundtons (der manchen Komponisten zum Vertonen reizt), z. B.

Originaltext

Abendlied

Der Mond ist aufgegangen
Die goldnen Sternlein prangen
Am Himmel hell und klar;
Der Wald steht schwarz und schweiget,
Und aus den Wiesen steiget
Der weiße Nebel wunderbar.

Wie ist die Welt so stille
Und in der Dämmrung Hülle
So traulich und so hold!
Als eine stille Kammer,
Wo ihr des Tages Jammer
Verschlafen und vergessen sollt.

Seht ihr den Mond dort stehen?
Er ist nur halb zu sehen
Und ist doch rund und schön!
So sind wohl manche Sachen,
Die wir getrost belachen,
Weil unsre Augen sie nicht sehn.

Wir stolze Menschenkinder
Sind eitel arme Sünder
Und wissen gar nicht viel;
Wir spinnen Luftgespinste
Und suchen viele Künste
Und kommen weiter von dem Ziel.

Gott, laß uns dein Heil schauen,
Auf nichts Vergänglichs trauen,
Nicht Eitelkeit uns freun!
Laß uns einfältig werden
Und vor dir hier auf Erden
Wie Kinder fromm und fröhlich sein.

Wollst endlich sonder Grämen
Aus dieser Welt uns nehmen
Durch einen sanften Tod!
Und wenn du uns genommen,
Laß uns in' Himmel kommen,
Du, unser Herr und unser Gott!

So legt euch denn, ihr Brüder,
In Gottes Namen nieder!
Kalt ist der Abendhauch.
Verschon uns, Gott, mit Strafen
Und laß uns ruhig schlafen!
Und unsern kranken Nachbar auch!

MATTHIAS CLAUDIUS

Ode

• **Ode** (aus griech. *Gesang*)
Feierliches Preisgedicht in ruhiger, getragener Sprache, z. B.

Originaltext

Dem Unendlichen

Wie erhebt sich das Herz, wenn es dich,
Unendlicher, denkt! Wie sinkt es,
wenn's auf sich herunterschaut!
Elend schaut's wehklagend dann und Nacht und Tod!

Allein du rufst mich aus meiner Nacht, der im Elend, der im Tod hilft!
Dann denk ich es ganz, daß du ewig mich schufst,
Herrlicher! den kein Preis, unten am Grab, oben am Thron,
Herr, Herr Gott! den, dankend, entflammt, kein Jubel genug besingt!

Weht, Bäume des Lebens, ins Harfengetön!
Rausche mit ihnen ins Harfengetön, kristallner Strom!
Ihr lispelt und rauscht, und, Harfen, ihr tönt
nie es ganz! Gott ist es, den ihr preist!

Donnert, Welten, in feierlichem Gang, in der Posaunen Chor!
Du, Orion, Waage, du auch!
Tönt, all ihr Sonnen auf der Straße voll Glanz,
in der Posaunen Chor!

Ihr Welten, donnert,
und du, der Posaunen Chor, hallest
nie es ganz: Gott! nie es ganz: Gott!
Gott, Gott ist es, den ihr preist!

FRIEDRICH GOTTLIEB KLOPSTOCK

Sonett

• **Sonett** (aus lat. *tönen*)
Gedichtform aus 2 vierzeiligen und 2 dreizeiligen Strophen, z. B.

Originaltext

Wo wir die Beeren

Wo wir die Beeren mit den Vögeln teilten
Und mit dem Eidechs unterm Busche schliefen
Und mit dem Kuckuck um die Wette riefen
Und an den Bächen bei den Fischen weilten,

Wo uns der Teich empfing mit seinen bleichen
Und traumversunkenen Rosen, wo die Schwäne
Das Wasser adeln und im Schilf die Kähne
Verschwiegen warten, wo geheime Zeichen

In alten Linden weiterwachsen. Haben
wir nicht den Schwur getan als Knaben,
Daß groß und rein das Leben werden muß?

Und gingen hin und haben ihn vergessen
Und haben das vertan, was wir besessen,
Als hätten wir davon im Überfluß.

RUDOLF HAGELSTANGE

Terzine

• **Terzine** (aus lat. *der Dritte*)
Strophenform aus jeweils 3 Versen mit elfsilbigem Jambus; sie weist außerdem eine kunstvolle strophenübergreifende Reimverkettung auf: aba, bcb, cdc usw., die allerdings manchmal etwas frei gehandhabt wird, z. B.

Originaltext

Terzinen über Vergänglichkeit

Noch spür' ich ihren Atem auf den Wangen:
Wie kann das sein, daß diese nahen Tage
Fort sind, für immer fort, und ganz vergangen?

Dies ist ein Ding, das keiner voll aussinnt,
Und viel zu grauenvoll, als daß man klage:
Das alles gleitet und vorüberrinnt

Und daß mein eignes Ich, durch nichts gehemmt,
Herüberglitt aus einem kleinen Kind
Mir wie ein Hund unheimlich stumm und fremd.

Dann: daß ich auch vor hundert Jahren war
Und meine Ahnen, die im Totenhemd,
Mit mir verwandt sind wie mein eignes Haar,

So eins mit mir als wie mein eignes Haar.

Hugo von Hofmannsthal

Übrigens:
Gedichte sind sichtbare Aufzeichnungen unsichtbarer Seismographen.

Übung A 20

Bestimmen Sie an Eichendorffs Gedicht „Mondnacht" (S. 15):
- Metrum
- Reim
- Kadenzen

Epik[1] – Wenn Könner fabulieren

[1] *aus griech.* sagen

Der Begriff Epik umfasst jede erzählende Dichtung in Vers und Prosa, von der Anekdote bis zum Roman.
Allen Texten gemeinsam ist, dass sich der Autor eines (mehr oder weniger wahrnehmbaren) Erzählers bedient, der die Erzählperspektive festlegt und den Erzählvorgang organisiert.

Dies geschieht vor allem durch den gezielten Umgang mit der Zeit in Form von synchroner, zusammenfassender oder verweilender Darstellung:

Erzählzeit
erzählte Zeit

- **Zeitdeckung**
  Die Erzählzeit (d. h. die Zeit, die zum Erzählen benötigt wird) deckt sich mit der erzählten Zeit (d. h. der Zeit, die ein im Text vorkommendes Geschehen benötigt), z. B. bei Wiedergabe einer wörtlichen Rede.

- **Zeitraffung**
  Die Erzählzeit ist kürzer als die erzählte Zeit, z. B. wenn der Erzähler ein ganzes Menschenleben auf wenigen Seiten zusammenfasst.

- **Zeitdehnung**
  Die Erzählzeit ist länger als die erzählte Zeit, z. B. wenn der Erzähler seitenlang bei einem Detail verweilt.

Durch solche Zeitlenkung wird die Stofffülle strukturiert und die Möglichkeit geschaffen, inhaltliche Akzente zu setzen.
Der Erzähler kann dabei grundsätzlich auf dreifache Weise Gestalt annehmen (wobei die meisten epischen Texte Mischformen sind).

Der auktoriale Erzähler (aus lat. *Urheber*)

Ein Erzähler mit einem so raffinierten Namen ist eine Rollenfigur, die dem Leser die fiktive Welt zeigt.
Er kennt sich in ihr aus und hat alle Fäden in der Hand. Obwohl er außerhalb des erzählten Geschehens steht, durchschaut er alles, auch die Gedanken und Gefühle der dargestellten Personen, von denen er mit dem Vermerk „dachte er/sie" berichtet.

Er hält sich vorwiegend an die natürlichen Kausalbeziehungen innerhalb des Handlungsgefüges und – unter gelegentlichem Einsatz von Rückblenden und Vorausdeutungen – auch an die chronologische Linearität.

allwissender Erzähler

Da er ja immer schon weiß, wie es weitergeht, kann er es als allwissender Erzähler oft nicht lassen, Wertungen und Kommentare einfließen zu lassen, die seiner Geschichte den Schein-Charakter des Objektiven nehmen. Außerdem stellt er manchmal durch unmittelbares Ansprechen einen Kontakt zum Leser her.

Originaltext

Die Geschichte Hans Castorps, die wir erzählen wollen, – nicht um seinetwillen (denn der Leser wird einen einfachen, wenn auch ansprechenden jungen Menschen in ihm kennenlernen), sondern um der Geschichte willen, die uns in hohem Grade erzählenswert scheint (wobei zu Hans Castorps Gunsten denn doch erinnert werden sollte, daß es *seine* Geschichte ist, und daß nicht jedem jede Geschichte passiert): diese Geschichte ist sehr lange her, sie ist sozusagen schon ganz mit historischem Edelrost überzogen und unbedingt in der Zeitform der tiefsten Vergangenheit vorzutragen.
Das wäre kein Nachteil für eine Geschichte, sondern eher ein Vorteil; denn Geschichten müssen vergangen sein, und je vergangener, könnte man sagen, desto besser für sie in ihrer Eigenschaft als Geschichten und für den Erzähler, den raunenden Beschwörer des Imperfekts. Es steht jedoch so mit ihr, wie es heute auch mit den Menschen und unter diesen nicht zum wenigsten mit den Geschichtenerzählern steht: sie ist viel älter als ihre Jahre, ihre Betagtheit ist nicht nach Tagen, das Alter, das auf ihr liegt, nicht nach Sonnenumläufen zu berechnen; mit einem Worte: sie verdankt den Grad ihres Vergangenseins nicht eigentlich der *Zeit*, – eine Aussage, womit auf die Fragwürdigkeit und eigentümliche Zwienatur dieses geheimnisvollen Elementes im Vorbeigehen angespielt und hingewiesen sei.

Um aber einen klaren Sachverhalt nicht künstlich zu verdunkeln: die hochgradige Verflossenheit unserer Geschichte rührt daher, daß sie vor einer gewissen, Leben und Bewußtsein tief zerklüftenden Wende und Grenze spielt … Sie spielt, oder, um jedes Präsens geflissentlich zu vermeiden, sie spielte und hat gespielt vormals, ehedem, in den alten Tagen, der Welt vor dem großen Kriege …

aus: THOMAS MANN, Der Zauberberg

Der Ich-Erzähler

Ich-Erzähler

Originaltext

Wir starteten in La Guardia, New York, mit dreistündiger Verspätung infolge Schneestürmen. Unsere Maschine war, wie üblich auf dieser Strecke, eine Super-Constellation. Ich richtete mich sofort zum Schlafen, es war Nacht. Wir warteten noch weitere vierzig Minuten draußen auf der Piste, Schnee vor den Scheinwerfern, Pulverschnee, Wirbel über der Piste, und was mich nervös machte, so daß ich nicht sogleich schlief, war nicht die Zeitung, die unsere Stewardeß verteilte, *First Pictures Of World's Greatest Air Crash In Nevada,* eine Neuigkeit, die ich schon am Mittag gelesen hatte, sondern einzig und allein diese Vibration in der stehenden Maschine mit laufenden Motoren – dazu der junge Deutsche neben mir, der mir sogleich auffiel, ich weiß nicht wieso, er fiel auf, wenn er den Mantel auszog, wenn er sich setzte und sich die Bügelfalten zog, wenn er überhaupt nichts tat, sondern auf den Start wartete wie wir alle und einfach im Sessel saß, ein Blonder mit rosiger Haut, der sich sofort vorstellte, noch bevor man die Gürtel geschnallt hatte. Seinen Namen hatte ich überhört, die Motoren dröhnten, einer nach dem andern auf Vollgasprobe –

Ich war todmüde.

Ivy hatte drei Stunden lang, während wir auf die verspätete Maschine warteten, auf mich eingeschwatzt, obschon sie wußte, daß ich grundsätzlich nicht heirate.

Ich war froh, allein zu sein.

Endlich ging's los –

Ich habe einen Start bei solchem Schneetreiben noch nie erlebt, kaum hatte sich unser Fahrgestell von der weißen Piste gehoben, war von den gelben Bodenlichtern nichts mehr zu sehen, kein Schimmer, später nicht einmal ein Schimmer von Manhattan, so schneite es. Ich sah nur das grüne Blinklicht an unsrer Tragfläche, die heftig schwankte, zeitweise wippte; für Sekunden verschwand sogar dieses grüne Blinklicht im Nebel, man kam sich wie ein Blinder vor.

aus: MAX FRISCH, Homo faber

Erzählperspektive

Diese Passage aus MAX FRISCHS „Homo faber" zeigt die zweite grundsätzliche Erzählhaltung: Eine Figur der fiktiven Welt – meist die Hauptperson – erzählt selbst.

Dadurch erfährt der Leser nur das, was diese Person wissen kann, und nur so, wie diese Person es sieht. Wegen der Verengung der Perspektive auf den subjektiven Ausschnitt schränkt diese Erzähltechnik zwar den mitteilbaren Handlungsstoff objektiv ein, die unerschöpfliche Möglichkeit der Wertung und Kommentierung durch den persönlich betroffenen Erzähler bleibt jedoch; außerdem ergibt sich durch die Doppelfunktion erlebendes Ich/erzählendes Ich eine bereichernde Spannung.

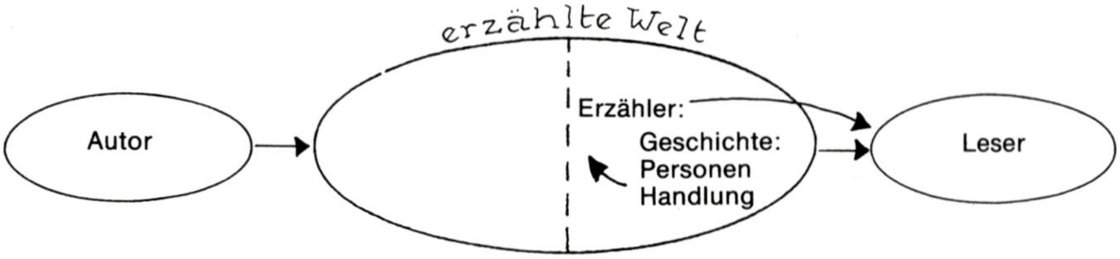

Der personale Erzähler (aus lat. *Maske*)

Originaltext

An Ladekränen entlang dem Sir John Rogerson's Quay schritt Mr. Bloom gesetzt dahin, vorbei an der Windmill Lane, an Leask's Leinsamenmühle, am Telegraphenamt. Hätte auch das als Adresse angeben können. Und vorüber am Seemannsheim. Er wandte sich ab von den Morgengeräuschen des Kaigeländes und ging durch die Lime Street. Bei Brady's Cottages lungerte ein Gerberjunge herum, seinen Abfalleimer über den Arm gehängt, einen zerkauten Zigarettenstummel rauchend. Ein kleineres Mädchen mit Ekzemnarben auf der Stirn beäugte ihn, verdrossen einen verbeulten Faßreifen haltend. Sollte ihm eigentlich sagen, wenn er raucht, dann wächst er nicht. Ach laß ihn doch! Sein Leben ist sowieso nicht auf Rosen gebettet! Warten vor Kneipen draußen, um Pa nach Hause zu bringen.

aus: JAMES JOYCE, Ulysses

„versteckter" Erzähler

In diesem Text scheint es keinen Erzähler zu geben, der die fiktive Welt dem Leser vermittelt. Stattdessen glaubt man sich als unmittelbarer Zeuge des Geschehens, von dem man durch einen „versteckten Erzähler" Kunde erhält.

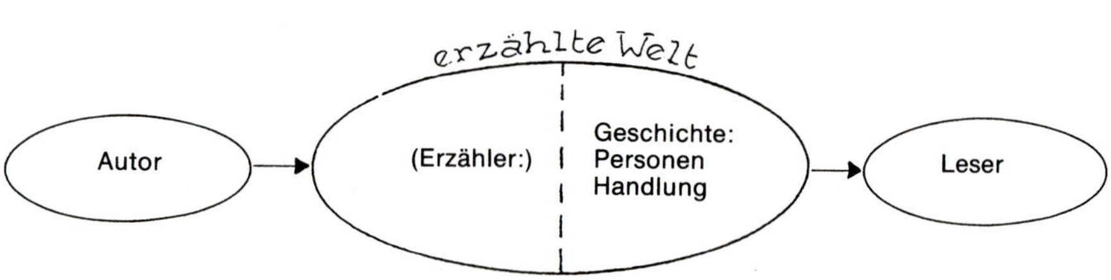

Da ein „versteckter Erzähler" als Außenstehender keinen Einblick in die seelischen Vorgänge der dargestellten Personen hat, müssten diese dem Leser konsequenterweise verborgen bleiben.

Um solcher Reduzierung des mitteilbaren Stoffes jedoch entgegenzuwirken, bedient sich der Autor bei der personalen Erzähltechnik gern zweier Mittel, die den Leser – ohne erkennbare Einschaltung eines Erzählers – an den Gedanken und Gefühlen der dargestellten Personen teilhaben lassen:

innerer Monolog
(vgl. Textbeispiel S. 86, Z. 3 und 9 ff.)
Ohne ankündigendes „dachte er/sie“ bietet sich dem Leser ein stummes Selbstgespräch in der 1. Person dar, das Einblick gibt in die momentanen Bewusstseinsinhalte oder unstrukturierten Fragmente aus tieferen Schichten des Unterbewusstseins (stream of consciousness).

stream of consciousness

erlebte Rede, z. B.

Originaltext

Und er sah zur Weckuhr hinüber, die auf dem Kasten tickte. ‚Himmlischer Vater!‘ dachte er. Es war halb sieben Uhr, und die Zeiger gingen ruhig vorwärts, es war sogar halb vorüber, es näherte sich schon drei Viertel. Sollte der Wecker nicht geläutet haben? Man sah vom Bett aus, daß er auf vier Uhr richtig eingestellt war; gewiß hatte er auch geläutet. Ja, aber war es möglich, dieses möbelerschütternde Läuten ruhig zu verschlafen? Nun, ruhig hatte er ja nicht geschlafen, aber wahrscheinlich desto fester. Was aber sollte er jetzt tun? Der nächste Zug ging um sieben Uhr; um den einzuholen, hätte er sich unsinnig beeilen müssen, und die Kollektion war noch nicht eingepackt, und er selbst fühlte sich durchaus nicht besonders frisch und beweglich. Und selbst wenn er den Zug einholte, ein Donnerwetter des Chefs war nicht zu vermeiden, denn der Geschäftsdiener hatte beim Fünfuhrzug gewartet und die Meldung von seiner Versäumnis längst erstattet. Er war eine Kreatur des Chefs, ohne Rückgrat und Verstand. Wie nun, wenn er sich krank meldete? Das wäre aber äußerst peinlich und verdächtig, denn Gregor war während seines fünfjährigen Dienstes noch nicht einmal krank gewesen. Gewiß würde der Chef mit dem Krankenkassenarzt kommen, würde den Eltern wegen des faulen Sohnes Vorwürfe machen und alle Einwände durch den Hinweis auf den Krankenkassenarzt abschneiden, für den es ja überhaupt nur ganz gesunde, aber arbeitsscheue Menschen gibt. Und hätte er übrigens in diesem Falle so ganz unrecht? Gregor fühlte sich tatsächlich, abgesehen von einer nach dem langen Schlaf wirklich überflüssigen Schläfrigkeit, ganz wohl und hatte sogar einen besonders kräftigen Hunger. Als er dies alles in größter Eile überlegte, ohne sich entschließen zu können, das Bett zu verlassen – gerade schlug der Wecker drei Viertel sieben –, klopfte es vorsichtig an die Tür am Kopfende seines Bettes. „Gregor“, rief es – es war die Mutter –, „es ist drei Viertel sieben“.

aus: FRANZ KAFKA, Die Verwandlung

Diese Erzähltechnik (Z. 5 – 22) verbindet Außen- und Innenperspektive miteinander: Formal spricht ein Erzähler in der 3. Person, inhaltlich stammt das Gesagte jedoch aus dem Innern der dargestellten Person Gregor.

In der modernen Epik dominiert die personale Erzählhaltung und mit ihr eine so ausgeprägte Vorliebe für den inneren Monolog und die erlebte Rede, dass sich der Schwerpunkt eines Textes oft von der Handlung auf die seelischen Vorgänge der Beteiligten verschiebt. Seit in der Gesellschaft der Glaube an ein geordnetes Weltgefüge schwindet, tritt also in der Epik der wahrnehmbare Erzähler zurück, der bisher noch eine Einheit stiftende Funktion innehatte. Statt narrativer Darstellung eines Geschehenszusammenhangs kommt es oft über weite Strecken hinweg zur Aneinanderreihung oder verschachtelten Montage von Bewusstseinsbruchstücken aus Wahrnehmung, Stimmung, Gefühl und Assoziation, z. B.

Originaltext

sie sagn, daß es stimmt, daß MICK kommt (und die Schdons) rocho aber ICH weiß, daß es stimmt rochorepocho ICH hab MICK geschriebn und er kommt rochorepochopipoar ICH könnte alln sagn, daß MICK kommt, weil ICH ihm geschriebn hab aber ICH machs nicht ICH sags keim ICH geh hin ICH kenn die stelle man kommt ganz dicht ran an die mauer und DRÜBEN ist das springerhaus wenn man nah rangeht, springt es über die mauer springerhaus ringerhaus fingerhaus singerhaus MICK hat sich die stelle gut ausgesucht wenn er da aufm dach steht, kann ihn ganz berlin sehn und die andern Jonn und Bill und hörn mit ihre anlage die wern sich ärgern aber es ist ihre schuld, wenn sie MICK nicht rüberlassn ich hab ihm geschriebn aber sie habn ihn nicht rübergelassn aber MICK kommt trotzdem so nah ran wies geht auf MICK ist verlaß sie sagn, die DRÜBEN sind unser feind wer so singt, kann nicht unser feind sein wie MICK und Jonn und Bill und die aber MICK ist doch der stärkste EIKENNGETTOSETTISFEKSCHIN! ICH geh hin dadarauf kann sich MICK verlassn ICH geh hin Mfred muß inner kaserne bleibn und DER hat dienst ICH seh mir die parade an KEIN FERN und dann zapfenstreich KEIN RUNTER und dann das feuerwerk und dann MICK parade ist immer schau die ganzen panzer und das ICH seh mir die parade an KEIN FERN dann zapfenstreich KEIN RUNTER dann feuerwerk KEIN RUNTER dann MICK KEIN RUNTER arschkackpiss ICH fahr bis schlewskistraße vorne raus zapfenstreich stratzenweich samariter grün frankfurter rot strausberger blau schlewski grau vorne raus strapfenzeich stratzenweich mit klingendem spiel und festem tritt an der spitze der junge major mit seinem stab der junge haupttambourmajor fritz scholz

aus: ULRICH PLENZDORF, Kein runter, kein fern

Es schadet nichts, einige **Sonderformen** epischer Texte zu kennen, etwa

epische Sonderformen

- **Anekdote** (aus griech. *nicht herausgegeben*)
Kurze, pointierte Geschichte um eine bedeutende Persönlichkeit

Originaltext

Bach, als seine Frau starb, sollte zum Begräbnis Anstalten machen. Der arme Mann war aber gewohnt, alles durch seine Frau besorgen zu lassen; dergestalt, daß da ein alter Bedienter kam, und ihm für Trauerflor, den er einkaufen wollte, Geld abforderte, er unter stillen Tränen, den Kopf auf einen Tisch gestützt, antwortete: „Sagts meiner Frau."

HEINRICH VON KLEIST

- **Fabel** (aus lat. *Erzählung*)
Kurze, lehrhafte Erzählung von Tieren, Pflanzen oder Gegenständen zur Veranschaulichung menschlicher Charaktereigenschaften (vgl. Beispiel, S. 15)

- **Kurzgeschichte**
Kurze Darstellung eines entscheidenden Lebensabschnittes, oft auf einzelne Augenblicke reduziert und zugleich zu verschiedenen Erzählperspektiven erweitert, oft ohne Anfang und Schluss (vgl. S. 33 f.: „Das Fenster-Theater")

- **Novelle** (aus lat. *neu*)
Erzählung um ein ungewöhnliches Ereignis, z. B. **KELLER: Romeo und Julia auf dem Dorfe**

- **Parabel** (aus griech. *nebeneinander stellen*)
Gleichnishafte Erzählung zur Veranschaulichung einer sittlichen Wahrheit

Maßnahmen gegen die Gewalt

Originaltext

Als Herr Keuner, der Denkende, sich in einem Saale vor vielen gegen die Gewalt aussprach, merkte er, wie die Leute vor ihm zurückwichen und weggingen. Er blickte sich um und sah hinter sich stehen – die Gewalt.
„Was sagtest du?" fragte ihn die Gewalt.
„Ich sprach mich für die Gewalt aus", antwortete Herr Keuner.
Als Herr Keuner weggegangen war, fragten ihn seine Schüler nach seinem Rückgrat. Herr Keuner antwortete: „Ich habe kein Rückgrat zum Zerschlagen. Gerade ich muß länger leben als die Gewalt."
Und Herr Keuner erzählte folgende Geschichte:
In die Wohnung des Herrn Egge, der gelernt hatte, nein zu sagen, kam eines Tages in der Zeit der Illegalität ein Agent, der zeigte einen Schein vor, welcher ausgestellt war im Namen derer, die die Stadt beherrschten, und auf dem stand, daß ihm gehören soll jede Wohnung, in die er seinen Fuß setzte; ebenso sollte ihm auch jedes Essen gehören, das er verlange; ebenso sollte ihm auch jeder Mann dienen, den er sähe.
Der Agent setzte sich in einen Stuhl, verlangte Essen, wusch sich, legte sich nieder und fragte mit dem Gesicht zur Wand vor dem Einschlafen: „Wirst du mir dienen?"

Herr Egge deckte ihn mit einer Decke zu, vertrieb die Fliegen, bewachte seinen Schlaf, und wie an diesem Tage gehorchte er ihm sieben Jahre lang. Aber was immer er für ihn tat, eines zu tun hütete er sich wohl: das war, ein Wort zu sagen. Als nun die sieben Jahre herum waren und der Agent dick geworden war vom vielen Essen, Schlafen und Befehlen, starb der Agent. Da wickelte ihn Herr Egge in die verdorbene Decke, schleifte ihn aus dem Haus, wusch das Lager, tünchte die Wände, atmete auf und antwortete: „Nein."

Bertolt Brecht

Übrigens:
Epik ist etwas für Leute, die Lust haben, geistig spazieren zu gehen.

Informieren Sie sich in einem Lexikon über die Besonderheiten eines Romans.

Drama[1] – Spieltrieb für Erwachsene

[1] *aus griech.* Handlung

Rollenspiel

Dramen sind Schau-Spiele, d. h., alles, was ein Autor mitteilen möchte, muss im Rollenspiel sprechender und agierender Gestalten für Außenstehende wahrnehmbar werden.

In der Regel geht es dabei um innere (z. B. Goethe: Faust) oder äußere (z. B. Schiller: Kabale und Liebe) Konflikte, die in Aktion und Reaktion einer Lösung zustreben.
In klassischer Zeit entzündet sich der Konflikt meist an sittlichen Problemen und orientiert sich an einer für verbindlich angesehenen Wertordnung. Dies lässt die Dramenfiguren oft zu Verkörperungen hehrer Ideen werden (z. B. Lessing: Nathan der Weise). Solche idealisierende Tendenz schafft eine große Distanz zwischen Bühnenwelt und empirischer Welt. Diese wird häufig noch verstärkt

- durch die **Verwendung einer metrisch gebundenen Sprache** (Blankvers)
- durch die **Einhaltung eines festen Aufbauprinzips** (Exposition – Steigerung der Verwicklung – Höhepunkt – Wende – Schluss/Lösung oder Katastrophe)
- durch das **Bewahren der „drei Einheiten"** (gleich bleibender Schauplatz – gespielte Zeit = höchstens 1 Tag – Handlung ohne Verflechtungen)

Seit jedoch die Welt kaum noch als überschaubarer Zusammenhang gesehen wird und die Diskrepanz zwischen Sein und Sollen in der Gesellschaft immer bewusster wird, haben sich auch Inhalte und Strukturen des Dramas entscheidend geändert.

Das moderne Drama wendet sich vor allem aktuellen Zeitproblemen zu und bringt diese in ungeschminkter Prosa auf die Bühne: vom Wortfetzen bis zu Slang und Dialekt. Falls dabei jemand eine lange Zeit keine Antwort weiß, so wird eben eine lange Zeit geschwiegen. Und falls jemand keinen Gesprächspartner hat, so gibt es eben ein Einpersonenstück (z. B. BECKETT: Das letzte Band). So einfach kann das sein.

Um der „Gefahr" vorzubeugen, dass der Zuschauer sich mit dem Bühnengeschehen identifizieren könnte, werden oft **verfremdende oder desillusionierende Mittel** eingesetzt wie z. B. der Bühnenaufbau vor dem Publikum oder die Kontaktaufnahme mit dem Publikum während des Spiels.

Dramentypen

Auch beim Drama sollte man ein paar Spezialkenntnisse haben, z. B. einige **Dramenarten** kennen wie

- das **analytische Drama,**
dessen Dynamik in der Aufklärung von Ereignissen liegt, die bereits vor Beginn der Dramenhandlung den Konflikt hervorgerufen haben, z. B. KLEIST: Der zerbrochne Krug (im Gegensatz zum „normalen" Zieldrama, dessen Dynamik sich von einem wachsenden Konflikt aus auf dessen Lösung – am Ende – richtet, z. B. HAUPTMANN: Die Weber)

- das **bürgerliche Trauerspiel,**
dessen Tragik sich in bürgerlichem Milieu abspielt, z. B. LESSING: Emilia Galotti (im Gegensatz zum Drama, dessen Handlungsträger Standespersonen sind, z. B. KLEIST: Prinz Friedrich von Homburg)

dramaturgische Mittel

einige **dramaturgische Mittel** kennen wie

- **Botenbericht**
Bericht einer neu hinzugekommenen Person über Ereignisse, die auf der Bühne schwer darstellbar sind, z. B.

Originaltext

CHOR

Unfaßbares Bild entzweit meinen Sinn:
Sag ich, Augen, ihr lügt,
Das ist Antigone nicht?

Unglückselige du,
Des unseligen Ödipus Kind!
Was geschah? Sie haben dich doch
Nicht ergriffen bei sinnlosem Tun,
Wider Königs Gesetz dich empörend?

WÄCHTER

Das ist die Täterin! Die griffen wir,
Als sie bestattete – doch wo ist Kreon?

Kreon kommt heraus.

CHOR

Da tritt er aus dem Hause, wie gerufen.

KREON

Was gibt's? Wozu erschien ich eben recht?

WÄCHTER

Herr! Menschen sollten nichts verschwören, später
Macht Einsicht unsern Vorsatz doch zum Lügner.
Wie tat ich groß, ich käme nimmer her.
Als deine Drohung auf mich wetterte!
Und jetzt – ja, völlig unverhoffte Freude
Geht eben über jegliches Vergnügen:
Da bin ich trotz der Eide, die ich schwor,
Mit diesem Mädchen, frisch ertappt beim Schmücken
Des Grabes. Diesmal ward kein Los geworfen,
Den Fund hab ich gemacht und keiner sonst.
So nimm sie, Herr, verhör sie nach Belieben
Und überführe sie! Ich aber darf
Mich frei und ledig fühlen aller Schuld.

KREON

Wobei hast du sie denn erwischt, und wie?

WÄCHTER

Sie war's, die ihn begrub. Nun weißt du alles.

KREON

Bedenkst du, was du sagst? Ist das auch wahr?

WÄCHTER

Die sah ich gegen dein Verbot den Toten
Begraben – sprech ich klar und deutlich jetzt?

KREON

Und wie ward sie gesehn und überrascht?

WÄCHTER

Die Sache war so: Wir gingen eben hin,
Du hattest uns ja fürchterlich gedroht,
Und fegten von der Leiche allen Staub,
Bis sie ganz frei lag – sie verweste schon –,
Und saßen auf dem Hügelrand, im Wind,
Daß uns der Moderduft von ihr nicht traf,
Und einer weckte mit Geschimpf den andern,
Wenn er im Dienste säumig werden wollte.
Das ging so lange, bis das Feuerrad
Der Sonne in des Äthers Mitte stand
Mit schwüler Glut. Da hebt auf einmal sich
Ein Wirbelsturm vom Boden, o Himmelsgraus!
Fegt übers Land, zerzaust dem Wald den Scheitel
Und schwillt in alle Lüfte. Wir ertrugen
Die Gottesnot mit zugekniffnen Augen,
Und erst nach langer Zeit war's überstanden.
Da sehen wir das Mädchen! Und es schreit
Hellauf und jammert bitter wie ein Vogel,
Der seine Jungen nicht mehr find't im Nest.
So klagt sie laut, wie sie den nackten Leichnam
Erblickt, und sie verflucht mit bösem Fluch
Die das getan. Gleich trägt sie durstigen Staub
Herbei mit ihren Händen. Dreimal hebt sie
Den schöngetriebnen Erzkrug hoch empor
Und weiht dem Toten heilige Grabesspende.
Wir sehen's, stürzen hin und fangen sie
Im Nu – sie zeigt nicht die geringste Furcht.
Wir überführen sie der ersten Tat
Und auch der jetzigen, nichts stritt sie ab.
Das war mir lieb und war mir leid zugleich,
Denn selbst der Not entronnen sein macht Freude,
Und die ins Unglück bringen, die man gern hat,
Ist traurig. Doch das alles nehme ich
Natürlich nicht so wichtig wie mein Leben.

aus: SOPHOKLES, Antigone

• **Teichoskopie** (aus griech. *Mauerschau*)
Mitteilung einer erhöht stehenden Person über schwer darstellbare Ereignisse, die gerade außerhalb der Bühne stattfinden

Originaltext

(Man hört läuten)

KNABE. Hört Ihr, sie läuten droben auf dem Berg,
Gewiß hat man ein Schiff in Not gesehn,
Und zieht die Glocke, daß gebetet werde.

(Steigt auf eine Anhöhe)

FISCHER. Wehe dem Fahrzeug, das jetzt unterwegs,
In dieser furchtbarn Wiege wird gewiegt!
Hier ist das Steuer unnütz und der Steurer,
Der Sturm ist Meister, Wind und Welle spielen
Ball mit dem Menschen – Da ist nah und fern
Kein Busen, der ihm freundlich Schutz gewährte!
Handlos und schroff ansteigend starren ihm
Die Felsen, die unwirtlichen, entgegen,
Und weisen ihm nur ihre steinern schroffe Brust.

KNABE *(deutet links)*.
Vater, ein Schiff, es kommt von Flüelen her.

FISCHER. Gott helf den armen Leuten! Wenn der Sturm
In dieser Wasserkluft sich erst verfangen,
Dann rast er um sich mit des Raubtiers Angst,
Das an des Gitters Eisenstäbe schlägt,
Die Pforte sucht er heulend sich vergebens,
Denn ringsum schränken ihn die Felsen ein,
Die himmelhoch den engen Paß vermauren.

(Er steigt auf die Anhöhe)

KNABE. Es ist das Herrenschiff von Uri, Vater,
Ich kenns am roten Dach und an der Fahne.

FISCHER. Gerichte Gottes! Ja, er ist es selbst,
Der Landvogt, der da fährt – Dort schifft er hin,
Und führt im Schiffe sein Verbrechen mit!
Schnell hat der Arm des Rächers ihn gefunden,
Jetzt kennt er über sich den stärkern Herrn,
Diese Wellen geben nicht auf seine Stimme,
Diese Felsen bücken ihre Häupter nicht
Vor seinem Hute – Knabe, bete nicht,
Greif nicht dem Richter in den Arm!

KNABE. Ich bete für den Landvogt nicht – Ich bete
Für den Tell, der auf dem Schiff sich mit befindet.

Fischer. O Unvernunft des blinden Elements!
Mußt du, um *einen* Schuldigen zu treffen,
Das Schiff mitsamt dem Steuermann verderben!

Knabe. Sieh, sieh, sie waren glücklich schon vorbei
Am *Buggisgrat*, doch die Gewalt des Sturms,
Der von dem *Teufelsmünster* widerprallt,
Wirft sie zum großen *Axenberg* zurück.
– Ich seh sie nicht mehr.

Fischer. Dort ist das *Hakmesser*,
Wo schon der Schiffe mehrere gebrochen.
Wenn sie nicht weislich dort vorüberlenken,
So wird das Schiff zerschmettert an der Fluh,
Die sich gähstotzig absenkt in die Tiefe.
– Sie haben einen guten Steuermann
Am Bord, könnt *einer* retten, wärs der Tell,
Doch dem sind Arm und Hände ja gefesselt.

(Wilhelm Tell mit der Armbrust. Er kommt mit raschen Schritten, blickt erstaunt umher und zeigt die heftigste Bewegung. Wenn er mitten auf der Szene ist, wirft er sich nieder, die Hände zu der Erde.)

aus: Friedrich Schiller, Wilhelm Tell

Übrigens:
Dramen sind Gedanken, die man sehen und hören kann.

Übung A 22

Überlegen Sie, welche dramaturgischen Mittel der Autor eines Dramas in der Exposition einsetzen könnte, um den Zuschauer mit den zum Verständnis nötigen Vorkenntnissen auszustatten.

PS:
Da im nächsten Abschnitt auf die Grundfaktoren des Kommunikationsmodells verwiesen wird, soll dieses Kapitel mit einem Verweis auf dieses schließen:

Gattungen im Kommunikationsmodell

Im **lyrischen** Text steht die **Beziehung zum Autor** stark im Vordergrund: Die Worte geben vor allem Auskunft über den Sprecher.

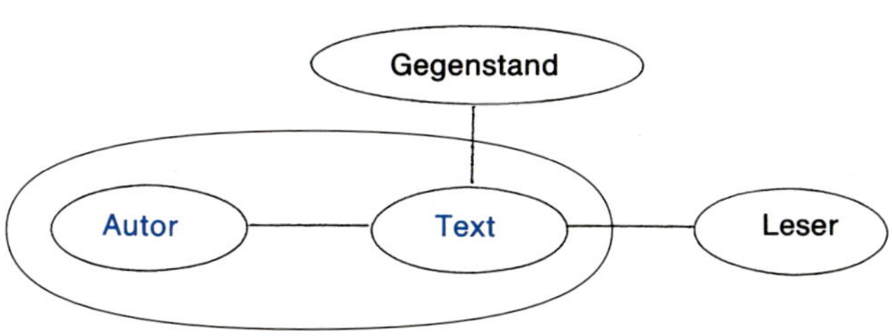

In **dramatischen** Texten – in Dialogen – spielt **der Angesprochene** eine wichtige Rolle: Die Worte sprechen vor allem zu jemandem.

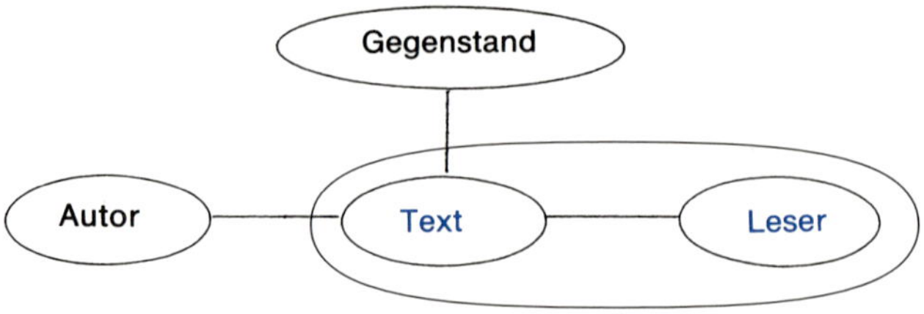

Im **epischen** Text kommt der **gegenständlichen Welt** große Bedeutung zu: Die Worte sagen vor allem etwas über die Welt.

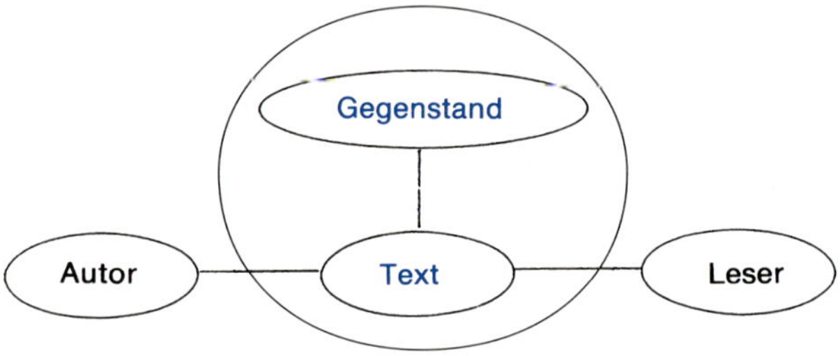

4.3.2. Sachtexte – Die nützliche Lektüre

Bevor es systematisch wird, gibt sich eine Auswahl von Sachtexten – brav nach dem Alphabet aufgestellt – die Ehre:

Anleitung

Bekanntmachung

Charakteristik

Deutschaufsatz

Erörterung

Feature

Gutachten

Handlungsanweisung

Inhaltsangabe

Jahresbericht	Quellenangabe
Kommentar	Reportage
Leitartikel	Sachbericht
Memoiren	Tagebuch
Nachricht	Untersuchungsbericht
Ortsbeschreibung	Vertrag
Protokoll	Werbetext

Wie man sieht, kommt selbst bei so unvollständiger Übersicht manche Sonderform zusammen. Das hat einen einfachen Grund: Sachtexte entstehen situativ, und es gibt wahrhaftig genug Alltagssituationen, die einer schriftlichen Fixierung bedürfen.

Untersucht man nun die besonderen Merkmale solcher Sachtexte, so kommt man zu dem Ergebnis, dass sich je nach Verwendungszweck des Textes bzw. Schreibabsicht des Verfassers 3 Großgruppen ausmachen lassen:

Vorwiegend informierende Texte – Objektivität verpflichtet

Tatsachen

In ihnen kommen vor allem Tatsachen zur Sprache. Der Verfasser ist darum bemüht, Gegenstände oder Sachverhalte möglichst objektiv in Form einer Beschreibung oder eines Berichts darzustellen. Der Schwerpunkt des Textes liegt dann in der möglichst sachgerechten Wiedergabe der Wirklichkeit, wie etwa im Abschnitt eines Lehrbuchs oder in einer Zeitungsnachricht, z. B.

Klonen bedroht die Zukunft der Menschheit

Originaltext

London (dpa) – Der britische Physiker und Friedensnobelpreisträger Joseph Rotblat hat nach dem Klonen eines Schafes in Großbritannien vor den unabsehbaren Folgen der Gentechnik gewarnt.

Im Rundfunksender BBC verglich der in London lebende Wissenschaftler am Dienstag die Fortschritte bei der Genmanipulation mit der Atomspaltung, gegen die er sein Leben lang gekämpft hat. „Meine Sorge ist, daß der wissenschaftliche Fortschritt in eine andere Form der Massenvernichtung mündet, deren Mittel noch leichter verfügbar sind als Atomwaffen“, erklärte Rotblat.

Der Professor für Physik hatte 1995 den Friedensnobelpreis erhalten. Rotblat forderte die Einsetzung einer internationalen Ethik-Kommission zur Überwachung der wissenschaftlichen Arbeit auf so heiklen Gebieten wie der Gentechnik. „Man kann nicht voraussehen, was wissenschaftliche Forschungen erbringen. Aber ich befürchte angesichts dessen, was bereits auf dem Gebiet der Gentechnik erreicht worden ist, daß daraus eine Bedrohung für die Menschheit entstehen könnte". Er bezweifle, daß Politiker der Entwicklung Einhalt gebieten könnten, fügte Rotblat hinzu.

Wissenschaftlern des schottischen Roslin Institute war es gelungen, ein Lamm aus den Euterzellen eines erwachsenen Schafs zu klonen. Theoretisch ist diese Methode auch auf den Menschen anwendbar. Während US-Präsident Bill Clinton sich kritisch zum Kopieren von Lebewesen äußerte, hat die Problematik in Großbritannien auf politischer Ebene kaum Wellen geschlagen. Der Labour-Politiker Lord Winston sagte der BBC, es bestehe „kein dringender Diskussionsbedarf." Nach seiner Ansicht gibt es „absolut keine Möglichkeit, daß Menschen in näherer Zukunft geklont werden könnten." Der deutsche Forschungsminister Jürgen Rüttgers forderte am Dienstag dagegen einen verantwortungsvollen Umgang mit den Methoden der Gentechnik. „Den geklonten Menschen darf und wird es nicht geben", sagte er.

Auch bei den Kirchen wuchsen Bedenken nach den Experimenten in Schottland. Die Deutsche Bischofskonferenz verurteilte das Klonen als unzulässigen Eingriff in die Schöpfung. „Das Klonen des Menschen ist im tiefsten Sinne unmenschlich", sagte der katholische Moraltheologe und Berater der Deutschen Bischofskonferenz, Johannes Reiter.

Auch Abgeordnete des Europäischen Parlaments zeigten sich beunruhigt. Die sozialdemokratische EU-Abgeordnete Dagmar Roth-Behrendt nannte das Klonen „unethisch und unnötig". Sie forderte eine europäische Ethik-Kommission, die auch mit den USA und Japan verknüpft sei.

Innerhalb der EU wird die Genforschung meist nationaler Gesetzgebung überlassen. Es gibt nur Richtlinien über die Freisetzung von gentechnisch veränderten Mikroorganismen und über den Umgang mit ihnen in Labors.

dpa-Meldung
vom 25. 2. 97

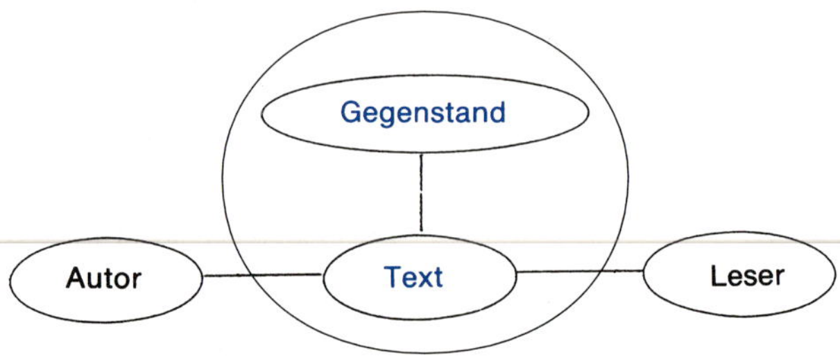

Vorwiegend kommentierende Texte – Meinungssache

Meinung
Wertung

In ihnen geht es dem Verfasser vor allem darum, seine persönliche Auffassung über ein Thema zu dokumentieren. (Natürlich will er gewiss auch mit dem Text einen Leser überzeugen – dies zeigt, wie immer alle im Kommunikationsmodell erfassten Faktoren gemeinsam beteiligt sind und die Unterscheidung nach Textarten jeweils nur den wichtigsten Akzent hervorhebt.)

Vorwiegend kommentierende Texte enthalten also subjektive Wertungen und individuelle Argumentationen, wie etwa in einer Erörterung oder einem Zeitungskommentar, z. B.

Originaltext

Das Schweigen der Lämmer

Von Manfred Kriener

Seit vier Tagen wird in Deutschland nach Kräften geklont. Die einen vervielfältigen den Saddam Hussein, die anderen kleben viele Hitlers auf ihre Zeitungsseiten. Außerdem, so lesen wir, ließe sich der Papst klonen, Claudia Schiffer und Peter Alexander. Guten Tag, Herr Frankenstein! Zugleich sind sich von Bill Clinton bis zur Bischofskonferenz alle einig: Der Dammbruch muß verhindert werden, die Zucht von Menschen-Duplikaten darf es nicht geben.

Kaum ist das Ungeheuerliche geschehen, wird es schon durch die Imagination des noch Ungeheuerlicheren ersetzt. Niemand redet mehr vom geklonten Schaf, aber alle vom geklonten Hitler. Mit Hirngespinsten der Zukunft wird die unbequeme Gegenwart ausgeblendet. Es ist schon frappierend, mit welcher Hartnäckigkeit die Antwort auf die eine, jetzt anliegende Frage verweigert wird:

Wollen wir die Klonierung von Tieren gestatten? Wollen wir die Natur von der Stange? Wollen wir die Eigen- und Einzigartigkeit des Lebens aushöhlen? Dieses Leben beginnt nicht erst beim Menschen. Auch das Schaf Dolly gehört dazu.

Die Diskussion über geklonte Menschen ist angesichts der Möglichkeit, von allen erwachsenen Säugetieren zeitlich verzögert Mehrlinge herzustellen, zwar verständlich, aber sie bringt nur eine weitere Grenzverschiebung. Das doppelte Schaf ist zwar schlimm, aber noch viel schlimmer wäre der verdoppelte Mensch. Die Geschichte der Bio- und Reproduktionstechnologie ist eine Geschichte solcher Grenzverschiebungen. Ein langer ethischer Erosionsprozeß hat das gerade noch Hinnehmbare immer weiter in die Zukunft verrückt. Erst das Retortenbaby, dann die Leihmutter, jetzt der Klon.

Man gewöhnt sich an Sodom und warnt vor Gomorrha. Aber es darf nicht nur darum gehen, da es möglich wäre, Menschen zu kopieren. Es muß darum gehen, daß es heute möglich ist, Tiere zu vervielfältigen, und daß genau dies bereits getan wird. Und darauf muß eine zivile Gesellschaft Antworten geben.

Doch mit der Erscheinung des geklonten Schafes schlägt die Stunde der Fatalisten. Wir können es sowieso nicht verhindern. Was technisch möglich ist, wird auch gemacht, funken sie aus ihrem stickigen Bunker. So versucht man, seine eigenen Ohnmachtsgefühle loszuwerden. Die Klonierungstechnik ist zwar tatsächlich nicht mehr aus der Welt zu schaffen. Aber ihre Anwendung kann genauso verboten werden wie das Rauchen von Marihuana, das Fahren auf der linken Straßenseite oder der Besitz von Atomwaffen. Die Ächtung der Klonierung ist möglich, wenn sie gewollt wird.

Kaum hat das schottische Schaf erstmals öffentlich geblökt, beginnen die einschlägigen Forscher, ihre Rechtfertigungslinie aufzubauen: Der Klon sei zwar genetisch identisch, aber dennoch ein Individuum, weil soziale Einflüsse aus Zwillingen zwei ihrem Wesen nach verschiedene Menschen formen.

Dieselben Forscher, die seit zwei Jahrzehnten die genetische Ausstattung über alles stellen, die selbst Homosexualität und Gewaltbereitschaft, Übergewicht und Alkoholismus als primär genetische Disposition sehen, sie entdecken plötzlich die soziale Welt. Welch wundersame Wandlungen doch ein kleines Schaf auszulösen vermag.

Immer wieder haben Wissenschaftler die Kritiker der Reproduktionstechnik belehrt und versichert, daß der Klon eine Fiktion ist. Wer das Gegenteil behauptete, galt als Alarmist, der zur Diskreditierung einer ganzen Forschungsrichtung realitätsfremde Schreckensszenarien konstruiert. Jetzt, wo die Fiktion schäfchenweich auf vier Füßen steht, wird sie sofort verteidigt. Das Schaf wird eingemeindet, die eigene Zunft steht fest zusammen. Die immer wieder beschworene Diskussion über „Chancen und Grenzen" von Gentechnik und Biotechnologie findet zumindest in den eigenen Reihen nicht statt.

„Leben", sagt eine berühmte Romanfigur, „ist organisierte Fäulnis." Leben ist aber vor allem Vielfalt, das bunt schillernde Spektrum der Möglichkeiten. Leben ist Zufall, Überraschung. Leben ist dick und dünn, schön und häßlich. Der Klon ist das Gegenteil: die kühl kalkulierte Erbmasse, die genormte Existenz, das Ende der Natürlichkeit. Nur Lämmer lassen sich das gefallen. Schweigend.

aus: TAZ vom 1. 3. 1997

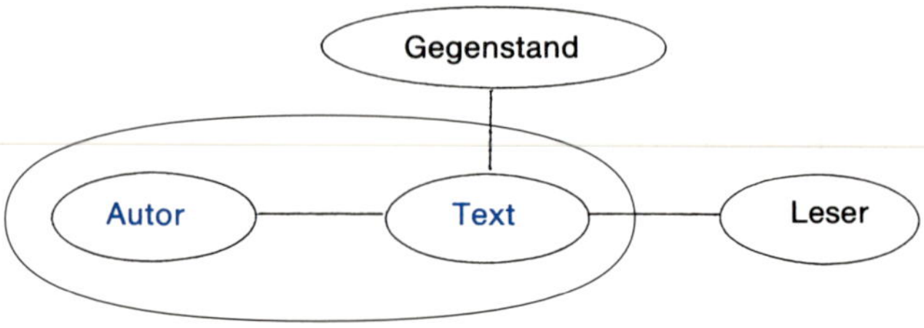

Vorwiegend appellierende Texte – Um der Wirkung willen

Beeinflussung

Auch wenn es bei ihnen ebenfalls um ein persönliches Anliegen des Verfassers und um die Sache geht, soll hier hauptsächlich jemand überzeugt werden. Der Text soll vor allem auf Leser oder Hörer Wirkung zeigen und ihn zu einer bestimmten Einstellung oder Verhaltensweise bewegen. Dies erklärt auch, warum Inhalt und Sprache vorwiegend appellierender Texte weniger kognitiv ausgerichtet sind als vielmehr emotional, wie etwa ein Werbetext oder eine Ansprache, z. B.

Originaltext

Pfarrer Stadelmann: Rede bei der Verabschiedung des III. Bataillons des Infanterieregiments Nr. 121 (1914)

Behüt dich Gott, drittes Bataillon, Regiment Alt-Württemberg! Wir haben euch gerne gehabt, und mit bitterster Wehmut lassen wir euch hinausziehen in den Kampf. Aber wir wollen nicht weich werden in dieser Stunde, wir brauchen die letzte körperliche und geistige Kraft, um obzusiegen. Zu treu, zu tüchtig, zu groß sind wir unsern Nachbarn geworden. Erst haben sie es uns geneidet, daß wir etwas vermochten und galten in der Welt, nun sind aus den Neidern erbitterte Feinde geworden. Mit den ruchlosesten Mitteln, unerhört in der Weltgeschichte, wollen sie uns vernichten.

Es war schon einmal – vor anderthalb Jahrhunderten. Da rang das kleine Preußen um Ansehen und Geltung neben den andern; sie wollten es nicht haben, die andern. Die furchtbare Übermacht schien den Staat Friedrichs zu zerbrechen. In der höchsten Not zeigte sich seine volle Größe. Er verzagte nicht – und gewann. Neben seiner Feldherrnbegabung, nebst der Tüchtigkeit seiner Generale verdankte der Preußenkönig den Sieg dem Geist des Volkes und des Heeres. Tapfer waren seine Soldaten, hielten aus bis zum Letzten – sie konnten's, denn sie waren fromm (im Gegensatz zu ihrem gerühmten König!). Mit Chorälen ziehen die Regimenter in den Kampf, und nach dem Sieg von Leuthen klingt's über die Walstatt: „Nun danket alle Gott".

Keiner in unserm deutschen Volk hat geglaubt, daß in Nord und Süd, in Ost und West das deutsche Volk aufstehe wie ein Mann, eins im Vertrauen zu Kaiser und Regierung, eins in dem trutziglichen Entschluß, alles einzusetzen, eins im Bewußtsein, daß wir zusammengehören als Kinder *einer* Heimat, eins auch – wer hätte es geglaubt? – in der Demut vor Gott und im Vertrauen auf seine Hilfe. Das nehmt mit hinaus in Feld und Schlacht, in Müh und Not – ein mächtig Gottvertrauen. Der Herr ist mit euch, und sein Auge ruht auf einem jeglichen Mann. Tapfer macht dieser Glaube und treu. Ihr dürft in vorderster Front fechten, als hohe Ehre und heilige Pflicht empfindet es jeder. Die Fahne, der ihr Treue geschworen, geleitet euch; ihr werdet sie heimtragen mit neuen Ehren. Das ist euer Gelöbnis in dieser Stunde, das sich jeder gibt aus tiefster Seele: Ich stehe treu zur Truppe, fest zur Fahne, zu Führer und Kamerad. Gott hört den Eidschwur, er segne euch, daß ihr ihn haltet in schweren Stunden. Und wir, die wir daheimbleiben dürfen – nein, nein, nicht dürfen, sondern müssen, müssen – so fühlen es Tausende –, wir stehen hinter euch, sorgend, betend. Ihr bleibt die Unsrigen, uns verbunden im *Herzen* durch Dank und Vertrauen, durch Fürsorge und Gebet. So ist uns nicht bange. In der starken Zuversicht auf Gottes Hilfe gehen wir in diesen *Kampf*; wir wollen ihn führen auf deutsche Art, ehrlich, tapfer, unerschüttert; wir wollen ihn auch führen als Christen, treu dem Kameraden, menschlich dem Feind. Nun Gott befohlen! Drittes Bataillon, Offizier und Mann. Das Vaterland ist in höchster Not, da stehen wir Mann an Mann. Unser Glaube aber ist: Der Herr Zebaoth ist mit uns, der Gott Jakobs ist unser Schutz! Amen.

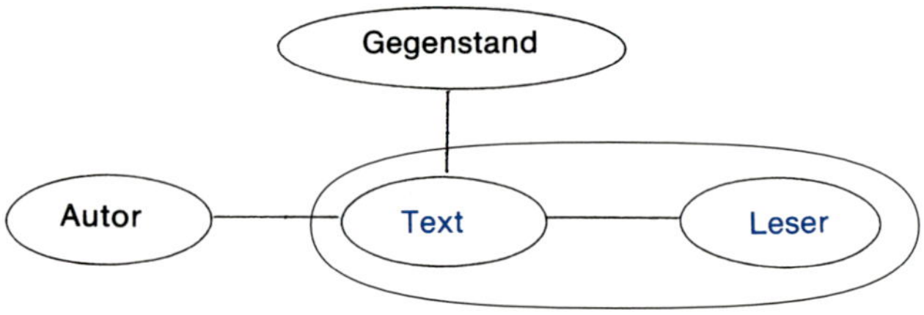

Dass es diese drei Textarten selten in Reinform gibt, wird bereits durch den Zusatz „vorwiegend“ signalisiert. Nachvollziehbar wird dies besonders gut am Beispiel eines Plädoyers des Verteidigers vor Gericht: Er will (hoffentlich) die wahren Zusammenhänge darstellen, zugleich seine persönliche Sicht der Dinge zum Ausdruck bringen und die anderen Prozessteilnehmer überzeugen.

Wegen der funktionalen Gebundenheit eines Sachtextes dürfte es aber wohl kaum einen Text geben, der nicht einem Aspekt besonderen Nachdruck verleiht, sodass als großräumiges Unterscheidungsmerkmal die Abgrenzung bestehen bleiben kann:

- **sachorientiert**
- **verfasserorientiert**
- **empfängerorientiert**

journalistische Textarten

Um für die tägliche (!) Zeitungslektüre und eine Unterrichtsreihe über Gebrauchstexte die Voraussetzungen zu verbessern, seien einige ausgewählte **Textarten aus dem journalistischen Bereich** unterschieden:

• **Nachricht**
Aktuelle Information über Sachverhalte oder Ereignisse auf der Basis von Agenturmeldungen oder Korrespondentenberichten.
Die Nachricht hat möglichst (mindestens) 4 der berühmten W-Fragen tatsachengetreu zu beantworten: *was? wer? wann? wo?* (vgl. Beispiel S. 97 f.: „Klonen bedroht die Zukunft der Menschheit")

• **Reportage** (aus lat. *zurücktragen*)
Persönlich eingefärbter Bericht, der die dargestellten Tatsachen trotz subjektiver Zugaben unverfälscht wiederzugeben hat.
Basis sind eigene Erlebnisse oder Berichte von Augenzeugen, z. B.

Die Angst vor dem Sturz in die Tiefe

Originaltext

„Raus, nur raus. Ich dachte, ich müsse um mein Leben laufen", schildert Manfred Deterding (44) seinen ersten Gedanken nach dem S-Bahn-Unglück.

Der Jurist saß im Erste-Klasse-Abteil, direkt hinter dem Triebwagen. Er hatte es sehr eilig gehabt, nach Altona zu kommen, und war noch in letzter Minute im Hauptbahnhof in die Linie 31 gesprungen. Mit ihm saßen nur noch zwei weitere Fahrgäste im hinteren Teil des Wagens.

Plötzlich schreckte Manfred Deterding von seiner Lektüre auf: „Ich hörte einen lauten Knall und wurde nach rechts und links geschleudert, dabei schlug ich mit dem Hinterkopf gegen einen Haltgriff. Dann klirrten die Scheiben, der Zug kippte zur Seite und es herrschte einige Sekunden Totenstille".

Manfred Deterding hatte sich instinktiv auf den Boden fallen lassen. In der Aufregung realisierte er nicht, wie knapp er dem Tode entronnen war: Wenige Meter vor ihm hatte sich das Stahlrohr eines Geländers quer durch den Wagen gebohrt.

Auf allen Vieren krochen die Fahrgäste zur Tür und ließen sich auf die Gleise herab. „Kinder weinten, und Frauen riefen um Hilfe", beschreibt Manfred Deterding die Situation. Am zweiten Wagen des S-Bahn-Zuges, der ebenfalls zur Seite ausgebrochen war und bedrohlich über dem vier Meter tiefen Abgrund schwebte, halfen zwei junge Männer mehreren verängstigten älteren Menschen, den Zug zu verlassen.

Einer der Helfer war der 23 Jahre alte Stefan Grauer, der auf der Heimfahrt vom Arbeitsamt gewesen war. Als die S-Bahn aus der Unterführung kam, habe der Zug stark geschwankt, schildert er. „Dabei habe ich mir noch nichts gedacht, die älteren Wagen schaukeln oft", sagt er, „doch als es laut knallte und die Menschen durch den Wagen geschleudert wurden, bekam ich Todesangst."

Der junge Mann klammerte sich am Sitz fest. Einer älteren Dame, die sich allein nicht halten konnte, reichte er die Hand und zog sie auf den Gang. „Dort hockten wir uns auf den Boden, weil ich dachte, der Zug würde die Böschung hinunterstürzen."

Als nun auch noch Rauch vom Wagenende in den Innenraum eindrang, gerieten die Menschen in Panik. Stefan Grauer zog die Notbremse und drückte die Türen auf.

Auf seinen Schultern brachte er mehrere Fahrgäste in Sicherheit.

Der Zugführer Michael S. (28) war bereits auf die Gleise gesprungen. Er hatte zuerst nur ein Flattern der Bahn gemerkt. Als dann die Wagen mit lautem Krachen aus den Schienen sprangen, machte er eine Notbremsung. Obwohl er einen leichten Schock erlitten hatte, behielt er einen klaren Kopf und warnte die Fahrgäste vor den Stromabnehmern. Zu diesem Zeitpunkt konnte er noch nicht wissen, daß ein Kurzschluß die gesamte Stromzufuhr bereits lahmgelegt hatte.

Die Bahnpolizei und die Feuerwehr geleiteten die rund 20 Geretteten durch die Unterführung zurück in den Hauptbahnhof, wo die Fahrgäste medizinisch versorgt wurden. In der ersten Aufregung hatte keiner der Fahrgäste seine Verletzungen bemerkt.

Vier Fahrgäste mußten dann aber doch in Krankenhäuser gebracht werden: Manfred Deterding und Hans-Georg G. (48) hatten Kopfverletzungen erlitten und klagten über Kopfschmerzen und Übelkeit. Der 40 Jahre alte Afrikaner Masie U. hatte sich eine Rückenprellung zugezogen, die zwölf Jahre alte Carmen T. hatte sich die linke Hand verstaucht. Alle Verletzten konnten die Krankenhäuser nach ambulanter Behandlung wieder verlassen.

aus: Hamburger Abendblatt
vom 16. 8. 1989

• **Kommentar** (aus lat. *überdenken*)
Text, der Tatsachen subjektiv erläutert, deutet oder bewertet (vgl. Beispiel S. 99 f.: „Das Schweigen der Lämmer")

• **Glosse**
Kurzer Kommentar, der in besonders origineller, pointierter Form zu Tagesereignissen Stellung nimmt, z. B.

Originaltext

Wolfgang Ebert

Beschwichtigungen

Es kann absolut nichts passieren. Es ist so gut wie ausgeschlossen, daß etwas passiert ist.

Es ist überhaupt nichts passiert. Wie kann einer behaupten, daß etwas passiert ist?

Was soll denn passiert sein? Woher will man wissen, daß etwas passiert ist?

Ob etwas passiert ist, kann nur ein Fachmann feststellen. Vorläufig handelt es sich nur um Vermutungen, daß etwas passiert sein soll.

Wenn überhaupt etwas passiert ist, dann liegt der Vorfall schon lange zurück. Inzwischen ist nichts passiert, was erwähnenswert wäre.

Was da vorige Woche passiert sein soll, war nur ein kleiner, harmloser Störfall. Es gehört schon eine Portion

Unverfrorenheit dazu, zu behaupten, es sei mehr passiert, als bekanntgegeben wurde.

Alle erforderlichen Sicherheitsmaßnahmen, damit so was nicht passieren kann, waren getroffen worden.

Ja, es könnte etwas passiert sein. Die Medien haben das, was passiert sein soll, sehr aufgebauscht. In Wirklichkeit ist so gut wie nichts passiert.

Was passiert ist, beruht auf menschlichem Versagen. So was kann natürlich immer mal passieren, sollte aber nicht.

Auch im Straßenverkehr passiert so manches, ferner im Haushalt. Im Interesse des technischen Fortschritts muß das Risiko getragen werden, daß so etwas passieren kann.

Es muß alles getan werden, damit so etwas nie wieder passiert. Was eigentlich passiert ist, ist selbst den Experten noch ein Rätsel.

In kleinerem Ausmaß ist so was allerdings früher schon mal passiert. Was da passiert ist, kann eigentlich nur einmal in tausend Jahren passieren.

Es hätte noch viel mehr und Schlimmeres passieren können. Man muß einfach daran glauben, daß so etwas nicht mehr passieren wird.

Was da passiert ist, war keine Katastrophe, sondern höchstens ein schweres Unglück.

Was immer auch passiert sein mag – wir dürfen uns nicht beirren lassen. Wenn so etwas passiert ist, gilt es, Ruhe zu bewahren, damit keine gefährliche Panik entsteht.

Es war einfach Pech, daß es gerade jetzt passiert ist. Daß es in dieser Form passieren würde, war unvorstellbar.

Die Frage: „Wie konnte das passieren?" steht weiter im Raum. Jedenfalls kann die Öffentlichkeit sicher sein, daß alles Menschenmögliche getan wird, damit so etwas nie wieder pas … oh, mein Gott!!!

aus: DIE ZEIT vom 5. 9. 1986

Übrigens:
Gebrauchstexte sind wie Eintrittskarten: Nach der Vorstellung haben sie nur noch Erinnerungswert.

Übung A 23

Ordnen Sie die auf S. 96 aufgeführten Textarten einer der Großgruppen in der Tabelle zu. (Bei einer Textart dürfte die Zuordnung nur unter Vorlage eines konkreten Textes möglich sein.)

sachorientiert	verfasserorientiert	empfängerorientiert

sachorientiert	verfasserorientiert	empfängerorientiert

4.4. Fachausdrücke Handwerkszeug für Profis

Das hat gerade noch gefehlt! Soll man jetzt auch noch Fachausdrücke pauken, damit sich alles auch richtig schlau anhört? – Nein, das bitte nicht. Man kann schließlich seine Beobachtungen durchaus mit eigenen Worten ausdrücken, nur leider ist dies manchmal recht umständlich. Außerdem hat man eben die Wahl zwischen zwei Möglichkeiten, wenn man die Fachausdrücke beherrscht, und gegen solche kleinen Freiheiten gibt es ja wohl nichts einzuwenden.

germanistische Konventionen

Die folgende Übersicht stellt (selbstverständlich) wieder nur eine Auswahl dar.
Ihr Gliederungsprinzip sind die 3 Eigenschaften, die jeder Text hat, nämlich

- die **semantischen** Eigenschaften, die die Wortwahl betreffen, z. B.
  Halt's Maul! Schweig bitte!
- die **syntaktischen** Eigenschaften, die die Wort- und Satzformen betreffen, z. B.
  Das wundert mich gar nicht. Mich wundert das gar nicht.
- die **phonetischen** Eigenschaften, die den Wortklang betreffen, z. B.
  Eile mit Weile. Überhaste dich nicht.

Sprachliche Gestaltungsmittel

semantische Gestaltungsmittel: besonderer Wortgebrauch

Bezeichnung	Erläuterung	Beispiel
Metapher (Bedeutungsübertragung)	Ein Vergleich wird ohne Vergleichswort „wie" benutzt.	*König der Tiere* (statt: Das Tier hat eine Stellung unter den anderen wie ein König.)
Personifikation (Person-Machung)	Leblose Dinge werden ohne das Vergleichswort „als ob" wie Lebewesen behandelt.	*lachender Himmel* (statt: Der Himmel wirkt so, als ob er lache.)
Synästhesie (Zusammen-Empfindung)	Die Intensität eines Sinneseindrucks wird durch einen verkürzten Vergleich mit einem anderen ausgedrückt.	*knallrot* (statt: Das Rot ist so laut wie ein Knall.)
Symbol (Erkennungszeichen)	Ein Gegenstand oder ein Geschehen verweist sinnbildlich auf etwas anderes.	*Taube* (statt: Frieden)
Metonymie (Namensvertauschung)	Ein Wort wird durch ein anderes ersetzt, das in engem Zusammenhang mit ihm steht.	*Goethe lesen* (statt: ein Werk von Goethe lesen)
Synekdoche (Mit-Verstehen)	Statt des Gesamtbegriffs wird ein Teilbegriff verwendet.	*Einkommen pro Kopf* (statt: pro Person)
Ironie (Verstellung)	Man sagt das Gegenteil von dem, was man meint.	*Das hat mir gerade noch gefehlt!* (statt: Dies kann ich jetzt gar nicht gebrauchen.)
Litotes (Schlichtheit)	Man verneint das Gegenteil von dem, was man meint.	*nicht neu* (statt: alt)
Euphemismus (Schön-Reden)	Man umschreibt einen negativen Sachverhalt mit beschönigenden Ausdrücken.	*Null-Wachstum* (statt: Stillstand)

syntaktische Gestaltungsmittel: besondere Wort- und Satzformen

Bezeichnung	Erläuterung	Beispiel
Polysyndeton (Viel-Verbundenheit)	Gleichgeordnete Satzglieder werden durch Konjunktion verbunden.	*Einigkeit und Recht und Freiheit*
Asyndeton (Un-Verbundenheit)	Gleichgeordnete Satzglieder stehen ohne Konjunktion nebeneinander.	*Das Schiff geht in Neapel, Genua, Barcelona, Lissabon vor Anker.*
Klimax (Steigerung)	Mehrere Ausdrücke werden in steigender Anordnung verwendet.	*Ich kam, ich sah, ich siegte.*
Ellipse (Auslassung)	Einzelne (grammatisch notwendige) Wörter werden ausgespart.	*(Das) Ende (ist) gut, (also ist) alles gut.*
Parallelismus (Gleichlauf)	Mehrere Satzglieder sind parallel angeordnet.	*Der Denkende benützt kein Licht zuviel, kein Stück Brot zuviel, keinen Gedanken zuviel.* (BRECHT)
Inversion (Umstellung)	Zur Hervorhebung eines bestimmten Wortes wird die übliche Wortfolge umgestellt.	*VON DIR hätte ich das nicht gedacht!*

Bezeichnung	Erläuterung	Beispiel
Lautmalerei	Der Wortinhalt wird durch das Klangbild sprachlich nachgezeichnet.	*summen*
Wortspiel	Der Gleichklang von bedeutungsfernen Wörtern wird zur Pointierung eingesetzt.	*Es gibt nichts Gutes, außer man tut es.* (KÄSTNER)
Anapher (Zurückführung)	Ein Wort wird zu Beginn von Zeilen oder Sätzen wiederholt.	*Das Wasser rauscht, das Wasser schwoll …* (GOETHE)
Alliteration (Anfangsreim)	Wörter beginnen mit demselben Buchstaben.	*mit Mann und Maus*
Endreim	Wörter enden mit denselben Buchstaben, vom letzten betonten Vokal an.	*sélten / gélten*
Takt	Der Rhythmus besteht aus einer regelmäßigen Wiederkehr metrischer Einheiten.	*Díeses íst ein schö́ner Tág.*

phonetische Gestaltungsmittel: besonderer Wortklang

Übrigens:
Fachausdrücke sind ein gutes Beispiel für die Einsicht: Manchmal ist weniger mehr.

Übung A 24

Welche besonderen Stilmittel werden in den folgenden Sätzen verwendet?

1. Deine Idee zu einer Tageswanderung ist nicht schlecht.
2. Wir sollten bald mit Kind und Kegel losgehen.
3. Am Fuß des Berges weiß ich einen guten Rastplatz.
4. Ein schattiges Plätzchen lädt zum Picknicken ein.
5. Gesagt, getan.
6. Im Tal ist die Luft gut, auf dem Höhenweg besser, auf dem Gipfel am besten.
7. Dies ist unser letzter Ausflug nicht.
8. Der Sommer bringt warme Töne hervor.
9. Beim Abstieg begleitet uns ein quirliger Gebirgsbach.
10. Unser Pflastervorrat – 3 Stück pro Nase – bleibt unberührt.

B Was im Abitur gefordert werden kann

Die Kultusminister geben bekannt (am 1. 12. 1989)

Nun kann es ruhig ernst werden. Wo bitte geht's zum Abitur? Mit all den bisher erworbenen Kenntnissen und Fähigkeiten ist die Expedition Abi Deutsch eine vernünftig planbare Tour geworden. Freunde des Nervenkitzels werden wohl kaum auf ihre Kosten kommen.

Prüfungsanforderungen

Für die letzte Etappe hat die Kultusministerkonferenz am 1. 12. 1989 die Anforderungen verbindlich festgelegt als **„Einheitliche Prüfungsanforderungen in der Abiturprüfung: Deutsch"** (EPA). Diese sind zwar in den einzelnen Bundesländern teilweise modifiziert worden. Da sie aber den Rahmen abstecken, innerhalb dessen die Aufgabenstellung möglich ist, eignen sie sich als generelle Leitlinie für dieses Buch. Der Deutschlehrer wird sicherlich vor Eintreten des Ernstfalls die speziellen Anforderungen des jeweiligen Bundeslandes bekannt geben, sodass jeder Schüler beizeiten erfährt, was auf ihn zukommt.

In den EPAs ist – auszugsweise – Folgendes zu lesen:

Anforderungsbereiche

Fachspezifische Beschreibung der Anforderungsbereiche

1. Im Anforderungsbereich I geht es um die Wiedergabe von Wissen im gelernten Zusammenhang. Für die Prüfungsaufgabe im Deutschen handelt es sich dabei vor allem um die Kenntnis von Fakten und Fachbegriffen, Methoden und Modellen und deren Anwendung in einem vorgegebenen Zusammenhang.

2. Im Anforderungsbereich II geht es um
   - das selbständige Auswählen, Anordnen, Verarbeiten und Darstellen bekannter Sachverhalte unter vorgegebenen Gesichtspunkten in einem durch Übung bekannten Zusammenhang;
   - die selbständige Anwendung des Gelernten auf vergleichbare neue Situationen; dabei kann es sich entweder um veränderte Sachzusammenhänge oder um abgewandelte Verfahrensweisen handeln.

3. Die im Anforderungsbereich III geforderte Leistung zeigt sich je nach Art der Aufgabe darin, daß
   - begründete Schlüsse aus der durchgeführten Analyse oder der Problemerörterung gezogen werden,
   - Wertungen vorgenommen und begründet werden,
   - das eigene Vorgehen kritisch beurteilt wird.

Schriftliche Prüfung

Aufgabenarten

Die Aufgabenarten der Abiturprüfung orientieren sich an den Aufgabentypen, die in den Lehrplänen und Richtlinien der Länder als charakteristisch für die gymnasiale Oberstufe ausgewiesen sind und in den Anforderungen vergleichbar sind. Diese Formen schriftlicher Darstellung lassen sich den beiden Aufgabentypen „Textanalyse" und „Problemerörterung" zuordnen.

Die „Textanalyse" umfaßt die Aufgabenarten
- Analyse von literarischen Texten,
- Analyse von Sachtexten.

Zur „Problemerörterung" gehören die Aufgabenarten
- Problemerörterung anhand von Texten,
- Problemerörterung mit fachspezifischem Thema ohne Textvorlage,
- Problemerörterung unter Vorgabe einer Kommunikationssituation.

Diese Aufgabenarten kennzeichnen unterschiedliche Arten des Zugangs zu Texten und Problemen und unterschiedliche Formen gedanklich-sprachlicher Auseinandersetzung. […]

Prüfungs-anforderungen

Kenntnisse

Transfer

Selbstständigkeit

Textanalyse

Problem-erörterung

Unter den Aufgaben, die zur Bearbeitung vorgelegt werden, muß sich mindestens ein literarischer Text (Textanalyse oder Problemerörterung) befinden. Der Schulaufsichtsbehörde müssen mindestens zwei Aufgaben mit literarischem Text eingereicht werden, die sich auf verschiedene Epochen beziehen.

Der Bezug der Aufgabenarten zum Fach Deutsch ergibt sich aus den fachspezifischen Arbeitsverfahren und Gegenständen. Jede der Aufgabenarten enthält Anforderungen aus den drei Anforderungsbereichen.

Alle Aufgabenarten bieten die Möglichkeit, Fähigkeiten zur Analyse, zur Erörterung, zur begründenden Stellungnahme und zur Reflexion des eigenen Vorgehens zu überprüfen.

Die vorgesehenen Aufgabenarten sind vor allem darauf gerichtet, zu überprüfen, wieweit kognitive Unterrichtsziele erreicht sind. Sie lassen jedoch Raum für die Entfaltung von Kommunikationsfähigkeit, Originalität und Kreativität.

In der folgenden Beschreibung der Aufgabenarten werden die Anforderungen aus analytischen Gründen in zwei Gruppen unterteilt. Wegen der wechselseitigen Abhängigkeit der Einzelleistungen ist diese Zuordnung oft nur schwerpunktmäßig möglich.

Der Themenschwerpunkt kann also entweder auf rezeptivem Arbeiten liegen (Was meint ein anderer?) oder auf produktivem Arbeiten (Wie denke ich selbst?), wobei der Kombination der Aufgabenarten keine Grenzen gesetzt sind.
Daraus folgt, dass es unmöglich ist, spezielle Inhalte und Einzelforderungen normierend festzulegen, sodass es nun auch keine Aufgabenschablonen gibt, auf die sich ein Schüler einstellen könnte. Daher wird im Folgenden auch keine Mustersammlung geboten, an der der Schüler Maß nehmen könnte. Stattdessen wird an einigen Beispielen gezeigt, welche grundsätzlichen Fähigkeiten an jenem denkwürdigen Vormittag verlangt werden könnten.

B

Prüfungsanforderungen

1. Textanalyse – Durchschauen und verstehen

Textanalyse

Die Textanalyse legt die Ergebnisse einer Textuntersuchung dar sowie in der Regel eine hieraus abgeleitete und begründete Stellungnahme zu diesen Texten bzw. zu einigen ihrer Aspekte.

Was in den EPAs „Textanalyse“ genannt wird, ist eine Zusammenfassung dessen, was sonst getrennt auch „sprachkritische Analyse“ (oder „Textanalyse“!!!) (1) und „Interpretation“ (2) genannt wird. Dies beruht auf der Tatsache, dass Texte aus sprachlichen Zeichen bestehen, die eine Bedeutung haben:

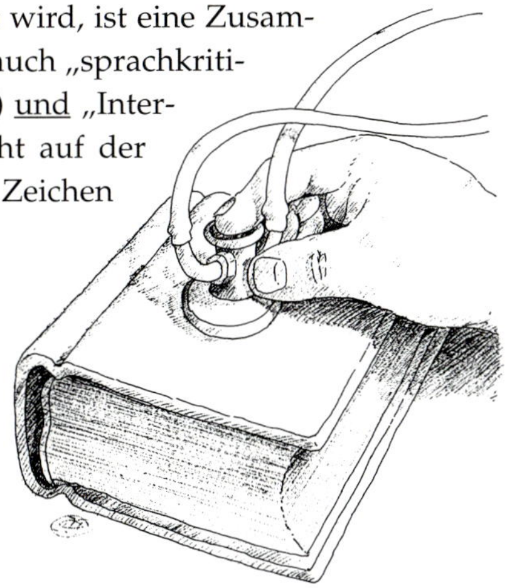

Hierbei ist – natürlich – die **Form** eines Textes (d. h. die Anordnung und Gestaltung der Zeichenkörper) nicht von seinem **Gehalt** zu trennen: Es ist eben ein Bedeutungsunterschied, ob man beispielsweise für eine Aufforderung den Imperativ benutzt oder eine konjunktivische Ausdrucksform, etwa „Komm bitte her!“ oder „Würdest du bitte herkommen!“

Form und Gehalt bedingen sich also wechselseitig. Das bedeutet: Jede Untersuchung der Form eines Textes („sprachkritische Analyse“) fordert geradezu eine „Interpretation“. (Wen interessiert schon die isolierte Beobachtung, dass ein Text einen Kreuzreim oder zwei Inversionen aufweist, wenn sich daraus keine Folgerung für den Gehalt ergibt?)
Ebenso umgekehrt: Jede „Interpretation“ muss auf einer „sprachkritischen Analyse“ basieren, auf deren objektiv feststellbaren Befund sie sich stützt.

Im Folgenden soll die Vorgehensweise in einer Zusammenfassung geboten werden. (Detailliert ist sie dargelegt in der Mentor Abiturhilfe 526 „Texte analysieren und interpretieren“.)

sprachkritische Analyse

Zunächst ist also eine sprachkritische Analyse durchzuführen. Gegenstand der Untersuchung ist hierbei:

der Aufbau:

Welche Teile sind auszumachen und in welchem Verhältnis stehen sie zueinander?

die sprachliche Gestaltung, nämlich:

- **der semantische Befund**

Welche Wörter werden benutzt?

- Gibt es herausragende Wörter wie Schlüsselwörter, Reizwörter oder Leitbegriffe?

– Aus welchem Bereich stammen sie, etwa
  eher sachlich oder wertend,
  eher exakt oder andeutend,
  eher umgangssprachlich oder gehoben?

Wie werden die Wörter gebraucht?

Sind sie wörtlich zu verstehen oder verweisen sie auf etwas anderes, etwa
– durch Bildhaftigkeit, Symbolhaltigkeit oder
– Ironie?

• **der syntaktische Befund**

Welche Wortformen treten auf?

Welche Formen weisen vor allem die Verben auf, d. h. ihr
– Tempus und Modus (Indikativ/Konjunktiv/Imperativ)?
– Genus Verbi (Aktiv/Passiv)?

Wie sind die Sätze strukturiert?

– Wie sind die Wörter angeordnet, z. B. umgestellt, parallel, lückenhaft?
– Welche Satzart, Satzlänge, Satzverknüpfung liegt vor?

• **der phonetische Befund**

Welchen Beitrag leistet das Klangbild?

Gibt es lautliche Auffälligkeiten, etwa durch
– Lautmalerei oder
– Wortspiele, Reime?

Wie werden Akzente gesetzt?

Wie sieht der Sprechrhythmus aus, d. h.
– die Verteilung der betonten und unbetonten Silben und der
– Pausen?

Die Ergebnisse dieser sprachkritischen Analyse sind noch **Vorarbeit** für die Interpretation und stehen daher in der Regel zunächst nur in der „Kladde". (Es ist natürlich auch denkbar, dass ihre ausführliche Darlegung als gesonderter Teil der Klausur in der Aufgabenstellung ausdrücklich gefordert wird.)

Interpretation

Viele von ihnen werden als **Textbeleg** in der eigentlichen **Interpretation** ihren Platz finden; denn

Keine Deutung ohne Textbeleg!
Keine Feststellung ohne Deutung!

Natürlich gibt es wegen der Einmaligkeit jedes Textes kein bewährtes **Interpretationsschema,** an dessen Leitlinien man sich bei seiner Deutung orientieren könnte.
Es gibt jedoch einige interpretationsverdächtige Textelemente, die sich oft als recht ergiebig erweisen. Dies könnten z. B. sein:

– Situation, Ort, Zeit
– Personen, Personenkonstellation, Beziehungen
– Konflikt, Problem
– Dialoge
– Handlungsstruktur (Haupthandlung/Nebenhandlung? Äußere/innere Handlung?)
– Hauptereignis
– Stimmung/Atmosphäre
– gesellschaftliches Umfeld
– Landschaft

– Überschrift, Thema
– Aufbau (Linearität? Rückblenden? Vorausdeutungen?)
– Darstellungsperspektive
– Sprechhaltung (z. B. Ironie)
– Bilder/Vergleiche/Symbole
– Schlüsselwörter
– Eingangssatz/Schlusssatz
– besondere Sprachformen (semantisch, syntaktisch, phonetisch)
– Zäsuren

Die EPAs bieten also mit der „Textanalyse" einen Aufgabentyp an, bei dem der Schüler seine Fähigkeiten unter Beweis zu stellen hat, die Machart eines Textes zu durchschauen und seinen Sinn zu verstehen.
Hierbei sind beide Textarten (die literarischen Texte und die Sachtexte) prinzipiell für dieselbe Untersuchungsmethode zugänglich, nämlich für die **Fragetechnik:**

Fragetechnik

- **Was steht da?** (Inhalt)
- **Wie steht es da?** (Form: Aufbau und sprachliche Gestaltung)
- **Was bedeutet es?** (Interpretation)

Da die textbildenden Faktoren bei diesen beiden Textarten jedoch stark voneinander abweichen – z. B. sind in Sachtexten selten Metaphern und in literarischen Texten selten wissenschaftlich-technische Fachausdrücke zu finden –, wird man bei beiden Textgruppen das Augenmerk jeweils auf andere Textelemente zu lenken haben, was sich sicherlich bereits in der Formulierung der Aufgabe zeigt.

So sind aus sachlogischen Gründen die Aufgaben zu literarischen Texten stärker auf eine Interpretation ausgerichtet, da literarische Texte nun einmal in der Regel mehrdeutig sind und der Deutung bedürfen, um verstanden zu werden; im Gegensatz dazu beziehen sich die Aufgaben zu Sachtexten mehr auf den pragmatischen Aspekt der Kommunikationssituation, die ja schließlich ihren Gebrauchswert bestimmt.

textübergreifende Aspekte

In der Praxis des Schulalltags wird die Aufgabenart „Textanalyse" meist in mehrere Teilaufgaben aufgegliedert und durch Spezialfragen bezüglich der **Textproduktion** oder **Textrezeption** ergänzt, etwa durch Fragen
- nach dem gesellschaftlichen Umfeld zur Entstehungszeit des Textes
- nach dem kulturellen Umfeld zur Entstehungszeit des Textes
- nach der Persönlichkeit des Autors
- nach der Situation des Autors zur Zeit der Textproduktion
- nach den Absichten des Autors
- nach der Vorstellung des Autors vom Leser
- nach den Erwartungen des Lesers an den Text
- nach der Wirkung des Textes auf den Leser
- nach der Art der Textvermittlung
- usw.

Die Sachkenntnisse zur Beantwortung solcher Zusatzfragen können dabei
- im vorangegangenen Unterricht erworben sein oder
- unmittelbar aus dem vorliegenden Text entnommen werden oder
- aus Zusatzmaterial zum Text herausgearbeitet werden.

1.1. Untersuchung von literarischen Texten Aussage gesucht

Prüfungsanforderungen

Aufgabenstellung

Analyse literarischer Texte

a) Beschreibung der Aufgabenart

Gegenstand der Untersuchung sind literarische Texte. Texte aus der Unterhaltungs-/Trivialliteratur dürfen nur unter methodischen oder vergleichenden Aspekten herangezogen werden. Je nach den Schwerpunkten der Aufgabenstellung gehören zu der Untersuchung die Beschreibung, Erläuterung und Einschätzung der Aussagen des Textes und der darstellerischen Mittel sowie des Kontextes der Entstehung und Vermittlung.

b) Gesichtspunkte für die Aufgabenstellung

Die Anforderungen können verdeutlicht werden, indem Arbeitsschwerpunkte angegeben werden. Schwerpunkte können z. B. die Untersuchung inhaltlicher Aspekte, sprachlicher und formaler Merkmale, situativer Bezüge und Bedingungen, von Absichten und Wirkungen des Textes oder die Anwendung bestimmter Interpretationsverfahren sein.

Trotz des größeren subjektiven Spielraums, der bei der Bearbeitung literarischer Texte in der Regel erforderlich ist, sollte die Aufgabenstellung deutlich machen, daß hier sachgerechte Begründungsansprüche zu berücksichtigen sind.

Mögliche Aufgabenstellungen sind:
- Untersuchung eines kürzeren, in sich geschlossenen Textes,
- Untersuchung eines Textausschnittes aus einem umfassenderen literarischen Werk,
- Vergleich kurzer literarischer Texte oder Textausschnitte,
- Untersuchung eines Primärtextes in Verbindung mit einem darauf bezogenen Sekundärtext (z. B. Interpretation, Rezension),
- Untersuchung eines im Unterricht behandelten Werkes unter einem neuen Aspekt.

c) Beschreibung der Anforderungen

Anforderungen

Die Analyse literarischer Texte erfordert besonders folgende Leistungen

(1) in bezug auf die Erarbeitung des Textes:
- fachgerechte Untersuchungsmethoden anwenden,
- zentrale Aussagen und Probleme erfassen,
- Textstruktur und strukturbildende Elemente ermitteln,
- Textintentionen erfassen,
- erfassen, wie Phänomene der erfahrbaren und denkbaren Wirklichkeit unter gegebenen historischen, sozialen und persönlichen Bedingungen ausgewählt und gedeutet worden sind,
- klären, welche Verbindungen zwischen dem Dargestellten und den eigenen Erfahrungen und Vorstellungen bestehen oder welche Verstehenshindernisse auftreten,
- ggf. sich mit den Normen und Wertvorstellungen, die dem Text zu entnehmen sind, auseinandersetzen,
- zu der Aussageweise des Textes Stellung nehmen,
- ggf. Art und Umfang der Verbreitung des Textes (z. B. Auflagenhöhe, Rezipienten, Vermittlung durch bestimmte Medien) berücksichtigen,
- den Text in größere Zusammenhänge (z. B. der Literaturgeschichte, der Ästhetik, der Biographie des Autors, der Gesellschaft) einordnen;

(2) in bezug auf die Darstellung:
- zentrale Aussagen und Strukturmerkmale des Textes angemessen erläutern,
- inhaltliche und formale Beziehungen im Text zutreffend beschreiben,
- eine aufgabengerechte Sprachform verwenden,
- die Aussagen eindeutig und sachgemäß formulieren,
- Ergebnisse durch funktionsgerecht ausgewählte Textstellen belegen,
- Teilergebnisse der Untersuchung zweckmäßig anordnen und folgerichtig verknüpfen,
- ggf. Wertungen begründen bzw. Schwierigkeiten beim Versuch der Begründung erläutern,
- die Sprache normen- und funktionsgerecht verwenden.

aus: EPA

Durchführung

Als Beispiel für den Aufgabentyp „Analyse literarischer Texte“ wählen wir ein Gedicht von GOTTFRIED BENN.

Der erste Teil der recht geläufigen Arbeitsanweisung lautet: „Interpretieren Sie den Text und …“

Originaltext

Fragmente

Fragmente,
Seelenauswürfe,
Blutgerinnsel des zwanzigsten Jahrhunderts –

Narben – gestörter Kreislauf der Schöpfungsfrühe,
die historischen Religionen von fünf Jahrhunderten zertrümmert,
die Wissenschaft: Risse im Parthenon,
Planck rann mit seiner Quantentheorie
zu Kepler und Kierkegaard neu getrübt zusammen –

aber Abende gab es, die gingen in den Farben
des Allvaters, lockeren, weitwallenden,
unumstößlich in ihrem Schweigen
geströmten Blaus,
Farbe der Introvertierten,
da sammelte man sich
die Hände auf das Knie gestützt
bäuerlich, einfach
und stillem Trunk ergeben
bei den Harmonikas der Knechte –

und andere
gehetzt von inneren Konvoluten,
Wölbungsdrängen,
Stilbaukompressionen
oder Jagden nach Liebe.
Ausdruckskrisen und Anfälle von Erotik:
das ist der Mensch von heute,
das Innere ein Vakuum,
die Kontinuität der Persönlichkeit
wird gewahrt von den Anzügen,
die bei gutem Stoff zehn Jahre halten.

Der Rest Fragmente,
halbe Laute,
Melodienansätze aus Nachbarhäusern,
Negerspirituals
oder Ave Marias.

GOTTFRIED BENN, 1951

Was wäre nun zu tun?

1. Tief durchatmen

Vorarbeit

2. Mit der **Vorarbeit** beginnen, d. h.
   - den Text mehrmals **durchlesen**
   - wichtige Stellen **markieren**
   - Auffälligkeiten sachlich (ggf. auch persönlich) **kommentieren**
   - den Inhalt knapp (und vorläufig) **zusammenfassen**
   - die **Struktur erkennen** und möglichst grafisch veranschaulichen, z. B. 1 – 9 / 10 – 19 / 20 – 30 / 31 – 35
   - die sprachliche Gestaltung beschreiben:

- den **semantischen Befund**/die Wortwahl:

  einerseits z. B. Ausdrücke für Krankheit (etwa *Seelenauswürfe*/Z. 2, *Blutgerinnsel*/Z. 3, *Narben*/Z. 4), für Orientierungsverlust (etwa *gestörter Kreislauf*/Z. 4, *Religionen … zertrümmert*/Z. 5/6, *neu getrübt*/Z. 9), für Ruhelosigkeit (etwa *gehetzt*/Z. 21, *Wölbungsdrängen*/Z. 22, *Jagden*/Z. 24) und für Zerstückelung (etwa *Fragmente*/Z. 1, 31, *halbe Laute*/Z. 32, *Melodienansätze*/Z. 33);
  andererseits z. B. Ausdrücke für Einheit (etwa *sammelte man sich*/Z. 15), für Geborgenheit (etwa *Allvater*/Z. 11) und Harmonie (etwa *geströmten Blaus*/Z. 13, *stillem Trunk ergeben*/Z. 18, *Harmonikas*/Z. 19)

- den **syntaktischen Befund**/Wort- und Satzformen:

  einerseits z. B. fragmentarische „Sätze“ (etwa ohne Prädikat/Z. 1–4, 31–35) mit passivischem Unterton bei den Verben (etwa *gestörter*/Z. 4, *gehetzt*/Z. 21, *wird gewahrt*/Z. 29) im Präsens (Z. 26) und Imperfekt (Z. 8);
  andererseits intaktes Satzgefüge (Z. 10–20) mit aktivischem Unterton bei den Verben (etwa *gingen*/Z. 10, *weitwallenden*/Z. 11, *sammelte man sich*/Z. 15) nur im Imperfekt (Z. 10, 15)

- den **phonetischen Befund**/lautliche Gegebenheiten:

  freie Rhythmen,
  einerseits z. B. spröde Zäsuren an den Montagestellen und Gedankenstrichen (etwa Z. 1, 2, 3, 4, 5, 6);
  andererseits z. B. gleitendes Enjambement (etwa Z. 10, 12) mit vollem Vokalklang (etwa Z. 10–12)

- (Die Frage nach dem **pragmatischen Befund**, der die Beziehung Autor – Leser betrifft, stößt an diesem Textbeispiel ins Leere.)

Gliederung

3. Eine **Gliederung** für die Interpretation erstellen, entweder

- nach der Reihenfolge der Gedankeneinheiten des Textes (Zeile 1–9, 10–19, 20–30, 31–35), z. B.

1 Überschrift

2 Die Welt heute:
krank, ohne Transzendenz, wissenschaftlich überfordert

3 Die Welt früher:
heil, in Transzendenz eingebettet, menschlich bescheiden

4 Der Mensch heute:
hektisch, überspannt, substanzlos

5 Die Welt heute (Rückbezug zur Überschrift):
Bruchstücke mit geborgter Sinngebung

6 Aussage

- oder nach unausgesprochenen Fragen, auf die der Text eine Antwort gibt, z. B.

1 Wovon handelt der Text?
– Thema: Zeitbild
– Darstellung: Kontrast zur Vergangenheit

2.1 Wie ist die Welt heute?
– krank
– gestört
– zerstückelt

2.2 Wie ist der Mensch heute?
– orientierungslos
– ruhelos
– substanzlos

3.1 Wie war die Welt früher?
– natürlich
– geordnet
– behütet

3.2 Wie war der Mensch früher?
– sensibel
– gesellig
– harmonisch

4 Aussage

4. Nach der Gliederung die **Interpretation** ausführen.

textimmanente Interpretation

Hierbei ist es unerlässlich, jede Aussage zu belegen und damit für den Leser nachvollziehbar zu machen (vgl. S. 114).

Dies kann entweder geschehen durch

- Wiedergabe des genauen Wortlauts (Zitat) mit Zeilen-/Seitenangabe
- sinngemäße Wiedergabe des Gemeinten (in eigenen Worten, aber mit Zeilen-/Seitenangabe)
- bloßen Verweis auf die Zeile/Seite, auf die sich die jeweilige Aussage stützt.

Und falls man einmal gar nicht zu Aussagen kommt, weil der Text Informationen vorenthält und zu große „Uneindeutigkeiten“ schafft, die der Leser durch eigene Ergänzungen beseitigen muss, so sind auch diese „Leerstellen“ ausdrücklich zu nennen.
Wie man sieht, kann eine solche Untersuchung nur eine **textimmanente Interpretation** werden, d. h. eine Deutung, die sich ausschließlich auf den Text bezieht.

Bei epischen oder dramatischen Text(ausschnitt)en wird zwar noch auf gattungsspezifische Elemente zu achten sein, etwa

- **bei epischen Texten:**

– auf die Darstellungsperspektive
– auf die Raum-Zeit-Struktur
– auf den Handlungsverlauf

- **bei dramatischen Texten:**

– auf die Dialoggestaltung
– auf die Personenkonstellation
– auf den Handlungsverlauf

Die Interpretation bleibt jedoch damit weiterhin auf den Text beschränkt.

textübergreifende Interpretation

Wer nun zusätzlich noch etwas über den biographischen oder zeitgeschichtlichen Kontext weiß, der wird seine Aussagen zu einer **textübergreifenden Interpretation** erweitern können. Solche Kenntnisse werden die Ergebnisse der textimmanenten Interpretation wohl kaum korrigieren, wohl aber an einigen Stellen modifizieren, z. B. verschieben sich bei der Interpretation des BENN-Gedichts die Aussagen über die religiösen und medizinischen Anspielungen um eine Nuance, wenn man weiß, dass BENN aus einem Pfarrhaus stammt und von Beruf Arzt war. Auch das Verständnis der Orientierungsfrage wird sicherlich einen anderen Akzent erhalten durch das Wissen um BENNS politische Irritationen zu Beginn des Nationalsozialismus.

Wenn es gelungen ist, nichts in den Text „hineinzulesen“, sondern jede Aussage aus dem Text oder durch nachprüfbare Tatsachen außerhalb des Textes zu begründen, dann dürfte die wichtigste Bedingung zum Erfolg erfüllt sein.

Ideal wäre diejenige Interpretation, die der Mitteilung des Autors am nächsten kommt. Nur schade, dass man den Autor so selten fragen kann, ob er alles auch wirklich so gemeint hat …

Übrigens:
Wer interpretiert, versucht aus objektiven Feststellungen subjektive Schlüsse zu ziehen.

Übung B1

Interpretieren Sie das Gedicht von Gottfried Benn.

1.2. Untersuchung von Sachtexten
Der Sprechstrategie auf der Spur

Prüfungsanforderungen

Aufgabenstellung

Analyse von Sachtexten

a) Beschreibung der Aufgabenart

Gegenstand der Untersuchung sind Texte, die vorwiegend praktischen Zwecken dienen und im allgemeinen situationsabhängig sind, wie z. B. journalistische Formen, Werbung, Reden, Predigten, wissenschaftliche Abhandlungen, populärwissenschaftliche Texte, Biographien, Reisebeschreibungen, Memoiren, Tagebuch. Die Aufzählung der verschiedenen Textsorten zeigt, daß die Abgrenzung zu literarischen Texten nicht immer eindeutig ist. Je nach den Schwerpunkten der Aufgabenstellung gehören zu den Untersuchungen eine Beschreibung, Erläuterung und Beurteilung der vorgelegten Texte in ihrem Kommunikationszusammenhang.

Die Beschreibung stellt Sachverhalte am untersuchten Text fest. Die Erläuterung verdeutlicht die Sachverhalte und ordnet sie in textimmanente und textübergreifende Zusammenhänge ein. Die Beurteilung sagt aus, wie der Text oder Teilaspekte eingeschätzt werden, und nennt die Gründe für die Einschätzung.

b) Gesichtspunkte für die Aufgabenstellung

Die Anforderungen können verdeutlicht werden, indem Arbeitsschwerpunkte angegeben werden. Schwerpunkte können z. B. die Untersuchung des Inhalts, sprachlicher und formaler Merkmale und situativer Bedingungen sowie die Untersuchung von erkennbaren Absichten und Wirkungen sein.

Vorgelegt werden können

- ein kürzerer, in sich geschlossener Text,
- ein Ausschnitt aus einem umfassenderen Text,
- mehrere Sachtexte zum Vergleich,
- ein Sachtext und ein literarischer Text zum Vergleich.

c) Beschreibung der Anforderungen

Die Untersuchung von Sachtexten erfordert besonders folgende Leistungen:
- die pragmatischen Ziele des Textes aufzeigen und erläutern,
- die ausgesprochenen Absichten des Textes zu unausgesprochenen in Beziehung setzen,
- Umfang und Art der Adressatenbezogenheit darlegen,
- die Textstruktur und das auf eine Aussageabsicht ausgerichtete Zusammenwirken struktureller und stilistischer Elemente ermitteln,
- die Wirkung des Textes in Beziehung zu seiner Wirkungsabsicht einschätzen.

Im übrigen gelten die zur Analyse literarischer Texte beschriebenen Anforderungen, soweit sie bei der Untersuchung von Sachtexten anwendbar sind.

aus: EPA

Anforderungen

Durchführung

Auch bei dem Aufgabentyp „Analyse von Sachtexten" beginnt man selbstverständlich mit der bewährten Methode:

- **Lesen**
- **Lesen**
- **Unterstreichen**
- **Kommentieren**
- **Zusammenfassen**

Wie auf den Seiten 113 ff. ausgeführt, lassen sich sowohl literarische als auch Sachtexte mit derselben textanalytischen Arbeitsmethode untersuchen, nämlich mit den Fragen:

Fragetechnik

- **Was steht da?** (Inhalt)
- **Wie steht es da?** (Form: Aufbau und sprachliche Gestaltung)
- **Was bedeutet es?** (Interpretation)

Die feststellbaren Gestaltungsmittel sind jedoch in der Regel so andersartig, dass es von Interesse sein dürfte zu erfahren, mit welchen gattungsspezifischen Besonderheiten denn wohl bei Sachtexten zu rechnen ist.
Natürlich wird im individuellen Fall keineswegs jedes Merkmal vorkommen. Es lohnt aber, folgende Fragen an einen Sachtext zu stellen:

1. Kommunikationssituation

- **Wer spricht? (Verfasser/Autor)**
  - In was für einer Rolle zeigt er sich? (z. B. als persönlich Betroffener, als Instanz)
  - Welche Grundhaltungen lässt er erkennen? (z. B. bezüglich seiner Einstellung und Weltanschauung)
- **Zu wem spricht der Verfasser? (Adressat)**
  - Wie steht der Verfasser zum Adressaten? (z. B. bekannt, unbekannt)
  - Mit welcher Einstellung des Adressaten rechnet der Verfasser? (z. B. Vorwissen, Meinung)
- **Warum spricht der Verfasser? (Anlass)**

2. Text

- **In welcher Form spricht der Verfasser? (Textart)**
- **Worüber spricht der Verfasser? (Thema)**
  - Berücksichtigt er Teilaspekte? (z. B. gleichwertig, nebenbei)
  - Welche Aspekte klammert er aus? (z. B. mit Begründung, ohne Kommentar)
- **Wie ist der Text sprachlich gestaltet? (Mittel zur Zielerreichung)**
  - Wie ist der Text aufgebaut? (z. B. Exkurse, Zusammenfassungen)
  - Welche Tonlage wählt der Verfasser? (z. B. feierlich-gewählt, umgangssprachlich-schlicht)
  - Welche Sprechstrategie wird erkennbar? (z. B. argumentativ / überzeugen, rhetorisch / überreden)
  - Wie geht der Verfasser mit den Tatsachen um? (z. B. sachlich, wertend)
  - Welchen Geltungsanspruch haben die Sätze? (z. B. Behauptung, Vermutung, Schlussfolgerung)
  - Wie sichert der Verfasser die Aussagen? (z. B. durch Belege, durch Berufung auf Autoritäten)
  - Wie veranschaulicht der Verfasser seine Aussagen? (z. B. durch Bilder, Beispiele)

– Berücksichtigt der Text Gegenpositionen? (z. B. Auseinandersetzung, Abwertung)
– Welche Auffälligkeiten zeigt die Wortwahl? (z. B. Schlagwörter, Schlüsselbegriffe)
– Wie ist der Satzbau/die Gedankenführung gestaltet? (z. B. einfach/auf Einzelheiten gerichtet, komplex/auf Zusammenhänge gerichtet)

Bis zu diesem Schritt ist unsere Arbeit immer noch **Vorarbeit**.
Die eigentliche Textdeutung fordert jetzt die Auswertung der relevanten Detailbeobachtungen.

Gliederung

Die **Gliederung** hierfür kann sich nun wieder richten

– nach der Reihenfolge der Gedankeneinheiten des Textes
– nach unausgesprochenen Fragen, auf die der Text eine Antwort gibt.

Es müsste dabei gelingen, aus dem Text (!) in Erfahrung zu bringen, mit welcher **Intention** der Verfasser den Text geschrieben hat.

Übrigens:
Jede Textanalyse geht von der Voraussetzung aus, dass die sprachlichen Gestaltungsmittel intuitiv oder bewusst eingesetzt werden, um eine bestimmte Wirkung zu erreichen. (Dies gilt für alle Arten von Texten.)

Übung B2

Analysieren Sie die Argumentationsstrategie des Textes und versuchen Sie, die Intention von Wolfgang Hildesheimer herauszufinden.

Originaltext

Der Künstler lebt nah an den Quellen des Verderbens

Endzeit – nur ein Gerede?

Zu einem Satz Peter Handkes / Von Wolfgang Hildesheimer

Dies ist keine Polemik, sondern Kritik an einem Satz. „Sicheres Zeichen, daß einer kein Künstler ist: wenn er das Gerede von der ‚Endzeit' mitmacht." Dieses Notat steht als selbständiger Block in dem Buch „Phantasien der Wiederholung" von Peter Handke, unverankert, ohne Beweisführung, ein hingeworfenes Apodiktum, in dem allerdings Sinn und Wortlaut einander nicht völlig decken.

Handke hat das Verdienst, manches Wort und manche Redensart aus dem Abseits des Verrufes aufgelesen und aufgewertet zu haben. So gibt er auch dem Wort „Künstler" wieder die Bedeutung, die ihm, trotz moderner Anfechtungen, seit der Romantik gebührt: weniger Beruf als Berufung. „Er ist Künstler" meint etwas anderes als „Er ist ein Künstler".

Obgleich „Gerede mitmachen" nicht notwendig das Handwerk des Künstlers abwertet, gehört es gewiß nicht zu seinen primären Eigenschaften, auch darin mag Handke recht haben. Doch hier gehen Wort und Bedeutung dieser Behauptung auseinander. Es liegt Handke daran, seine Verachtung zu artikulieren, und so meint er weniger das Mitmachen als die tendenzbedingte Wahl des Themas selbst, und die Beharrlichkeit, mit der es die privaten und künstlerischen Äußerungen dieses „Nichtkünstlers" beherrscht. Darin ist der Satz unreflektiert, unqualifiziert und affektgebunden.

Es gehört zum Wesen des Künstlers, daß er die, seine Existenz berührenden, Strömungen und Phänomene seismographisch aufnimmt. Daß er ihr Walten erfaßt und ihre Bedeutung früher erahnt als andere. Daß er daher auch das Bedrohliche an den Veränderungen der Natur erkennt, wenn nicht gar physisch erlebt, und, bewußt oder unbewußt, mit all seinen Sinnen verarbeitet. Künstler ist nicht nur, wer sich mitteilt, sondern auch der, dem es sich mitteilt.

Für ihn also sind die Symptome der „Endzeit" evident und untrüglich, vor allem für den bildenden Künstler, der sich einer, mitunter schon im Duktus erkennbaren, Bildersprache bedient. Sie offenbart seine Erkenntnis der Einschränkung seiner vegetativen Ruhe, seine Verstörung. Aber auch den Künstlern anderer Disziplinen kann es nicht entgehen, daß die Natur begonnen hat, sich zu versagen. Die schweren menschlichen Eingriffe machen sie zunehmend zu unserer Feindin. „Waldsterben" ist nicht ausschließlich „Gerede", nicht nur *ad nauseam* strapazierter Topos der Optimisten oder willkommener Rückschlag der ubiquitären Verdränger, deren frivoler Hohn die spotbillige Qualität ihrer Bewußtseinslage verrät, sondern auch, wie jedermann bestätigen wird, der einen toten oder sterbenden Wald gesehen hat, ein Zeichen, dessen Deutung sich jedem aufdrängt und sich dem Künstler, sofern er fähig ist, sich dieser Zeugenschaft auszusetzen, alpdruckhaft aufzwingen muß. Denn gerade ihm teilt sich jede Ahnung als Geschehen mit, dessen übertragende Verarbeitung ihn nicht prägt und zum Maßstab seiner Qualität wird. Und doch ist er kaum der Einzige, der durch einen noch lebenden Wald geht, ohne sich zu fragen: wie lange noch? In der Tat, wer in den Nadelwäldern die „Angsttriebe" sieht, dieses Wachstum als Todeszeichen, dem erschließt sich eine ungeahnte Variante materiegewordener Poetik.

Der Trost, den wir bisher aus der uns umgebenden Natur geschöpft haben, wird zu Untröstlichkeit angesichts der systematischen Zerstörung, der Einengung der Entwürdigung, die ihr überall zuteil wird. In den jahreszeitlichen Wandlungen treten ominöse Verschiebungen auf, sie erschüttern die Gewißheit der ewigen zyklischen Wiederkehr. Dieses Symptom und ihr anwachsendes Programm an Katastrophen erreichen wohl inzwischen jedermann, aber es ist der Künstler, der dieses Geschehen ins Kreative überträgt und es, zu irgendeiner Form sublimiert, wiederkehren läßt, und sei es auch nur als unhörbarer Orgelpunkt einer darüberliegenden Handlung. Er tut es selbst dann, wenn seine Sensibilität gegenüber seiner Umwelt abgestumpft ist, und sich ihm daher nur die sekundären Symptome mitteilen, die Zeichen der Ausbeutung und Abnutzung, die kahlen Rodungen, die Müllhalden, die kloakenartigen

Gewässer, die glitschigen Abfälle, angetrieben an den teerverfärbten Meeresstränden der Nordsee.

Das „Ozonloch", das sich über antarktischen Regionen ausbreitet und, nordostwärts ziehend, die Erde zu verunsichern beginnt, lenkt die Phantasie auf ungewohnte Bahnen des Schreckens – da zieht es durch die Biosphäre, breitet sich aus und vertieft sich und strahlt Schäden aus: eine apokalyptische Vision. Mag sein, daß, wer sie als Teil seines Zukunftsbildes artikuliert, kein Künstler ist. Aber soll der Künstler ausschließlich der sein, der es nicht zur Kenntnis nimmt? Niemand behauptet, daß diese Symptome Stoff eines Kunstwerkes sein können. Sie sind aber Stoff zur Erweiterung des künstlerischen Bewußtseins. Warum sollte dieses Bewußtsein es sich versagen, seine Erfahrung und seine Ängste im Gespräch weiterzugeben!

Handkes Satz ist unverständlich. Aber Unverständlichkeit ist keine qualitative Wertung und, weil immer nur relativ, kein künstlerisches Kriterium (außer vielleicht bei den sogenannten Realisten und ihren Anhängern).

Subaltern und vulgär wird es erst dort, wo die professionellen Optimisten mit der Bravoura von Entertainern von der „Lust am Untergang" reden – oder von „düsterer Schwarzseherei" oder von den „Propheten der Katastrophe" – und behaupten, all dies sei „schon einmal dagewesen", sich also nicht scheuen, pessimistische Moden zum Vergleich herbeizuziehen, ohne auch nur den Anflug der Erkenntnis, daß unsere Zeit keiner vergangenen vergleichbar ist; daß wir Tag für Tag mit irreversiblen Veränderungen konfrontiert werden, was ihnen jeder Wissenschaftler – denen ich aber hiermit nicht das Wort reden möchte! – bestätigen kann. Daß es eher diese, über die Gemeindeplätze der Verdrängung flanierenden *terribles simplificateurs* sind, deren Kritischer Verstand ihnen nicht gestattet, die Relation von Kunstwerk und Leben und „Endzeit" zu konstatieren und damit ihre Zeit in den Griff zu bekommen, müßte der Künstler Peter Handke doch eigentlich bestätigen. Aber sie meint er nicht, paradoxerweise.

Der Künstler, sagt Paul Klee, lebe näher an der Schöpfung, „wenn auch noch lange nicht nah genug". Wir ergänzen: er lebt auch näher an den Quellen ihres Verderbens, und zwar nah genug.

aus: DIE ZEIT vom 5. 12. 1986

1.3. Vergleichende Untersuchung Kontrast als Verständnishilfe

Textvergleich

Da es auch möglich ist, die Aufgabenstellung als Textvergleich zu bieten, soll auch diese Arbeitsmethode noch dargelegt werden.

Die Aufgabe lautet: „Vergleichen Sie BENNS Gedicht (vgl. S. 118) mit folgendem Textausschnitt von GÜNTHER ANDERS":

Originaltext

Der Mann im Sonnenbad etwa, der seinen Rücken bräunen läßt, während seine Augen durch eine Illustrierte schwimmen, seine Ohren am Sportsmatch teilnehmen, seine Kiefer einen gum kauen, diese Figur des *passiven Simultanspielers und vieltätigen Nichtstuers* ist eine internationale Alltagserscheinung.

Die Tatsache, daß sie als selbstverständlich gilt und als normal akzeptiert ist, macht sie aber nicht etwa uninteressant; vielmehr erst vollends erklärungsbedürftig.

Würde man diesen Mann im Sonnenbad fragen, worin denn nun seine „eigentliche" Beschäftigung bestehe; bei was seine Seele sich denn nun „eigentlich" aufhalte, er könnte natürlich nicht antworten; und zwar eben deshalb nicht, weil die Frage nach etwa „Eigentlichem" bereits auf einer falschen Voraussetzung beruhte; nämlich auf der, daß *er* das Subjekt der Beschäftigung und des sich-Aufhaltens sei. Wenn von „Subjekt" oder „Subjekten" hier überhaupt noch gesprochen werden kann, so bestehen diese lediglich in seinen Organen: in seinen Augen, die sich bei ihren Bildern; seinen Ohren, die sich bei ihrem Sportsmatch; seinen Kiefern, die sich bei ihrem gum aufhalten – kurz: seine Identität ist so gründlich desorganisiert, daß die Suche nach ‚ihm selbst' die Suche nach etwas Nichtexistentem wäre. *Zerstreut ist er also nicht* (wie vorhin) *über eine Vielzahl von Weltstellen; sondern in eine Pluralität von Einzelfunktionen.*

Die Frage, was den Mann zu dieser desorganisierten Betriebsamkeit treibe, was seine Einzelfunktionen so selbständig (oder so scheinbar autonom) mache, ist ja eigentlich schon beantwortet. Aber wiederholen wir: es ist *horror vacui;* die Angst vor Selbständigkeit und Freiheit; genauer: die Angst davor, den Raum der Freiheit, den die Muße ihm zur Verfügung stellt, das Vakuum, dem er durch die Muße ausgesetzt ist, selbst artikulieren, seine Freizeit selbst ausfüllen zu müssen.

Seine Arbeit hat ihn so endgültig daran gewöhnt, beschäftigt zu *werden,* also unselbständig zu sein, daß er im Moment, in dem die Arbeit beendet ist, der Aufgabe, sich selbst zu beschäftigen, nicht gewachsen ist: denn ein „Selbst", das diese Tätigkeit übernehmen könnte, findet er ja nicht mehr vor. *Jede Muße hat heute heimliche Familienähnlichkeit mit Arbeitslosigkeit.* Bleibt er in diesem Augenblick sich selbst überlassen, dann bricht er, da er als organisierendes Prinzip ausfällt, in seine einzelnen Funktionen auseinander. Aber natürlich sind diese seine Funktionen genau so an bloßes Beschäftigt-*werden* gewöhnt wie er selbst. Daher greifen sie nun – jede einzelne von ihnen – im Augenblick der einsetzenden „Arbeitslosigkeit" nach dem ersten besten Inhalt; und jeder erste ist eben ein bester, weil er überhaupt ein Inhalt ist, weil er überhaupt einen Inhalt darstellt, an den die Funktion sich anklammern kann. *Ein* Inhalt, *ein* Halt genügt auf keinen Fall, jedes Organ braucht den seinen, weil, wenn auch nur *ein* Organ unbeschäftigt bliebe, dieses unbeschäftigte eine Bresche darstellen würde, durch die das Nichts eben doch hereinfluten könnte …

Um gegen das Nichts abgedichtet zu sein, muß jedes Organ *besetzt* sein. Und „Besetztsein" ist als Beschreibung des Zustandes ungleich treffender als „Beschäftigtsein".

Da aber – denn es handelt sich ja um Muße – die Besetzung nicht in Arbeit bestehen soll, können es nur *Genußmittel* sein, die die Organe besetzen.

Jedes Organ, jede Funktion geht also seinem Konsum und seiner Konsum-Lust nach. [...]

Normal ist heue die Simultan-Lieferung völlig disparater Elemente; nicht nur der sachlich, sondern auch der stimmungsmäßig disparaten;

GÜNTHER ANDERS

Durchführung

Prinzipiell kann man einen solchen Vergleich auf dreierlei Art durchführen:

- Man überlegt sich zunächst sorgsam **einige Gesichtspunkte**, nach denen man die Texte vergleichen möchte. Fachleute nennen solche Gesichtspunkte auch „tertium comparationis" (das Dritte des Vergleichs).

tertium comparationis

Der Hauptteil der Arbeit beschäftigt sich dann nur mit denjenigen Stellen beider Texte, die unter diesem Gesichtspunkt vergleichbar sind.

Aufbau

Schematisch lässt sich dieses Verfahren so veranschaulichen:

Gesichtspunkt 1
– Text A
– Text B

Gesichtspunkt 2
– Text A
– Text B

Gesichtspunkt 3
– Text A
– Text B

usw.

Bei dieser Methode kommt man ohne Umschweife zur Sache; die frühe Festlegung der Gesichtspunkte könnte jedoch dazu führen, dass ein wichtiger Aspekt übersehen wird.

- Es wäre daher denkbar, beide Texte **zunächst für sich allein** darzustellen, danach erst die Gesichtspunkte für den Vergleich zu wählen und den Vergleich dann anhand der entsprechenden Passagen der Einzeldarstellungen durchzuführen.

Strukturell sähe dies dann so aus:

Text A
Text B

Gesichtspunkt 1
– Text A
– Text B

Gesichtspunkt 2
– Text A
– Text B

usw.

Dieses Verfahren sichert eine gewissenhafte Beschäftigung mit beiden Texten, könnte jedoch wegen des großen Aufwands für die Einzeldarstellungen zu Zeitnot bei der eigentlichen Vergleichsaufgabe führen.

- Als dritte Möglichkeit böte sich dann eine **Mischform**: Man stellt erst Text A isoliert dar und greift bei der anschließenden Behandlung von Text B jeweils vergleichend auf Text A zurück.

Die Gedankenfolge hätte dann die Reihenfolge:

Text A
Text B
– Vergleich mit Text A unter Gesichtspunkt 1
Text B
– Vergleich mit Text A unter Gesichtspunkt 2
Text B
– Vergleich mit Text A unter Gesichtspunkt 3
usw.

Diese Arbeitsweise verringert sicherlich die möglichen Probleme der beiden anderen, könnte jedoch zur Folge haben, dass man Text A intensiver berücksichtigt als Text B, sodass ein Ungleichgewicht bei der Themenbearbeitung entsteht.
(Die Rose ohne Dornen muss eben erst noch erfunden werden.)

Übrigens:
Auch Textunterschiede haben etwas gemeinsam: die Fragestellung.

Übung B3

Wählen Sie einige Gesichtspunkte, unter denen Sie das Gedicht von Gottfried Benn (S. 118) mit dem Textauszug von Günther Anders vergleichen könnten.

1.4. Sonderaufträge
Einfach tun, was gefordert ist

Mit dem bisher Dargestellten müsste eigentlich für die grundsätzlichen Aufgabentypen Vorsorge getroffen sein. Was nun im Einzelnen gefordert werden kann, hängt ganz vom Einfallsreichtum der Aufgabensteller ab. Da bleibt dem Schüler nur eines: Sehr genau lesen und ausführen, was da steht, nicht mehr und auch nicht weniger.
Häufig wird dies eine Erläuterung oder eine Stellungnahme sein (vgl. S. 116 und 122).

- **Erläuterung**

Texte aus einer anderen Zeit oder mit einem ungewöhnlichen Inhalt müssen manchmal erst „übersetzt" werden, damit man mit ihnen arbeiten kann.
Eine solche Erläuterung kann natürlich nur dann gefordert werden, wenn die entsprechende Zeit oder der entsprechende Stoff so im Unterricht behandelt wurde, dass mit Zusatzkenntnissen gerechnet werden kann, die der Verfasser bei seinen Lesern als selbstverständlich voraussetzt(e).

Verdeutlichung

Diese können dann zur Verdeutlichung des Gemeinten genutzt werden, indem man z. B. Beziehungen zu Bekanntem herstellt, auf bestimmte Aspekte hinweist oder Beispiele anführt.
Nur eine Paraphrase ist verboten, da sie mit eigenen Worten umschreibt, was der Verfasser (meist viel besser) gesagt hat.

- **Stellungnahme**

Beurteilung

So wichtig und anregend es ist, anderer Leute Meinungen kennen zu lernen und zu verstehen – Schule möchte auch urteilsfähig machen.

Gelegenheit, dieses Vermögen unter Beweis zu stellen, gibt es nicht nur in Form der Erörterung (vgl. Kap. B 2.1.), sondern fast immer auch als Zusatzaufgabe bei der Textanalyse.
Wer sich z. B. bei einem Essay schwer tut, die Ausgangsposition zu akzeptieren, oder wem die Aussage eines Gedichts zu einseitig scheint, der kann jetzt seine Meinung sagen. Nur eines darf er nicht vergessen: die **Begründung**.

Denkbar wären auch andere Arbeitsaufträge, z. B.

- **Definieren**
  d. h. die Bedeutung eines Begriffs präzisieren

- **Erklären**
  d. h. einen Sachverhalt bzw. einen Gedanken verständlich machen

- **Gliedern**
  d. h. mehrere Elemente einander systematisch zuordnen

- **Kennzeichnen**
  d. h. Wesentliches herausarbeiten und ggf. veranschaulichen

- **Skizzieren**
  d. h. etwas in groben Zügen darlegen

- **Übertragen**
  d. h. Bekanntes auf ein anderes Beispiel sinngemäß anwenden

Übrigens:
Behauptungen sind Glaubenssache – begründete Stellungnahmen sind Überzeugungssache.

Übung B4

Nehmen Sie zur Darstellung des Menschen im Textausschnitt von GÜNTHER ANDERS (S. 128 f.) Stellung.

B

2. Problemerörterung – Einladung zum Selberdenken

Prüfungsanforderungen

Problemerörterung

Die Problemerörterung ist eine Darlegung von Fragestellungen und eine Entwicklung von Lösungsentwürfen in argumentativer Form mit der Absicht, eine begründete Stellungnahme zu geben.

Auseinandersetzung

Dies ist der ideale Aufgabentyp für Schüler, die einer Sache gern auf den Grund gehen.
Vorbedingung für die Erfüllung der Arbeitsaufträge ist die Fähigkeit, nicht mit fertigen Urteilen an ein Problem heranzugehen, sondern sich mit Gewissenhaftigkeit und Ausdauer um ein begründetes Urteil zu bemühen. Die Durchführung zeigt dann, ob man in der Lage ist, eine eigene Position zu beziehen und seine Gedanken widerspruchsfrei zu formulieren.
Bei besonders schwierigen Fragen ist es natürlich auch erlaubt, aus gutem Grunde (noch) keine Position zu haben, sondern stattdessen die Komplexität der Frage darzulegen und die Gründe zu nennen, die eine glatte Antwort erschweren.

Diskussion

Allen Erörterungen gemeinsam ist das Ziel zu **überzeugen**. Um dies zu erreichen, ist es unerlässlich,

- **jede Antwort zu begründen**
  Es versteht sich von selbst, dass hier nur sachliche Gründe (Tatsachen!) gefragt sind und keine persönlichen.

- **den Gewissheitsgrad einer Aussage festzulegen**
  Hierzu können einige Verben und Adverbien einen wichtigen Beitrag leisten: z. B. *vermuten, glauben, wissen* oder *vielleicht, sicherlich, zweifellos.*

- **die logische Verknüpfung der einzelnen Aussagen folgerichtig zu organisieren**
  Als sehr nützlich erweisen sich hierbei oft Konjunktionen wie *zwar, dennoch, trotzdem* (Parataxe) oder *weil, sofern, sodass* (Hypotaxe).
  Aber auch umfangreichere Formulierungen sind manchmal angebracht, etwa *daraus folgt ..., dies ist darauf zurückzuführen, dass ..., allerdings ist nicht von der Hand zu weisen, dass ...*

Es hat sich außerdem bewährt, abstrakte Sachverhalte durch **konkrete Beispiele** zu veranschaulichen. Beispiele sind jedoch selbst keine Argumente, da Einzelfälle immer durch andere Einzelfälle widerlegt werden können. Sie dienen nur der Verdeutlichung des Gemeinten.

2.1. Erörterung mit Textvorlage Auseinandersetzungen gewünscht

Prüfungsanforderungen

Aufgabenstellung

Problemerörterung anhand von Texten

a) Beschreibung der Aufgabenart

Diese Aufgabenart bringt die im Umgang mit Texten geübten fachspezifischen Arbeitsformen in die Problemerschließung ein. Sie ermöglicht es, in Auseinandersetzung mit dem Text einen Zugang zur Problemstellung zu finden. Der Text gibt Informationen und Ansätze zur Problemdiskussion an die Hand oder formuliert Thesen. Insofern hat die Vorlage die Funktion, eigene Erörterungen in Gang zu setzen. Die Untersuchung der Textvorlage zielt auf eine Auseinandersetzung mit ihrem Problemgehalt und ihrer Argumentation. Die argumentative Entwicklung von Lösungsentwürfen mit dem Ziel einer Stellungnahme muß Schwerpunkt der Arbeit sein. Diese Aufgabenart kann dahingehend variiert werden, dass die Textvorlage durch themenbezogene Materialien ergänzt wird. Die Analyse von Inhalt und Struktur der Materialien dient der Problemerschließung und der Gewinnung von Argumentationsansätzen für die Erörterung.

Der Problemgehalt kann in der Textvorlage als Sachverhalt referiert oder reflektiert werden. Materialien wie Statistiken, tabellarische Übersichten, Graphiken, Modellskizzen, Bildreihen, Plakate können nur als Ergänzung zu Texten vorgelegt werden. Solche unter fachspezifischen Gesichtspunkten ausgewählten Materialien sollen den der Problemstellung zugrundeliegenden Sachverhalt aufzeigen oder veranschaulichen und zugleich Ansätze zur Problemdiskussion eröffnen; das zur Erörterung stehende Problem sollte z. B. kontroverse Auffassungen zulassen und zur Stellungnahme herausfordern.

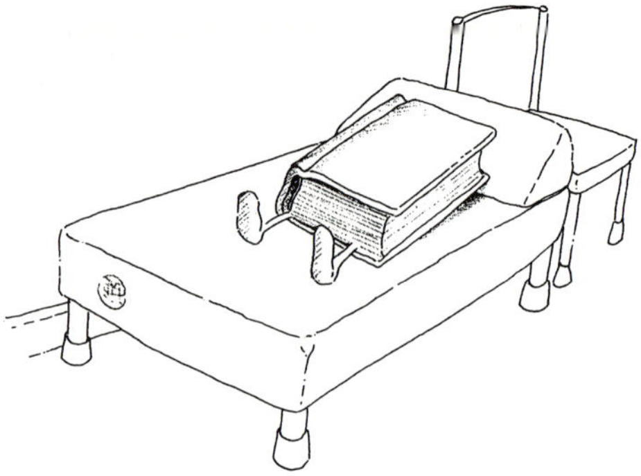

b) Gesichtspunkte für die Aufgabenstellung

Folgende auf die jeweilige Vorlage zu beziehende Arbeitsaufträge bieten sich zur Auswahl an:
- den Sachverhalt und seine Probleme darlegen,
- die Position, die der Autor in der Vorlage einnimmt, in ihrem Begründungszusammenhang beschreiben und auswerten,
- die kommunikative Situation des Autors beschreiben und auswerten,
- sich mit den vorgebrachten Argumenten hinsichtlich ihrer Folgerichtigkeit und Sachbezogenheit auseinandersetzen,
- zusätzliche Argumente als Stützung oder Widerlegung der Autorposition einbringen,
- zu der in der Vorlage angebotenen Problemlösung begründet Stellung nehmen,
- eigene Vorschläge zur Problemlösung darlegen und begründen.

Anforderungen

c) Beschreibung der Anforderungen

Die Problemerörterung anhand von Texten erfordert besonders folgende Leistungen

(1) in bezug auf das Erfassen der Vorlage:
- Thematik, Hauptgedanken und Argumente der Texte wiedergeben,
- Materialien sachgerecht erschließen,
- die Struktur der Vorlage beschreiben,
- Begriffe, Bezüge, Aussagen der Vorlage erläutern,
- die kommunikative Situation und Funktion der Vorlage beschreiben und erläutern,
- die Aussageabsichten feststellen und erläutern,
- die Argumente und Lösungsvorschläge der Vorlage beurteilen;

(2) in bezug auf die Darstellung:
- die Gedankengänge folgerichtig entwickeln,
- die Gesamtargumentation funktionsgerecht gliedern,
- Argumente und Lösungsansätze auf die Vorlage beziehen,
- die Argumentation durch Beispiele stützen und veranschaulichen,
- den eigenen Standpunkt darlegen und begründen,

– eigene Vorschläge zur Problemlösung entwickeln,
– eine aufgabengerechte Sprachform verwenden,
– die Aussagen eindeutig und sachgemäß formulieren,
– die Sprache normen- und funktionsgerecht gebrauchen.

aus: EPA

Durchführung

Der Aufgabentyp „Problemerörterung anhand von Texten" stellt eine **Kombination zwischen Textanalyse und Erörterung** dar.
Der Text ist der Ausgangspunkt für die eigene Urteilsfindung. Um ihn zu erfassen, wird in der Regel eine kurze Textanalyse gefordert, die objektiv beschreibt, welche Auffassung im Text vertreten wird und wie sie begründet wird (vgl. Kap. B 1.2.). Manchmal reicht auch eine thesenartige Zusammenfassung der Hauptgedanken.
Im erörternden Teil hat man sich dann ausführlich mit dem Inhalt oder der Darlegungsart des Textes auseinander zu setzen.

Ist die Aufgabe mehr auf den **Inhalt** bezogen, so liegt der Spielraum für die eigene Position zwischen

- **Zustimmung**
  (Dann wären die Gründe für die Zustimmung darzustellen und ggf. gegen mögliche Einwände zu sichern.)
- **bedingter Zustimmung**
  (Dies verlangt eine Differenzierung der im Text vorgegebenen Meinung und eine plausible Erklärung dafür, dass nur einige Teilaussagen akzeptiert werden.)
- **Ablehnung**
  (Außer der Widerlegung der kontroversen Meinung ist es hierbei erforderlich, den eigenen Standpunkt nachvollziehbar zu entwickeln.)

Bezieht sich die Aufgabe dagegen mehr auf die **Darlegungsart** des Textes, so ist vor allem die logische Stringenz der Textvorlage zu überprüfen, z. B. anhand von Fragen wie

- Werden die **Begriffe** einheitlich verwendet?
- Ist der **Gedankengang** konsequent?
- Sind die **Schlussfolgerungen** fehlerfrei?

Für den Aufbau einer solchen Arbeit gibt es grundsätzlich zwei Verfahren:

- Man fertigt den analytischen und den erörternden Teil getrennt an.
- Man liefert eine fortlaufende Textanalyse und fügt jeweils an den geeigneten Stellen die eigene Stellungnahme ein.

Übrigens:
Zwischen Schwarz und Weiß gibt es viele, viele Abstufungen.

Übung B5

1. Fassen Sie den folgenden Text thesenartig zusammen.
2. Setzen Sie sich mit den im Text angesprochenen Chancen und Gefahren der Aufklärung auseinander.

Originaltext

Was man von dem Vorteile und Schaden der Aufklärung sagt, ließe sich gewiß gut in einer Fabel vom Feuer darstellen. Es ist die Seele der unorganischen Natur, sein mäßiger Gebrauch macht uns das Leben angenehm, es erwärmt unsere Winter und erleuchtet unsere Nächte. Aber das müssen Lichter und Fackeln sein, die Straßenerleuchtung durch angezündete Häuser ist eine böse Erleuchtung. Auch muß man Kinder nicht damit spielen lassen.

GEORG CHRISTIAN LICHTENBERG

2.2. Freie Erörterung mit fachspezifischem Thema Von der Kunst, sich verständlich zu machen

Prüfungsanforderungen

Aufgabenstellung

Problemerörterung mit fachspezifischem Thema ohne Textvorlage

a) Beschreibung der Aufgabenart

Diese Aufgabenart bezweckt, auf der Grundlage der im Deutschunterricht erworbenen Kenntnisse komplexer Texte oder Sachverhalte zu thematisch übergreifenden Fragestellungen Antworten zu entwickeln. Sie setzt voraus, daß eine Problematisierung von Lerngegenständen auf der Grundlage genau beschriebener Arbeitsaufträge möglich und didaktisch vertretbar ist, ohne unmittelbar an einen vorgelegten Text anzuknüpfen. Eine Erörterung, der keine eigens dazu bereitgestellte Textvorlage zugrunde liegt, kann ein literarisches oder sprachliches Problem behandeln, beispielsweise:

- in seiner Entwicklung in einem bekannten Werk,
- in verschiedenartigen Realisationen in einer bestimmten Epoche,
- in seinen unterschiedlichen Ausformungen oder in seiner wechselnden Bedeutung in verschiedenen Zeiten/Epochen,
- in seinen jeweiligen gesellschaftlichen Bezügen.

b) Gesichtspunkte für die Aufgabenstellung

Die Formulierung der Aufgabe muß das zu behandelnde Problem klar hervortreten lassen. Dazu ist es notwendig, daß die Aufgabe auf einen abgrenzbaren und überschaubaren Sachverhalt zielt. Das zur Erörterung vorgegebene Problem soll alternative Auffassungen zulassen. Eine Auseinandersetzung mit unbestrittenen Positionen ist in der Regel als Aufgabe ungeeignet.

Die Aufgabenstellung kann beispielsweise

- eine in Thesenform gefaßte, dezidierte Auffassung zu einem literarischen oder sprachlichen Problem überprüfen lassen, z. B. im Hinblick auf ihre Stringenz oder ihre zeitbedingten Voraussetzungen;
- veranlassen, entgegengesetzte Aussagen zu einem sprachlichen oder literarischen Problem und ihre ideologischen Voraussetzungen oder theoretischen Grundlagen zu klären und zu vergleichen;
- fordern, sich mit einer Position zu einer Frage aus den Bereichen der Literatur, der Sprache, der Literatur- oder Sprachwissenschaften auseinanderzusetzen, ihre Konsequenzen aufzuzeigen und sie im Hinblick auf vorgegebene Kriterien oder für bestimmte Situationen zu beurteilen.

c) Beschreibung der Anforderungen

Anforderungen

Diese Aufgabenart erfordert besonders folgende Leistungen:

- sachangemessen einen zu erarbeitenden Problembereich unter einem thematischen Leitgedanken selbständig strukturieren,
- Zusammenhänge, in denen das Problem steht, erkennen und aufzuzeigen,
- verschiedene Auffassungen voneinander abgrenzen,
- eine begründete Stellungnahme erarbeiten.

Im übrigen gelten die zur Problemerörterung anhand von Texten beschriebenen Anforderungen, soweit sie bei der Problemerörterung ohne Textvorlage anwendbar sind.

aus: EPA

Im Gegensatz zu allen übrigen Themen, bei denen die Gedanken in irgendeiner Weise an bestimmte Vorgaben gebunden sind, liegt hier nur eine Themenbindung vor: Die Erörterung muss sich auf fachspezifische Gegenstände beziehen, also auf **sprachliche oder literarische Fragen**.

Durchführung

Die Aufgabe besteht darin, die jeweilige Problematik völlig selbstständig darzulegen und durch sorgfältiges Abwägen zu einer begründeten Lösung zu gelangen.

Hierbei kann man auf zweierlei Weise vorgehen:

- **linear**
  (z. B. wenn nach einer Erklärung gefragt wird für die Popularität eines bestimmten Bestsellers.)
- **dialektisch**
  (z. B. wenn das Thema Pro- und Kontra-Kategorien nahe legt.)

Die Reihenfolge der Argumente kann dann die Struktur haben:

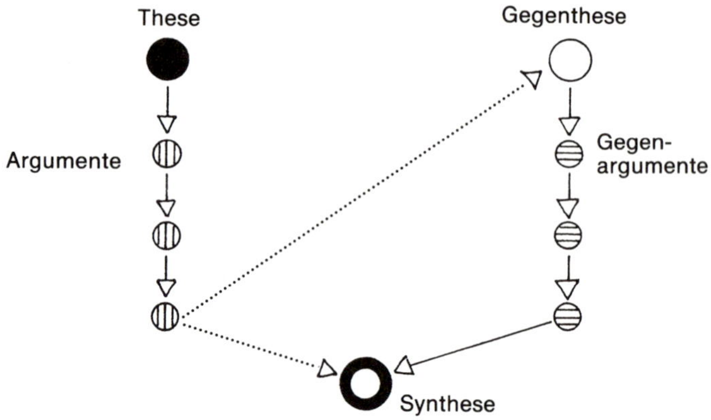

Aufbau

Man stellt die These mit allen Argumenten der Gegenthese mit allen Gegenargumenten gegenüber und kommt dann im 3. Teil zum Abwägen und zur Urteilsbildung.

Es ist aber auch folgender Aufbau möglich:

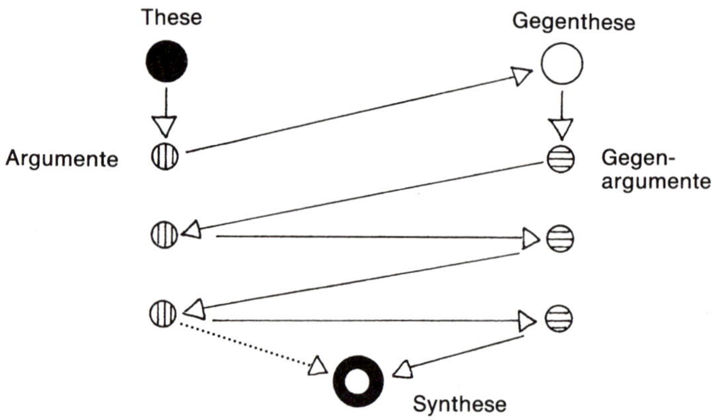

Man führt die Gedanken abwechselnd vom Argument der These zum Argument der Gegenthese und wägt dann im 2. Teil ab (es sei denn, man hat dies bereits jeweils beim „Seitenwechsel" getan) und bildet zum Schluss das Urteil.

Um der Gedankenfolge eine gewisse Dynamik zu verleihen, empfiehlt es sich für beide Aufbauformen, die Bedeutsamkeit der Argumente zu steigern. Außerdem ist es ratsam, sich an die Tipps von S. 10 zu erinnern: W-Fragen sorgen oft für den nötigen Fahrtwind.

Übrigens:
Es ist kein Zeichen von Schwäche, wenn man auch die Gegenmeinung ernst nimmt.

Fertigen Sie eine Gliederung an zum Thema:
„Sollte es für den Deutschunterricht in der Oberstufe einen verbindlichen Literaturkanon geben?"

Übung B6

2.3. Erörterung als Rollenspiel
Erlaubt ist, was die Schreibsituation zulässt

Ganz so salopp steht es in den EPAs verständlicherweise nicht, sondern:

Prüfungsanforderungen

Aufgabenstellung

> Problemerörterung unter Vorgabe einer Kommunikationssituation
>
> a) Beschreibung der Aufgabenart
>
> Das besondere Merkmal dieser Aufgabenart besteht darin, daß für den Text, der geschrieben und über dessen Entstehung reflektiert werden soll, eine bestimmte Verwendungssituation angegeben wird.
>
> Dabei muß versucht werden, den in der Aufgabe ausdrücklich genannten oder den aus der Situation zu erschließenden Bedingungen zu entsprechen, Sprache also der Lage angemessen zu verwenden. Dazu kann auch gehören, daß die Erwartungen und Interessen einer bestimmten Adressatengruppe zu berücksichtigen sind und die gewählte Schreibstrategie zu erläutern ist.
>
> Geforderte Textarten können z. B. sein: Leitartikel, Redeentwurf, Dialog, Essay, Rezension.
>
> Als Ausgangspunkt für die Schreibsituation werden in der Regel Texte oder Materialien vorgegeben; auch literarische Werke, die im Unterricht behandelt worden sind, können als Schreibanlaß dienen.

b) Gesichtspunkte für die Aufgabenstellung

Die Aufgabenstellung muß die Kommunikationssituation so beschreiben, daß Anlaß und Art des geforderten Textes sowie ggf. Erwartungen und Interessen der Adressaten daraus abzuleiten sind. Sie sollte auch zur Reflexion über das gewählte Vorgehen auffordern.

Die Aufgabe muß alternative Leistungen zulassen und sollte zu engagiertem Schreiben herausfordern.

Zur Verdeutlichung der Kommunikationssituation können u. a. folgende Aufgaben gestellt werden:

- bestimmte Adressaten zur Auseinandersetzung mit einem wichtig erscheinenden Problem anregen,
- sich argumentativ mit einer Gegenposition auseinandersetzen,
- die persönliche Einschätzung eines Textes, einer Aufführung oder einer Sendung näher bezeichneten Adressaten begründend darlegen.

Anforderungen

c) Beschreibung der Anforderungen

Diese Aufgabenart erfordert besonders folgende Leistungen:

- inhaltliche Aussagen sachgerecht und intentionsgemäß auswählen und akzentuieren,
- die dem Verwendungszusammenhang bzw. der Adressatengruppe angemessene Stilebene wählen,
- die der geforderten Textart und Verwendungssituation entsprechenden sprachlichen Mittel einsetzen,
- ggf. die verwendeten sprachlichen Mittel nach Art und Funktion erläutern,
- ggf. die gewählte Vorgehensweise begründen (durch Situationsanalyse und -einschätzung, Erläuterung der gewählten Beispiele u. a.).

Im übrigen gelten die zur Problemerörterung anhand von Texten beschriebenen Anforderungen, soweit sie bei der Problemerörterung unter Vorgabe einer Kommunikationssituation anwendbar sind.

Durchführung

Der Schüler muss sich also in eine vorgegebene Situation hineinversetzen und perspektivengebunden denken und formulieren. Wer auf Nummer Sicher gehen will, sollte seine Gedanken zunächst in einer „normalen" Erörterung skizzieren und dann erst für den speziellen Verwendungszweck „verkleiden". Wer es sich zutraut, sollte jedoch von vornherein in die gewünschte Rolle schlüpfen. Dies spart nicht nur Zeit, sondern weckt auch oft unseren Spieltrieb und setzt Kreativität frei.

Wichtig ist nur, dass Textart und Sprachstil der vorgegebenen Kommunikationssituation angepasst sind.

Übrigens:
Gedanken für einen bestimmten Verwendungszweck sind inhaltlich frei, formal jedoch gebunden.

Übung B7

Verfassen Sie einen Kommentar für Ihre Schülerzeitung, in dem Sie zur Frage Stellung nehmen, ob man im Deutschunterricht die Verfilmung eines literarischen Textes vor oder nach der gemeinsamen Lektüre (oder gar nicht) ansehen sollte.

C Was schon ausprobiert wurde

Hierüber könnte mancher Abiturient was erzählen

In Anlehnung an die Empfehlung von Seite 133, abstrakte Sachverhalte durch Beispiele zu konkretisieren, sollen zum Schluss noch einige Beispiele aus dem Schulalltag zur Veranschaulichung beitragen.
Es sind gelungene (jedoch nicht fehlerfreie) Arbeiten, die zeigen, dass alles eigentlich gar nicht so schwer ist.

1. Klausuren aus der Oberstufe – Darf ich deinen Aufsatz einmal lesen?

Aufgabe: Interpretation

Untersuchung von literarischen Texten

Die Untersuchung war in Form einer „produktiven Interpretation" gefordert und lautete:

Faust heute

Regine Währer (Hamburg) schrieb:

Originaltext

Faust, in die heutige Zeit versetzt, muss anders ausfallen als Goethes Faust, da er heute unter ganz anderen Voraussetzungen und unter anderen Bedingungen seine Ziele verfolgen müsste. Faust will die Welt erkennen. Er will an die Grenzen der Erkenntnis vordringen und die Wahrheit erforschen.
Ich könnte ihn mir heute vorstellen als Wissenschaftler, der in seinem Labor nach neuen Erkenntnissen forscht und sich der Wissenschaft völlig verschrieben hat. Im Gegensatz zu Goethes Faust kann ein heutiger Faust allerdings nur eingeschränkt auf einen Bereich forschen und sich nicht mit vielen Bereichen der Erkenntnis beschäftigen. Von vornherein ist sein Wissenshorizont also eingeschränkt und spezialisiert. Fragen, die aus einem fremden Wissensgebiet auftreten könnten, kommen so sehr viel weniger an einen heutigen Faust heran, als es bei Goethes Faust der Fall ist.
Außerdem kann ein Wissenschaftler heute nicht finanziell ungebunden forschen. Vielmehr muss er große Summen von öffentlichen oder privaten Geldgebern in Anspruch nehmen, wodurch seine Freiheit als Wissenschaftler natürlich eingeschränkt wird. Ich glaube auch nicht, dass ein heutiger Faust so skrupellos und ohne Zweifel forschen kann. Ein Wissenschaftler, der heute vielleicht in Genlaboratorien arbeitet oder das Weltall erforscht, steht zu sehr im Licht der Öffentlichkeit mit all ihren

Fragen, ihrer Kritik und Meinung, als dass er für sich unangetastet forschen könnte.
So trifft ein heutiger Faust auf völlig verschiedene Gegebenheiten, auf die er sich einstellen muss. Der unbedingte Einsatz für die Erkenntnis kann jedoch durchaus derselbe sein, den Goethes Faust aufbrachte.
In dem Punkt würden die beiden übereinstimmen. Auch die Verzweiflung, nicht weiterzukommen und an die eigenen Grenzen zu stoßen, wird sich bei beiden wohl nicht unterscheiden. Auch ein heutiger Faust würde Versuche unternehmen, aus einer für ihn verzweifelnden Situation herauszukommen, indem er eine Flucht in die Natur unternimmt oder anderweitig versucht, sich Ablenkung zu verschaffen. Anstelle von Anrufungen an Geister könnten da Freizeitaktivitäten wie Musik und Sport stehen.
Schüler wie Wagner gibt es auch heute noch, und zwar entweder als Studenten oder Assistenten. Die Figur Wagners müsste deshalb nicht großartig abgeändert werden.
Die Figur Mephistos würde ich jedoch ganz anders darstellen. Ich würde Mephisto heute als innere Stimme eines Wissenschaftlers betrachten. Mephisto wäre dann ein Teil der Persönlichkeit Fausts, der sich dem unbedingten Einsatz für die Wissenschaft widersetzt und Faust immer wieder anficht.
Aufgrund dieser Veränderung von Mephistos Auftreten müsste der Prolog im Himmel abgeändert werden. An seine Stelle würde ich ein Gespräch von Menschen setzen, die sich über Faust und seine Rolle als Wissenschaftler unterhalten. […]

Untersuchung von Sachtexten

Aufgabe: Analyse eines Sachtextes

Zur Ansprache Pfarrer Stadelmanns bei der Verabschiedung des III. Bataillons des Infanterieregiments Nr. 121 (1914 – Text S. 101 f.) lautete die **Aufgabe**:

Analysieren Sie die Ansprache unter rhetorischen Gesichtspunkten und nehmen Sie zu einem selbst gewählten Aspekt Stellung.

Susanne Lindner (Hamburg) schrieb:
[…]

Originaltext

In einem weiteren Teil seiner Rede beschreibt Stadelmann die Einheit des deutschen Volkes. Auch diese Beschreibung soll den Soldaten Mut zusprechen. Wie groß die Einheit des Volkes ist und auf welche Gebiete sie sich erstreckt, verdeutlicht
Stadelmann durch Zweierpaare (24/25) und durch Aufzählungen in Form von einer Anapher (Z. 26 – 29 „eins“).
Durch die Zweierpaare „in Nord und Süd, in Ost und West“ zeigt Stadelmann, dass es wirklich das ganze Volk ist, das da zusammenhält. Durch die Anapher, die zusätzlich zunehmende Glieder aufweist, zeigt er die

vielen Gebiete, über die sich die Einheit erstreckt. Diese Gebiete sind vor allem die Gebiete, die für die Stärke im Kampf wichtig sind und die dadurch den Soldaten den Glauben geben, das Volk stehe voll hinter ihnen. Der Bereich, den Stadelmann für am erstaunlichsten hält, was er durch einen Einschub ausdrückt (Z. 29), ist das einheitliche Vertrauen auf Gott, was ja auch in seinem Beispiel von Friedrich dem Großen ein wichtiger Grund für den Sieg war. Diese Einheit kann also auch hier die Grundlage für einen Sieg bilden.
Auch den Grund, warum die Soldaten auf Gott vertrauen sollen, nennt Stadelmann:
Der Glaube macht tapfer und treu. Diese Eigenschaften werden auch wieder durch emphatische Umstellung hervorgehoben (Z. 33) […]
Stadelmanns Taktik, den Hörern dieser Rede seine Meinung zu verdeutlichen und sie dazu zu bringen genauso so denken, ist sehr geschickt gewählt. Er wechselt nämlich innerhalb der Rede mehrmals seine Position als Sprecher. Wenn er die Stellung des Volkes deutlich macht, spricht er als das Volk, was ihm ermöglicht, Behauptungen und Gedanken als Gedanken des Volkes hinzustellen. Wenn er zu den Soldaten spricht, spricht er auch selbst als Soldat. Er übernimmt also nicht die Rolle eines Ermahners, der den Soldaten vorhält, was sie zu tun haben, sondern er „ist" ein Soldat, der die Meinung aller Soldaten verkündet. Durch diese Taktik schließt Stadelmann Kritik praktisch aus, da es sehr gut sein kann, dass es den Zuhörern gar nicht bewusst wird, dass das, war er da als ihre Meinung formuliert, ursprünglich gar nicht ihre Meinung war.
Auch in der Situation, in der er eigentlich Gott um Hilfe oder um Erhörung seiner Bitten bitten müsste, nimmt er quasi eine andere Position ein, indem er z. B. sagt:

„Gott erhört den Eidschwur" (Z. 39).

Dieses Vorgehen ist für Stadelmann sehr günstig, da er die Soldaten mit fast ungetrübter Zuversichtlichkeit ausstattet und sie im festen Glauben lässt, dass sie siegen. Ich weiß allerdings nicht, ob dieses Vorgehen unbedingt gutzuheißen ist.
Stadelmann hat durch seine Vorgehensweise vielleicht auch zu viel Gewalt über die Soldaten. Ich nehme an, dass sie, selbst wenn sie vor dieser Rede nicht unbedingt in den Krieg ziehen wollten, jetzt vollkommen davon überzeugt sind, dass der Krieg siegreich für sie ausgehen wird und dass es daher keine große Gefahr für sie ist zu kämpfen. […]

Problemerörterung mit Textvorlage

Text: Brecht: Maßnahmen gegen die Gewalt (S. 89 f.)

Aufgabe: Erörterung

Die **Aufgabe** hieß:
Erörtern Sie das in der Fabel enthaltene Problem.

Katharina Pini (Hamburg) schrieb:

Originaltext

Vor dem Hintergrund der bevorstehenden Machtergreifung der Nationalsozialisten stellt Brecht in seiner Parabel zwei scheinbar unterschiedliche Verhaltensweisen gegenüber, die zeigen, wie man bei bedrohender Gewalt handeln kann: Ein Herr Keuner spricht sich vor seinen Schülern zwar gegen die Gewalt aus, nimmt das Gesagte im Angesicht der Gewalt allerdings zurück mit der Begründung, länger leben zu müssen.

Scheinbar anders verhält sich Herr Egge, der die Gewalt nie bejaht, sondern ihr jahrelang dient, um endlich dann „Nein" zu sagen, wenn er sie überlebt hat.

Herr Egge[1] handelt öffentlich-geschickt und setzt ein Exempel für seine Schüler: Der „Denkende" demonstriert, dass ein kurzfristiges, heroisches Momenthandeln in einer solchen Situation sinnlos wäre: Bei Aufbegehren wäre er der physischen Gewalt unterlegen und hätte den Studenten ein „todsicheres" Beispiel für ein sinnloses Selbstopfer gegeben. „Länger leben" zu müssen heißt also langfristig und klug zu handeln, um dann im richtigen Moment gegen die Gewalt vorgehen zu können.
– Ein jeder hat demnach ein Recht physisch zu überleben und sich nicht für sein (eventuell abschreckendes) Ideal heroisch zu opfern.

Die private und lebenskluge Lösung demonstriert Brecht an Herrn Egge; an ihr wird außerdem die bereits oben genannte „langfristige" Handlungsweise deutlich. Herr Egge dient der Gewalt so lange, bis sie an sich selbst vollkommen saturiert zugrunde geht. Gegengewalt, an der man selbst zugrunde geht, wäre auch hier sinnlos gewesen, weil sich die Gewalt irgendwann spätestens selbst erschöpft, „dick geworden vom vielen Essen, Schlafen und Befehlen …"

An Herrn Keuner und Herrn Egge will Brecht zeigen, dass ein innerer Widerstand und die Beibehaltung der persönlichen Grundsätze für das Bestehen in einer brutalen Welt von größter Wichtigkeit sind.
Herr Keuner hat nach eigener Aussage „kein Rückgrat zum Zerschlagen"; d. h. sein Charakter und Bewusstsein sind für ein geschicktes Vorgehen gegen Missstände am wirkungsvollsten – eine echt Brecht'sche List …
Herr Egge hat gelernt „nein zu sagen"; seine Geduld und Konsequenz mit dem Bewusstsein, dass Gewalt nicht ewig währen wird, helfen auch ihm nicht an der Gewalt zugrunde zu gehen und sie so zu überleben.
Gegen Gewalt hilft also nicht Gegengewalt, sondern nur Ausdauer und List. […]

[1] Hier hat Katharina sich geirrt, sie meint Herrn Keuner. (Anm. d. Red.)

Aufgabe: Erörterung

Problemerörterung ohne Textvorlage – hier als „freie" Erörterung zum Thema:

Sollten Eltern mit Geldstrafen, Gefängnis oder verordneter Familientherapie zur Rechenschaft gezogen werden, wenn ihr minderjähriges Kind straffällig geworden ist?

Anmerkung: In einigen Bundesstaaten der USA gelten solche Gesetze für den Fall,

- dass ein Jugendlicher ein Verbrechen verübt hat, mit Drogen handelt oder einer Gang angehört,
- dass den Eltern nachgewiesen wird, dass sie ihren Nachwuchs „unzureichend überwacht" haben. (nach: Hamburger Abendblatt vom 17.12.1996)

(Diese Form der Erörterung, die im Abitur ja nur für fachspezifische Themen vorgesehen ist, wird in der Oberstufe gern als **Argumentationsübung** eingesetzt.)

Ana-Maria Souca (Hamburg) schrieb:

Originaltext

Da die Eltern die ersten Personen im Leben eines heranwachsenden Kindes sind, an deren Wertesystem sich das Kind orientiert, haben die Eltern natürlich die Hauptverantwortung in der Erziehung. Es ist daher naheliegend, die Ursachen für straffällig gewordene Kinder in einer missglückten Erziehung zu sehen und daher die Eltern zur Rechenschaft zu ziehen.

Da jedoch immer auch andere Faktoren den Entwicklungsprozess eines Kindes nachhaltig beeinflussen, ist es wohl kaum gerechtfertigt, die Eltern für etwas verantwortlich zu machen, was sie nur bedingt voraussehen und steuern können.

Andererseits ist und bleibt die Erziehung ihre Aufgabe, sodass sie – trotz aller Unabwägbarkeiten – die Hauptverantwortung behalten.

Es wäre jedoch zu fragen, ob nicht auch ein minderjähriges Kind ab einem gewissen Alter schon für sich verantwortlich ist, sodass die „Schuld" für das Versagen nur sekundär bei den Eltern liegt.

Andererseits: Wer sollte denn sonst versuchen auf die Kinder erziehend einzuwirken, wenn nicht die Eltern?

Wenn dies jedoch missglückt ist: Ob Eltern, die nicht in der Lage waren, ihrem Kind die Rechts- und Moralvorstellungen der Gesellschaft zu vermitteln, dies nun durch verordnete Therapie nachholen oder durch Strafen ausgleichen können?

Andererseits hätten solche Maßnahmen, wie die Gesetze in einigen Staaten der USA fordern, vielleicht eine positive Wirkung auf das Bewusstsein der Bevölkerung. Wenn nämlich bekannt wird, dass Eltern für die Straftaten ihrer Kinder zur Rechenschaft gezogen werden, könnte die Aufmerksamkeit vielleicht stärker auf dieses Problem gelenkt werden.

Doch ... wie verträgt sich dies alles mit den Grundgedanken der Demokratie, in der man nur für etwas bestraft wird, was man selbst getan hat?

(...)

Problemerörterung unter Vorgabe einer Kommunikationssituation

Aufgabe: Erörterung

Im Anschluss an einen Text von Hayakawa über die Funktionen der Sprache und der Schrift lautete eine **Teilaufgabe**:

Verfassen Sie einen Dialog zwischen einem Anführer eines Eingeborenenstammes (Anführer), der bisher keinerlei Notwendigkeit zum Erlernen von Schreiben/Lesen sah, und einem UNESCO-Beauftragten (Unesco), der einen Lehrer schicken möchte.

Kira Foerster (Hamburg) schrieb:

Originaltext

Unesco: Unsere Vereinigung möchte euch zu eurem Nutzen einen Lehrer schicken, der euch Lesen und Schreiben beibringt.

Anführer: Ich sehe keine Notwendigkeit für uns diese Fähigkeit zu lernen.

Unesco: Durch die Fähigkeit zu lesen und zu schreiben könntet ihr mit Menschen kommunizieren, die weit entfernt wohnen.

Anführer: Uns genügt es, mit unseresgleichen zu reden und das Gebiet unseres Stammes ist so begrenzt, dass uns mündliche Mitteilung ausreicht. Wollen wir mit Angehörigen eines anderen Stammes reden, so schicken wir einen Boten.

Unesco: Mit der Fähigkeit zu lesen und zu schreiben könntet ihr die Nachrichten an andere Stämme schriftlich senden.

Anführer: Diese schriftliche Nachricht müsste wiederum ein Bote überbringen.

Unesco: Durch Schrift könntet ihr aber auch eure Erfahrungen für die Nachwelt festhalten und diese davon profitieren lassen.

Anführer: Jahrhundertelang sind wir ohne Schrift ausgekommen und die Erfahrungen der weisen Männer unseres Stammes wurden von Mund zu Mund an die Nachkommen weitergegeben. Ich mache mir die Erfahrungen meines Urgroßvaters zunutze, ohne dass er sie aufgeschrieben hätte.

Unesco: Mündliche Überlieferung ist aber so unsicher, dass wertvolle Erkenntnisse weiser Männer verloren gehen könnten.

Anführer: Dann wird ein anderer weiser Mann die gleiche Erfahrung machen.

Unesco: Wäre die Erfahrung des ersten Mannes festgehalten worden, so könnte der Zweite an diese Erfahrung anknüpfen und dort anfangen, wo der Erste aufgehört hat. Er könnte diese Erfahrung weiterentwickeln und dadurch noch wichtigere Erkenntnisse erzielen, anstatt die gleiche Erfahrung noch einmal zu machen. Auf diese Weise könnte euer Stamm sich weiterentwickeln. Ihr könntet alle Erfahrungen für alle Stammesangehörige zugänglich machen.

Anführer: Jeder kann die Erfahrungen der weisen Männer hören, denn sie werden schon den Kindern erzählt. Wozu sollte unser Stamm sich weiterentwickeln?
Wir wollen gar keinen Fortschritt. Unsere Lebensweise hat sich über lange Zeit hindurch bewährt.
Unsere Frauen und Kinder werden satt.

C

2. Themenbeispiele für das Abitur – Abitur zum Üben

Und zum Schluss noch ein paar Beispiele für den „Ernstfall“:

Interpretation eines literarischen Textes

Untersuchung von literarischen Texten:

Originaltext

Wenigstens

Eine Party, die bestimmt bis gegen Morgen gehen werde, so daß es sich nicht lohne, zum Schlafen nach Haus zu kommen? Mitten in der Woche, in der Schulzeit? Ich riet ihr ab. „Am nächsten Tag werdet ihr im Unterricht durchhängen, was zu euerem eigenen Schaden sein dürfte“, sagte ich. „Außerdem könnte dieser oder jener Lehrer einen Tagesordnungspunkt daraus machen.“
„Juckt mich doch nicht“, sagte sie.
Ich schoß mich in eine Umlaufbahn um den Schreibtisch. „Was wollt ihr? ... Wissen!“ sagte ich. „Zumindest solltet ihr es wollen, denn nicht mitlügen zu wollen, genügt nicht. Und wenn ich *Wissen* sage, weißt du, daß ich das exakte Wissen meine, über das die Lehrer auch verfügen. Wann also werdet ihr begreifen, daß ihr diejenigen Lehrer, die kein Interesse daran haben, euch ihr Wissen zu verweigern, nicht in eine Situation bringen solltet, in der sie denen beipflichten müssen, die euch lieber heute als morgen lossein würden? Und diesen, die in euch eine Gefahr sehen – sei's nun für das Heil der Welt, wie sie es sich vorstellen, oder sei's für ihre Karriere, um deretwillen sie das Leben jedes jungen Menschen verpfuschen, dessen Aufrichtigkeit ihnen im Wege steht – diesen Lehrern solltet ihr die Argumente gegen euch nicht noch selbst liefern – gewissermaßen auf dem Party-Tablett!“
Sie stand da, den Kopf gesenkt.
„Und denke an Born“, sagte ich. – Born zählte. Neunzehnhundertachtundsechzig hatte er sich als einziger Lehrer der Schule geweigert, eine Erklärung zu unterschreiben, in der der Einmarsch in die Tschechoslowakei begrüßt worden war. Danach hatte er sich für einige Monate in eine Nervenklinik zurückgezogen. Sie wußte auch, daß er wiederholt für sie eingetreten war. Vor kurzem erst hatte ein Lehrer, der neu war an der Schule, sie auf dem Bordstein sitzen sehen und dieses Benehmen vor die Konferenz gebracht: Das sei Gammlertum, einer Oberschülerin unwürdig. Born hatte gefragt:

Und einer jungen Arbeiterin? „Jedes Argument, das ihr gegen euch liefert, liefert ihr gegen ihn", sagte ich.
Plötzlich standen ihr Tränen in den Augen. Ehe sie das Zimmer verließ, sagte sie: „Wenn ihr wenigstens wie Byllis Eltern wärt: stur, alles verbieten und so, dann könnte man wenigstens was machen gegen euch!"

aus: Reiner Kunze, Die wunderbaren Jahre

Übung C1

Aufgabe:

1. Interpretieren Sie den Text.
2. Nehmen Sie zur Vater-Tochter-Beziehung Stellung.

Gedichtinterpretation

Originaltext

In Ohnmacht gefallen

Wir lesen Napalm und stellen Napalm uns vor.
Da wir uns Napalm nicht vorstellen können,
Lesen wir über Napalm, bis wir uns mehr
Unter Napalm vorstellen können.
Jetzt protestieren wir gegen Napalm.
  Nach dem Frühstück, stumm,
  Auf Fotos sehen wir, was Napalm vermag.
  Wir zeigen uns grobe Raster
  Und sagen: Siehst du, Napalm.
  Das machen sie mit Napalm.
Bald wird es preiswerte Bildbände
Mit besseren Fotos geben,
Auf denen deutlicher wird,
Was Napalm vermag.
Wir kauen Nägel und schreiben Proteste.
  Aber es gibt, so lesen wir,
  Schlimmeres als Napalm.
  Schnell protestieren wir gegen Schlimmeres.
  Unsere berechtigten Proteste, die wir jederzeit
  Verfassen falten frankieren dürfen, schlagen zu Buch.
Ohnmacht, an Gummifassaden erprobt.
Ohnmacht legt Platten auf: ohnmächtige Songs.
Ohne Macht mit Guitarre. –
Aber feinmaschig und gelassen
Wirkt sich draußen die Macht aus.

Günter Grass

Übung C2

Aufgabe:

Interpretieren Sie das Gedicht und setzen Sie sich mit der Aussage auseinander.

Untersuchung von Sachtexten:

Originaltext

Deutsche Bischofskonferenz – Pressemitteilung

Erklärung des Ständigen Rates der Deutschen Bischofskonferenz zur Diskussion um die kirchlichen Schwangerschaftskonfliktberatungsstellen im Zusammenhang des Schreibens von Papst Johannes Paul II. vom 11. Januar 1998

Der Ständige Rat der Deutschen Bischofskonferenz hat sich bei seiner ordentlichen Sitzung vom 25./26. Januar 1998 intensiv mit dem Schreiben von Papst Johannes Paul II. vom 11. Januar 1998 zu den kirchlichen Schwangerschaftskonfliktberatungsstellen, mit der Reaktion aus der Kirche und dem Echo in der Gesellschaft beschäftigt. Im Anschluß daran wird folgendes erklärt:

Das Schreiben des Papstes an die deutschen Bischöfe nimmt Bezug auf eine mehrjährige Diskussion über das Verhältnis der kirchlichen Beratungsstellen zum staatlich anerkannten System der Schwangerenkonfliktberatung. Der Hl. Vater hat uns Bischöfen einen verstehenden und brüderlichen Brief geschrieben, der um die nicht leichte Problematik und die verschiedenen Positionen in unserer Kirche weiß.

Das Schreiben des Papstes und der offizielle Kommentar, veröffentlicht im L'Osservatore Romano vom 27. Januar 1998, sind in einer Sprache geschrieben, die weitgehend auf theologische Fachterminologie verzichtet. Gerade darum bedarf das Schreiben einer sorgfältigen und differenzierten Analyse, ohne daß von außen herangetragene Vor-Urteile maßgebend werden dürfen.

Wir danken dem Hl. Vater, daß er die Bemühungen der Kirche in unserem Land für die Rettung des Lebens ungeborener Kinder auf allen Ebenen ausdrücklich anerkennt, ganz besonders auch im Blick auf die Beraterinnen, und die Bischöfe ermutigt, nach Kräften und wirksam die Beratungstätigkeit fortzusetzen. Gerade in den letzten Tagen ist in der öffentlichen Meinung offenbar geworden, welche hohe Anerkennung die kirchlichen Beratungsstellen auch außerhalb der kirchlichen Gemeinschaft gefunden haben. Wir haben Grund, für die Tätigkeit dieser Beratungsstellen mit dem Hl. Vater dankbar zu sein.

In dem Schreiben unterstreicht der Papst mehrmals und deutlich die grundlegende Einmütigkeit zwischen dem Hl. Stuhl und den deutschen Bischöfen in der Lehre der Kirche zum Schutz des ungeborenen Kindes und in der Verurteilung der Abtreibung wie auch in der Notwendigkeit einer umfassenden Beratung schwangerer Frauen in Not.

Wie in der bisherigen Diskussion spitzt sich das Problem auf die Interpretation und Bewertung des Beratungsscheins zu. Der Nachweis einer Beratung, die ausschließlich dem Schutz des ungeborenen Kindes dienen soll, kann unter bestimmten Voraussetzungen leider auch dazu gebraucht werden, eine straffrei bleibende Abtreibung vorzunehmen, auch wenn diese rechtswidrig bleibt. Dieses Bewußtsein der Unrechtmäßigkeit hat sich in unserer Gesellschaft allerdings zu wenig durchsetzen können, so daß nicht zuletzt dadurch der „Schein“ in ein gewisses Zwielicht gekommen ist. Daran hat auch eine manchmal undifferenzierte Bewertung des Scheins einen gewissen Anteil. Zugleich hat sich die gesellschaftliche Bewußtseinslage für die Rettung des bedrohten ungeborenen Kindes in letzter Zeit durch verschiedene Vorgänge verschlechtert. Wir müssen mit Enttäuschung zur Kenntnis nehmen, daß der Beratungsschein in einem solchen „Klima“ seine vom Gesetz intendierte Wirkung nur bedingt bzw. kaum entfalten kann und vor der zweideutigen Annahme, es könnte ein „Recht auf Abtreibung“ geben, nicht genügend geschützt werden kann.

Vor diesem Hintergrund schreibt der Hl. Vater: „Deshalb möchte ich Euch, liebe Brüder, eindringlich bitten, Wege zu finden, daß ein Schein solcher Art in den kirchlichen oder der Kirche zugeordneten Beratungsstellen nicht mehr ausgestellt wird. Ich ersuche Euch aber, dies auf jeden Fall so zu tun, daß die Kirche auf wirksame Weise in der Beratung der hilfesuchenden Frauen präsent bleibt.“

Wir werden dieser Bitte Folge leisten. Dies bedeutet jedoch nicht, daß die kirchliche Beratung vermindert wird. Im Gegenteil: Wir werden sie noch verstärken. Der Papst selbst wünscht ausdrücklich, daß wir die im staatlichen Beratungssystem gegebenen Spielräume zur Rettung des ungeborenen Kindes „soweit wie möglich“ nützen. Von einer Aufforderung, aus der gesetzlichen Beratung auszusteigen, kann also keine Rede sein.

Es geht nicht darum, daß die Kirche ihre Anstrengungen vermindert, schwangere Frauen in Not zu beraten und ihnen Hilfen anzubieten. Diese Konfliktberatung, wo es um Leben und Tod des ungeborenen Kindes geht, soll nur ferngehalten werden vom Anschein der Zweideutigkeit und einer Verdunkelung des lebendigen Zeugnisses für das Lebensrecht des ungeborenen Kindes.

Wir machen keine Abstriche im Angebot und in der Qualität der Beratung für schwangere Mütter in Not. Wir werden, wie vom Papst vorgeschlagen, nach Wegen suchen, wie wir ohne einen solchen Schein auch in Konfliktsituationen eine wirksame Beratung durchführen können. Wir werden uns um eine Fassung der Beratungstätigkeit bemühen, die ohne einen Schein der bisherigen Art erfolgt. Dabei sind wir uns bewußt, daß es wohl keinen Lösungsweg geben kann, der nicht auch Nachteile in sich birgt und Bedenken auslösen kann.

Wir haben beschlossen, eine Arbeitsgruppe einzusetzen. Ihr wird der Auftrag erteilt, genauer nach möglichen neuen Wegen zu suchen, die dem Anliegen des Papstes und unserem Anliegen entsprechen, daß die Kirche auf wirksame Weise in der Beratung hilfesuchender Frauen präsent bleibt. Wir werden zu gegebener Zeit eine entsprechende Neufassung der Ordnung unserer Beratungsstellen in Kraft setzen.

Da wir bereit sind, unsere intensive und weithin anerkannte Beratung fortzusetzen, bitten wir auch die Politikerinnen und Politiker, nach Wegen zu suchen, wie dies ohne die Zweideutigkeit des „Scheins“ im bisherigen Sinne möglich ist. In diesem Zusammenhang erinnern wir auch an den Auftrag, den das Bundesverfassungsgericht in seiner Entscheidung vom 28. Mai 1993 an den Gesetzgeber gerichtet hat: „Er bleibt vielmehr aufgrund seiner Schutzpflicht weiterhin dafür verantwortlich, daß das Gesetz tatsächlich einen – unter Berücksichtigung entgegenstehender Rechtsgüter – angemessenen und als solchen wirksamen Schutz vor Schwangerschaftsabbrüchen bewirkt. Stellt sich nach hinreichender Beobachtungszeit heraus, daß das Gesetz das von der Verfassung geforderte Maß an Schutz nicht zu gewährleisten vermag, so ist der Gesetzgeber verpflichtet, durch Änderung oder Ergänzung der betreffenden Vorschriften auf die Beseitigung der Mängel und die Sicherstellung eines dem Untermaßverbot genügenden Schutzes hinzuwirken (Korrektur- oder Nachbesserungspflicht)."

Auch wenn der Hl. Vater uns durch seinen Brief vom 11.1.1998 eine schwierige Aufgabe übertragen hat, so sind wir doch der Überzeugung, daß eine an diesem einen Punkt erneuerte Fassung der Beratungstätigkeit zum Wohl unserer Gesellschaft sein wird und den schwangeren Frauen in Not besser dienen kann. Die Regelung der Einzelheiten hat er den Bischöfen und ihren Mitarbeiterinnen und Mitarbeitern überlassen.

Würzburg, 26. Januar 1998

Übung C3

Aufgabe:

1. Interpretieren Sie die Erklärung der Deutschen Bischofskonferenz unter deutlicher Einbeziehung der sprachlichen Mittel.
2. Überlegen Sie abschließend, welche Probleme sich aus dieser Erklärung ergeben könnten.

Sachtext

Originaltext

MARTIN LUTHER KING: DER TRAUM VON DER GLEICHBERECHTIGUNG (28.8.1963)

Ich freue mich, heute mit euch zusammen an einem Ereignis teilnehmen zu können, das als die größte Demonstration für die Freiheit in die Geschichte unserer Nation eingehen wird. Vor hundert Jahren unterzeichnete ein großer Amerikaner, in dessen Schatten wir heute symbolisch stehen, die Proklamation zur Sklavenbefreiung (Emancipation Proclamation; 22.9.1862). Dieser bedeutsame Erlaß war ein großes Leuchtfeuer der Hoffnung für Millionen von Negersklaven, die von den Flammen vernichtender Ungerechtigkeit gebrandmarkt wurden. Er kam wie ein freudiger Tagesanbruch nach der langen Nacht ihrer Gefangenschaft. Aber hundert Jahre später ist der Neger immer noch nicht frei. Hundert Jahre später ist das Leben des Negers immer noch geknebelt durch die Fesseln der Rassentrennung und die Ketten der Diskriminierung. Hundert Jahre später lebt der Neger auf einer einsamen Insel der Armut inmitten eines riesigen Ozeans materiellen Reichtums. Hundert Jahre später schmachtet der Neger immer noch am Rande der amerikanischen Gesellschaft und befindet sich im Exil im eigenen Land. Deshalb sind wir heute hierher gekommen, um eine schändliche Situation zu dramatisieren.

In gewissem Sinne sind wir in die Hauptstadt unseres Landes gekommen, um einen Scheck einzulösen. Als die Architekten unserer Republik die großartigen Worte der Verfassung und der Unabhängigkeitserklärung schrieben, unterzeichneten sie einen Schuldschein, zu dessen Einlösung alle Amerikaner berechtigt sein sollten. Dieser Schein enthielt die Versicherung, daß allen Menschen – ja, schwarzen Menschen ebenso wie weißen – die unveräußerlichen Rechte auf Leben, Freiheit und auf den Anspruch auf Glück garantiert würden. Heute ist es offenbar, daß Amerika seinen Verbindlichkeiten nicht nachgekommen ist, soweit es die schwarzen Bürger betrifft. Statt seine heiligen Verpflichtungen zu erfüllen, hat Amerika den Negern nur einen Scheck gegeben, der mit dem Vermerk zurückgekommen ist: „Keine Deckung vorhanden".

Aber wir weigern uns zu glauben, daß die Bank der Gerechtigkeit bankrott ist. Wir weigern uns zu glauben, daß es nicht genügend Gelder in den großen Stahlkammern der Gelegenheiten in diesem Land gibt.

So sind wir gekommen, um diesen Scheck einzulösen, einen Scheck, der uns auf Verlangen die Reichtümer der Freiheit und die Sicherheit der Gerechtigkeit geben wird.

Wir sind auch zu dieser würdigen Stätte gekommen, um Amerika an die grimmige Notwendigkeit des Jetzt zu erinnern. Jetzt ist nicht die Zeit, in der man sich den Luxus einer „Abkühlungsperiode" leisten oder die Beruhigungsmittel langsamen, schrittweisen Fortschritts einnehmen kann. Jetzt ist es Zeit, die Versprechungen der Demokratie Wirklichkeit werden zu lassen. Jetzt ist es Zeit, aus dem dunklen und trostlosen Tal der Rassentrennung aufzubrechen und den hellen Weg der Gerechtigkeit für alle Rassen zu beschreiten. Jetzt ist es Zeit, unsere Nation aus dem Flugsand rassischer Ungerechtigkeit zu dem festen Felsen der Brüderlichkeit emporzuheben. Jetzt ist es Zeit, Gerechtigkeit für alle Kinder Gottes Wirklichkeit werden zu lassen. Es wäre verhängnisvoll für diese Nation, wenn sie nicht die Dringlichkeit der gegenwärtigen Lage wahrnehmen würde. Dieser heiße Sommer der berechtigten Unzufriedenheit des Negers wird nicht zu Ende gehen, solange nicht ein belebender Herbst der Freiheit und Gerechtigkeit begonnen hat. 1963 ist kein Ende, sondern ein Anfang. Wer hofft, daß der Neger jetzt zufrieden sein wird, nachdem er Dampf abgelassen hat, wird ein böses Erwachen haben, wenn die Nation wieder weitermacht wie zuvor.

Es wird weder Ruhe noch Rast in Amerika geben, bis dem Neger die vollen Bürgerrechte zugebilligt werden. Die Stürme des Aufruhrs werden weiterhin die Grundfesten unserer Nation erschüttern, bis der helle Tag der Gerechtigkeit anbricht. Und das muß ich meinem Volk sagen, das an der ausgetretenen Schwelle der Tür steht, die in den Palast der Gerechtigkeit führt: während wir versuchen, unseren rechtmäßigen Platz zu gewinnen, dürfen wir uns keiner unrechten Handlung schuldig machen. Laßt uns nicht aus dem Kelch der Bitterkeit und des Hasses trinken, um unseren Durst nach Freiheit zu stillen.

Wir müssen unseren Kampf stets auf der hohen Ebene der Würde und Disziplin führen. Wir dürfen unseren schöpferischen Protest nicht zu physischer Gewalt herabsinken lassen. Immer wieder müssen wir uns zu jener majestätischen Höhe erheben, auf der wir physischer Gewalt mit der Kraft der Seele entgegentreten. Der wunderbare, neue kämpferische Geist, der die Gemeinschaft der Neger erfaßt hat, darf uns nicht verleiten, allen Weißen zu mißtrauen. Denn viele unserer weißen Brüder – das beweist ihre Anwesenheit heute – sind zu der Einsicht gekommen, daß ihre Zukunft mit der unseren untrennbar verbunden ist. Sie sind zu der Einsicht gekommen, daß ihre Freiheit mit unserer Freiheit untrennbar verbunden ist. Wir können nicht allein marschieren. Und wenn wir marschieren, müssen wir uns verpflichten, stets weiter zu marschieren. Wir können nicht umkehren.

Es gibt Leute, die fragen diejenigen, die sich der Sache der Bürgerrechte verpflichtet fühlen: „Wann werdet ihr endlich zufrieden sein?" Wir können niemals zufriedengestellt sein, solange der Neger das Opfer der unaussprechlichen Schrecken polizeilicher Brutalität ist. Wir können nicht zufriedengestellt sein, solange unsere müden Leiber nach langer Reise in den Motels an den Landstraßen und den Hotels der großen Städte keine Unterkunft bekommen. Wir können nicht zufriedengestellt sein, solange die Bewegungsfreiheit der Neger in erster Linie darin besteht, von einem kleinen Getto in ein größeres zu geraten. Wir können nicht zufriedengestellt sein, solange unsere Kinder noch ihrer Freiheit und Würde beraubt werden durch Schilder, auf denen es heißt: „Nur für Weiße". Wir können nicht zufriedengestellt sein, solange der Neger in Mississippi nicht das Stimmrecht hat und der Neger in New York niemanden, den er wirklich wählen möchte. Nein, wir sind nicht zufriedengestellt, und wir werden nicht zufriedengestellt sein, bis das Recht strömt wie Wasser und die Gerechtigkeit wie ein mächtiger Strom.

Ich weiß wohl, daß manche unter euch aus großer Bedrängnis und Trübsal hierhergekommen sind. Einige von euch sind direkt aus engen Gefängniszellen gekommen. Einige von euch sind aus Gegenden gekommen, wo ihr aufgrund eures Verlangens nach Freiheit von den Stürmen der Verfolgung und polizeilicher Brutalität mitgenommen und erschüttert wurdet.

Ihr seid die Veteranen schöpferischen Leidens. Macht weiter und vertraut darauf, daß unverdientes Leiden erlösende Qualität hat. Geht zurück nach Mississippi, geht zurück nach Georgia, geht zurück nach Louisiana, geht zurück in die Slums und Gettos der Großstädte im Norden mit dem Wissen, daß die jetzige Situation geändert werden kann und wird. Laßt uns nicht Gefallen finden am Tal der Verzweiflung.

Heute sage ich euch, meine Freunde, trotz der Schwierigkeiten von heute und morgen habe ich einen Traum. Es ist ein Traum, der tief verwurzelt ist im amerikanischen Traum. Ich habe einen Traum, daß eines

Tages diese Nation sich erheben wird und der wahren Bedeutung ihres Credos gemäß leben wird: „Wir halten diese Wahrheit für selbstverständlich: daß alle Menschen gleich erschaffen sind." Ich habe einen Traum, daß eines Tages auf den roten Hügeln von Georgia die Söhne ehemaliger Sklaven und die Söhne ehemaliger Sklavenhalter miteinander am Tisch der Brüderlichkeit sitzen können. Ich habe einen Traum, daß sich eines Tages selbst der Staat Mississippi, ein Staat, der in der Glut der Ungerechtigkeit und Unterdrückung verschmachtet, in eine Oase der Freiheit und Gerechtigkeit verwandeln wird.

Ich habe einen Traum, daß meine vier kleinen Kinder eines Tages in einer Nation leben werden, in der man sie nicht nach ihrer Hautfarbe, sondern nach ihrem Charakter beurteilt. Ich habe einen Traum ... Ich habe einen Traum, daß eines Tages in Alabama, mit seinen bösartigen Rassisten, mit einem Gouverneur, von dessen Lippen Worte wie „Intervention" und „Annulierung der Rassenintegration" triefen ..., daß eines Tages genau dort in Alabama kleine schwarze Jungen und Mädchen die Hände schütteln als Brüder und Schwestern mit kleinen weißen Jungen und Mädchen.

Ich habe heute einen Traum ..., daß eines Tages jedes Tal erhöht und jeder Hügel und Berg erniedrigt wird. Die rauhen Orte werden geglättet und die unebenen Orte begradigt werden.

Und die Herrlichkeit des Herrn wird offenbar werden, und alles Fleisch wird es sehen. Das ist unsere Hoffnung. Mit diesem Glauben kehre ich in den Süden zurück. Mit diesem Glauben werde ich fähig sein, aus dem Berg der Verzweiflung einen Stein der Hoffnung zu schlagen. Mit diesem Glauben werden wir fähig sein, die schrillen Mißklänge in unserer Nation in eine wunderbare Symphonie der Brüderlichkeit zu verwandeln. Mit diesem Glauben werden wir fähig sein, zusammen zu arbeiten, zusammen zu beten, zusammen zu kämpfen, zusammen ins Gefängnis zu gehen, zusammen für die Freiheit aufzustehen, in dem Wissen, daß wir eines Tages frei sein werden.

Das wird der Tag sein, an dem alle Kinder Gottes diesem Lied eine neue Bedeutung geben können: „Mein Land, von dir, du Land der Freiheit, singe ich. Land, wo meine Väter starben, Stolz der Pilger, von allen Bergen laßt die Freiheit erschallen." Soll Amerika eine große Nation werden, dann muß dies wahr werden. So laßt die Freiheit erschallen von den gewaltigen Gipfeln New Hampshires. Laßt die Freiheit erschallen von den mächtigen Bergen New Yorks, laßt die Freiheit erschallen von den hohen Alleghenies in Pennsylvania. Laßt die Freiheit erschallen von den schneebedeckten Rocky Mountains in Colorado. Laßt die Freiheit erschallen von den geschwungenen Hängen Kaliforniens.

Aber nicht nur das, laßt die Freiheit erschallen vom Stone Mountain in Georgia. Laßt die Freiheit erschallen vom Lookout Mountain in Tennessee. Laßt die Freiheit erschallen von jedem Hügel und Maulwurfshügel Mississippis, von jeder Erhebung. Laßt die Freiheit erschallen!

Wenn wir die Freiheit erschallen lassen – wenn wir sie erschallen lassen von jeder Stadt und jedem Weiler, von jedem Staat und jeder Großstadt, dann werden wir den Tag schneller herbeiführen, an dem alle Kinder Gottes – schwarze und weiße Menschen, Juden und Heiden, Protestanten und Katholiken – sich die Hände reichen und die Worte des alten Negro Spiritual singen können: „Endlich frei! Endlich frei! Großer allmächtiger Gott, wir sind endlich frei!"

Übung C4

Aufgabe:

Interpretieren Sie die Rede.
Achten Sie dabei besonders darauf, mit welchen sprachlichen Mitteln KING versucht, die Hörer gefühlsmäßig anzusprechen, sodass sie sich mit seinen Worten (und damit ihrer eigenen Sache) identifizieren.

Anmerkung:
Die Rede liegt zwar hier nur in der deutschen Übersetzung vor; der Vergleich mit dem amerikanischen Original zeigt jedoch, dass es sich um eine sehr textnahe Übersetzung handelt, die eine sachlich überzeugende Sprachanalyse zulässt.

Vergleich

Vergleichende Untersuchungen:

Originaltext

Wallenstein: Prolog

Gesprochen bei Wiedereröffnung der Schaubühne in Weimar im Oktober 1798

Der scherzenden, der ernsten Maske Spiel,
Dem ihr so oft ein willig Ohr und Auge
Geliehn, die weiche Seele hingegeben,
Vereinigt uns aufs neu in diesem Saal –
Und sieh! er hat sich neu verjüngt, ihn hat
Die Kunst zum heitern Tempel ausgeschmückt,
Und ein harmonisch hoher Geist spricht uns
Aus dieser edeln Säulenordnung an,
Und regt den Sinn zu festlichen Gefühlen.

Und doch ist dies der alte Schauplatz noch,
Die Wiege mancher jugendlichen Kräfte,
Die Laufbahn manches wachsenden Talents.
Wir sind die Alten noch, die sich vor euch
Mit warmem Trieb und Eifer ausgebildet.
Ein edler Meister stand auf diesem Platz,
Euch in die heitern Höhen seiner Kunst
Durch seinen Schöpfergenius entzückend.

O! möge dieses Raumes neue Würde
Die Würdigsten in unsre Mitte ziehn,
Und eine Hoffnung, die wir lang gehegt,
Sich uns in glänzender Erfüllung zeigen.
Ein großes Muster weckt Nacheiferung
Und gibt dem Urteil höhere Gesetze.
So stehe dieser Kreis, die neue Bühne
Als Zeugen des vollendeten Talents.
Wo möcht es auch die Kräfte lieber prüfen,
Den alten Ruhm erfrischen und verjüngen,
Als hier vor einem auserlesnen Kreis,
Der rührbar jedem Zauberschlag der Kunst,
Mit leisbeweglichem Gefühl den Geist
In seiner flüchtigsten Erscheinung hascht?

Denn schnell und spurlos geht des Mimen Kunst,
Die wunderbare, an dem Sinn vorüber,
Wenn das Gebild des Meißels, der Gesang
Des Dichters nach Jahrtausenden noch leben.
Hier stirbt der Zauber mit dem Künstler ab,
Und wie der Klang verhallet in dem Ohr,
Verrauscht des Augenblicks geschwinde Schöpfung,
Und ihrem Ruhm bewahrt kein daurend Werk.
Schwer ist die Kunst, vergänglich ist ihr Preis,
Dem Mimen flicht die Nachwelt keine Kränze,
Drum muß er geizen mit der Gegenwart,
Den Augenblick, der sein ist, ganz erfüllen,
Muß seiner Mitwelt mächtig sich versichern,
Und im Gefühl der Würdigsten und Besten
Ein lebend Denkmal sich erbaun – So nimmt er
Sich seines Namens Ewigkeit voraus,
Denn wer den Besten seiner Zeit genug
Getan, der hat gelebt für alle Zeiten.

Die neue Ära, die der Kunst Thaliens
Auf dieser Bühne heut beginnt, macht auch
Den Dichter kühn, die alte Bahn verlassend,
Euch aus des Bürgerlebens engem Kreis
Auf einen höhern Schauplatz zu versetzen,
Nicht unwert des erhabenen Moments
Der Zeit, in dem wir strebend uns bewegen.
Denn nur der große Gegenstand vermag
Den tiefen Grund der Menschheit aufzuregen,
Im engen Kreis verengert sich der Sinn,
Es wächst der Mensch mit seinen größern Zwecken.

Und jetzt an des Jahrhunderts ernstem Ende,
Wo selbst die Wirklichkeit zur Dichtung wird,
Wo wir den Kampf gewaltiger Naturen
Und ein bedeutend Ziel vor Augen sehn,
Und um der Menschheit große Gegenstände,
Um Herrschaft und um Freiheit wird gerungen,
Jetzt darf die Kunst auf ihrer Schattenbühne
Auch höhern Flug versuchen, ja sie muß,
Soll nicht des Lebens Bühne sie beschämen.

Zerfallen sehen wir in diesen Tagen
Die alte feste Form, die einst vor hundert
Und funfzig Jahren ein willkommner Friede
Europens Reichen gab, die teure Frucht
Von dreißig jammervollen Kriegesjahren.
Noch einmal laßt des Dichters Phantasie
Die düstre Zeit an auch vorüberführen,
Und blicket froher in die Gegenwart
Und in der Zukunft hoffnungsreiche Ferne.

In jenes Krieges Mitte stell euch jetzt
Der Dichter …

FRIEDRICH SCHILLER

Originaltext

Faust: Vorspiel auf dem Theater

DIREKTOR. THEATERDICHTER. LUSTIGE PERSON.

DIREKTOR. Ihr beiden, die ihr mir so oft,
In Not und Trübsal, beigestanden,
Sagt, was ihr wohl in deutschen Landen
Von unsrer Unternehmung hofft?
Ich wünschte sehr der Menge zu behagen,
Besonders weil sie lebt und leben läßt.
Die Pfosten sind, die Bretter aufgeschlagen,
Und jedermann erwartet sich ein Fest.
Sie sitzen schon mit hohen Augenbraunen
Gelassen da und möchten gern erstaunen.
Ich weiß, wie man den Geist des Volks versöhnt;
Doch so verlegen bin ich nie gewesen:
Zwar sind sie an das Beste nicht gewöhnt,
Allein sie haben schrecklich viel gelesen.
Wie machen wir's, daß alles frisch und neu
Und mit Bedeutung auch gefällig sei?
Denn freilich mag ich gern die Menge sehen,
Wenn sich der Strom nach unsrer Bude drängt,

Und mit gewaltig wiederholten Wehen
Sich durch die enge Gnadenpforte zwängt;
Bei hellem Tage, schon vor vieren,
Mit Stößen sich bis an die Kasse ficht
Und, wie in Hungersnot um Brot an Bäckertüren,
Um ein Billet sich fast die Hälse bricht.
Dies Wunder wirkt auf so verschiedne Leute
Der Dichter nur; mein Freund, o tu es heute!

DICHTER. O sprich mir nicht von jener bunten Menge,
Bei deren Anblick uns der Geist entflieht.
Verhülle mir das wogende Gedränge,
Das wider Willen uns zum Strudel zieht.
Nein, führe mich zur stillen Himmelsenge,
Wo nur dem Dichter reine Freude blüht;
Wo Lieb und Freundschaft unsres Herzens Segen
Mit Götterhand erschaffen und erpflegen.
Ach! was in tiefer Brust uns da entsprungen,
Was sich die Lippe schüchtern vorgelallt,
Mißraten jetzt und jetzt vielleicht gelungen,
Verschlingt des wilden Augenblicks Gewalt.
Oft, wenn es erst durch Jahre durchgedrungen,
Erscheint es in vollendeter Gestalt.
Was glänzt, ist für den Augenblick geboren,
Das Echte bleibt der Nachwelt unverloren.

LUSTIGE PERSON.
Wenn ich nur nichts von Nachwelt hören sollte.
Gesetzt, daß ich von Nachwelt reden wollte,
Wer machte denn der Mitwelt Spaß?
Den will sie doch und soll ihn haben.
Die Gegenwart von einem braven Knaben
Ist, dächt ich, immer auch schon was.
Wer sich behaglich mitzuteilen weiß,
Den wird des Volkes Laune nicht erbittern;
Er wünscht sich einen großen Kreis,
Um ihn gewisser zu erschüttern.
Drum seid nur brav und zeigt euch musterhaft,
Laßt Phantasie, mit allen ihren Chören,
Vernunft, Verstand, Empfindung, Leidenschaft,
Doch, merkt euch wohl! nicht ohne Narrheit hören.

DIREKTOR. Besonders aber laßt genug geschehn!
Man kommt zu schaun, man will am liebsten sehn.
Wird vieles vor den Augen abgesponnen,
So daß die Menge staunend gaffen kann,
Da habt Ihr in der Breite gleich gewonnen,
Ihr seid ein vielgeliebter Mann.

Die Masse könnt Ihr nur durch Masse zwingen,
Ein jeder sucht sich endlich selbst was aus.
Wer vieles bringt, wird manchem etwas bringen;
Und jeder geht zufrieden aus dem Haus.
Gebt Ihr ein Stück, so gebt es gleich in Stücken!
Solch ein Ragout, es muß Euch glücken;
Leicht ist es vorgelegt, so leicht als ausgedacht.
Was hilft's, wenn Ihr ein Ganzes dargebracht?
Das Publikum wird es Euch doch zerpflücken.

DICHTER.
Ihr fühlet nicht, wie schlecht ein solches Handwerk sei!
Wie wenig das dem echten Künstler zieme!
Der saubern Herren Pfuscherei
Ist, merk ich, schon bei Euch Maxime.

DIREKTOR. Ein solcher Vorwurf läßt mich ungekränkt:
Ein Mann, der recht zu wirken denkt,
Muß auf das beste Werkzeug halten.
Bedenkt, Ihr habet weiches Holz zu spalten,
Und seht nur hin, für wen Ihr schreibt!
Wenn diesen Langeweile treibt,
Kommt jener satt vom übertischten Mahle,
Und, was das Allerschlimmste bleibt,
Gar mancher kommt vom Lesen der Journale.
Man eilt zerstreut zu uns, wie zu den Maskenfesten,
Und Neugier nur beflügelt jeden Schritt;
Die Damen geben sich und ihren Putz zum besten
Und spielen ohne Gage mit.
Was träumet Ihr auf Eurer Dichterhöhe?
Was macht ein volles Haus Euch froh?
Beseht die Gönner in der Nähe!
Halb sind sie kalt, halb sind sie roh.
Der, nach dem Schauspiel, hofft ein Kartenspiel,
Der eine wilde Nacht an einer Dirne Busen.
Was plagt ihr armen Toren viel,
Zu solchem Zweck, die holden Musen?
Ich sag Euch, gebt nur mehr und immer, immer mehr,
So könnt Ihr Euch vom Ziele nie verirren.
Sucht nur die Menschen zu verwirren,
Sie zu befriedigen, ist schwer – –
Was fällt Euch an? Entzückung oder Schmerzen?

DICHTER. Geh hin und such dir einen andern Knecht!
Der Dichter sollte wohl das höchste Recht,
Das Menschenrecht, das ihm Natur vergönnt,
Um deinetwillen freventlich verscherzen!
Wodurch bewegt er alle Herzen?

Wodurch besiegt er jedes Element?
Ist es der Einklang nicht, der aus dem Busen dringt,
Und in sein Herz die Welt zurücke schlingt?
Wenn die Natur des Fadens ew'ge Länge,
Gleichgültig drehend, auf die Spindel zwingt,
Wenn aller Wesen unharmon'sche Menge
Verdrießlich durcheinander klingt –
Wer teilt die fließend immer gleiche Reihe
Belebend ab, daß sie sich rhythmisch regt?
Wer ruft das Einzelne zur allgemeinen Weihe,
Wo es in herrlichen Akkorden schlägt?
Wer läßt den Sturm zu Leidenschaften wüten?
Das Abendrot im ernsten Sinne glühn?
Wer schüttet alle schönen Frühlingsblüten
Auf der Geliebten Pfade hin?
Wer flicht die unbedeutend grünen Blätter
Zum Ehrenkranz Verdiensten jeder Art?
Wer sichert den Olymp? vereinet Götter?
Des Menschen Kraft, im Dichter offenbart.

LUSTIGE PERSON.
So braucht sie denn, die schönen Kräfte,
Und treibt die dichtrischen Geschäfte,
Wie man ein Liebesabenteuer treibt.
Zufällig naht man sich, man fühlt, man bleibt,
Und nach und nach wird man verflochten;
Es wächst das Glück, dann wird es angefochten,
Man ist entzückt, nun kommt der Schmerz heran,
Und eh man sich's versieht, ist's eben ein Roman.
Laßt uns auch so ein Schauspiel geben!
Greift nur hinein ins volle Menschenleben!
Ein jeder lebt's, nicht vielen ist's bekannt,
Und wo ihr's packt, da ist's interessant.
In bunten Bildern wenig Klarheit,
Viel Irrtum und ein Fünkchen Wahrheit,
So wird der beste Trank gebraut,
Der alle Welt erquickt und auferbaut.
Dann sammelt sich der Jugend schönste Blüte
Vor eurem Spiel und lauscht der Offenbarung,
Dann sauget jedes zärtliche Gemüte
Aus eurem Werk sich melanchol'sche Nahrung,
Dann wird bald dies, bald jenes aufgeregt,
Ein jeder sieht, was er im Herzen trägt.
Noch sind sie gleich bereit, zu weinen und zu lachen,
Sie ehren noch den Schwung, erfreuen sich am Schein;
Wer fertig ist, dem ist nichts recht zu machen;
Ein Werdender wird immer dankbar sein.

DICHTER. So gib mir auch die Zeiten wieder,
Da ich noch selbst im Werden war,
Da sich ein Quell gedrängter Lieder
Ununterbrochen neu gebar,
Da Nebel mir die Welt verhüllten,
Die Knospe Wunder noch versprach,
Da ich die tausend Blumen brach,
Die alle Täler reichlich füllten.
Ich hatte nichts und doch genug:
Den Drang nach Wahrheit und die Lust am Trug.
Gib ungebändigt jene Triebe,
Das tiefe, schmerzenvolle Glück,
Des Hasses Kraft, die Macht der Liebe,
Gib meine Jugend mir zurück!

LUSTIGE PERSON.
Der Jugend, guter Freund, bedarfst du allenfalls,
Wenn dich in Schlachten Feinde drängen,
Wenn mit Gewalt an deinen Hals
Sich allerliebste Mädchen hängen,
Wenn fern des schnellen Laufes Kranz
Vom schwer erreichten Ziele winket,
Wenn nach dem heft'gen Wirbeltanz
Die Nächte schmausend man vertrinket.
Doch ins bekannte Saitenspiel
Mit Mut und Anmut einzugreifen,
Nach einem selbstgesteckten Ziel
Mit holdem Irren hinzuschweifen,
Das, alte Herrn, ist eure Pflicht,
Und wir verehren euch darum nicht minder.
Das Alter macht nicht kindisch, wie man spricht,
Es findet uns nur noch als wahre Kinder.

DIREKTOR. Der Worte sind genug gewechselt,
Laßt mich auch endlich Taten sehn!
Indes ihr Komplimente drechselt,
Kann etwas Nützliches geschehn.
Was hilft es, viel von Stimmung reden?
Dem Zaudernden erscheint sie nie.
Gebt ihr euch einmal für Poeten,
So kommandiert die Poesie.
Euch ist bekannt, was wir bedürfen,
Wir wollen stark Getränke schlürfen;
Nun braut mir unverzüglich dran!
Was heute nicht geschieht, ist morgen nicht getan,
Und keinen Tag soll man verpassen,
Das Mögliche soll der Entschluß

Beherzt sogleich beim Schopfe fassen,
Er will es dann nicht fahren lassen,
Und wirket weiter, weil er muß.
Ihr wißt, auf unsern deutschen Bühnen
Probiert ein jeder, was er mag;
Drum schonet mir an diesem Tag
Prospekte nicht und nicht Maschinen.
Gebraucht das groß' und kleine Himmelslicht,
Die Sterne dürfet ihr verschwenden;
An Wasser, Feuer, Felsenwänden,
An Tier und Vögeln fehlt es nicht.
So schreitet in dem engen Bretterhaus
Den ganzen Kreis der Schöpfung aus,
Und wandelt mit bedächt'ger Schnelle
Vom Himmel durch die Welt zur Hölle.

JOHANN WOLFGANG GOETHE

Anmerkung: Entstehungszeit um 1798; GOETHE war damals Leiter des Theaters, in dem „Wallensteins Lager" im Oktober 1798 aufgeführt wurde.

Aufgabe LK:

Übung C5

1. Vergleichen Sie beide Texte nach selbst gewählten Gesichtspunkten.
2. Entwerfen Sie eine kurze Rede zur Eröffnung eines Theaters im Jahre 1998; legen Sie dabei dar, welche Funktion dem Theater heute zukommt.

Vergleich

Originaltext

Deutschland 1952

O Deutschland, wie bist du zerrissen
Und nicht mit dir allein!
In Kält und Finsternissen
Läßt eins das andre sein.
Und hätt'st so schöne Auen
Und reger Städte viel;
Tät'st du dir selbst vertrauen
Wär alles Kinderspiel.

BERTOLT BRECHT

Originaltext

Wechsellied

Ich wohn in meines Vaters Land,
das wird das schwarze Land genannt.
Hört, warum man's so nennt:
da war einst viel verbrennt.

Ich wohn in meines Vaters Land,
das wird das rote Land genannt.
Warum man das so rufen tut:
Da floß einst vieles Blut.

Ich wohn in meines Vaters Land,
das wird das goldne Land genannt.
Warum's wohl diesen Nam' erhält:
da gibt's das viele Geld.

RALPH BUSCH, 1965 veröffentlicht

Übung C6

Aufgabe:

Vergleichen Sie die Darstellung des Themas „Vaterland" in den beiden vorliegenden Gedichten.
Vergleichen Sie auch das Verhältnis der Verfasser zu ihrem Thema.

Zusatzinformationen zu den Verfassern:

BRECHT, BERTOLT: geb. 1898, gest. 1956; 1933 Emigration, ab 1948 in Ost-Berlin

BUSCH, RALPH: geb. 1947; folgt als Schüler der Lutherschule in Hannover dem Aufruf eines deutschen Verlages (1964), eigene Gedichte bzw. Prosa für eine Veröffentlichung zu schreiben

UTA VON ARNIM: Stichwort Hirntod

Originaltext

Auf Intensivstationen liegen mitunter auch Menschen, die ganz lebendig aussehen, obwohl Mediziner sagen, daß sie tot sind, weil ihr gesamtes Gehirn irreversibel zerstört ist. Lediglich Kreislauf und Atmung werden noch künstlich aufrechterhalten. Der Hirntod gilt als sicheres Zeichen für den Tod eines Menschen. Zum Hirntod führen meist Erkrankungen, die primär das Gehirn schädigen, während der Körper intakt scheint: Hirntumore, Hirnblutungen, Schädelverletzungen. Aber auch wenn ein Mensch nach Herzstillstand wiederbelebt wird, kann sein Gehirn nach fünf bis zehn Minuten fehlender Durchblutung schon so weit zerstört sein, daß der Hirntod eintritt, obwohl das Herz wieder schlägt. Mit dem Funktionsverlust von Großhirn, Kleinhirn und Hirnstamm endet nicht nur die Fähigkeit des Menschen, zu denken und zu fühlen, sondern das Leben des gesamten Menschen. Denn ohne die Regie des Gehirns können die anderen Organe nicht arbeiten. Die Atmung steht still. Hormone werden nicht mehr produziert, die Körpertemperatur sinkt, der Blutdruck fällt stark ab, das Herz hört auf zu schlagen. Wenn ein Hirntoter nicht beatmet und sein Kreislauf nicht intensivmedizinisch stabilisiert wird, folgt der Herztod nach kurzer Zeit auf den Hirntod.

Mit der Verbesserung der intensivmedizinischen Behandlung entstand in den 50er Jahren für die Ärzte ein bisher unbekanntes Problem: Bei bestimmten Patienten, die vor ihrem Tod tief bewußtlos und beatmet gewesen waren, floß den Pathologen beim Öffnen des Schädels das zersetzte Gehirn entgegen. Man hatte den Zeitpunkt des Todes nicht erkannt. Um bei diesen Patienten rechtzeitig die Therapie beenden zu können, entwickelten Ärzte ein diagnostisches System das seit 30 Jahren in seinen Grundzügen unverändert blieb. Es stützt sich auf den Nachweis von tiefer Bewußtlosigkeit (Koma), Atemstillstand und den Verlust von bestimmten Reflexen, die die Zerstörung des Hirnstamms anzeigen. Zwei erfahrene Ärzte diagnostizieren unabhängig voneinander. Nach zwölf Stunden müssen sie die Untersuchung wiederholen, um zu zeigen, daß der Funktionsverlust des Gehirns irreversibel ist. Ergänzende Untersuchungen wie die Kontrastmitteldarstellung der Blutgefäße im Gehirn oder die Messung der Hirnströme (EEG) können an die Stelle der zweiten klinischen Untersuchung treten. Mit der Feststellung des Hirntodes stellt der Arzt den Leichenschauschein aus.

aus: Berliner TAGESSPIEGEL vom 25. Juni 1997

Anmerkung:
Bekanntlich ist die im Text dargelegte Feststellung des Hirntodes das derzeitige Kriterium für eine mögliche Organtransplantation, wobei für diesen Fall die in Zeile 16 ff. angesprochene intensivmedizinische Versorgung bis zur Organentnahme fortgeführt wird.

Übung C7

Aufgabe:

1. Skizzieren Sie knapp, vor welche Probleme ein Hirntoter in dieser Übergangsversorgung den Arzt und das Pflegepersonal stellt.
2. Erörtern Sie ausführlich, ob man als Freund/Freundin eines – hirntoten – tödlich Verunglückten dessen Eltern den Rat geben sollte, einer Organentnahme zuzustimmen.

Erörterung

Originaltext

In der Sache J. Robert Oppenheimer

Evans: Haben Sie niemals moralische Skrupel hinsichtlich der Wasserstoffbombe gehabt?

Teller: Nein.

Evans: Wie sind Sie mit dem Problem fertig geworden?

Teller: Ich habe das nicht als mein Problem angesehen.

Evans: Sie meinen, man kann etwas machen, eine Wasserstoffbombe oder so etwas, und sagen: was jetzt damit wird, das ist nicht mein Problem, seht zu, wie Ihr damit fertig werdet?

Teller: Es ist mir nicht gleichgültig, aber ich kann die Anwendungsmöglichkeiten, die in einer Entdeckung stecken, nicht voraussehen.

Evans: Kann man die Anwendungsmöglichkeiten einer Wasserstoffbombe nicht ganz gut voraussehen?

Teller: Nein. Es kann gut sein, und wir hoffen das, daß sie niemals angewendet wird, und daß ihr Prinzip, die künstlich herstellbare Sonnenenergie, die billigste und gewaltigste Energie, die wir kennen, in zwanzig oder dreißig Jahren das Gesicht der Erde wohltuend verändert hat.

Evans: Ihr Wort in Gottes Ohr, Dr. Teller.

Teller: Als Hahn in Deutschland die erste Uranspaltung gelang, dachte er zum Exempel überhaupt nicht an die Möglichkeit, die freiwerdende Energie für Explosionszwecke zu verwenden.

Evans: Wer hat als erster daran gedacht?

Teller: Oppenheimer. Und es war ein fruchtbarer Gedanke, den nur naive Leute unmoralisch nennen.

Evans: Das müssen Sie einem älteren Kollegen erklären.

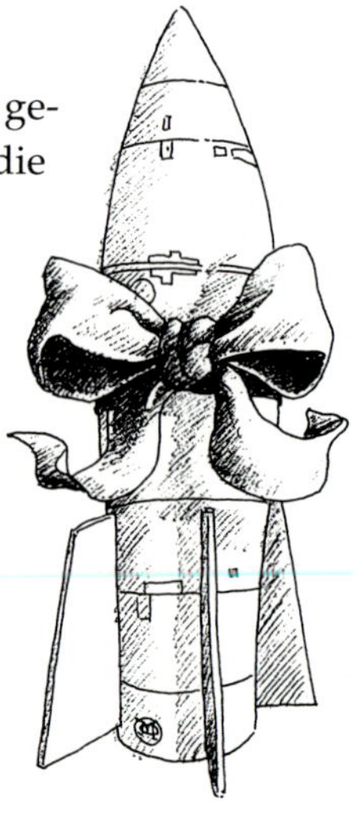

Teller: Ich meine, daß Entdeckungen weder gut noch böse sind, weder moralisch noch unmoralisch, sondern tatsächlich. Man kann sie gebrauchen oder mißbrauchen.
Den Verbrennungsmotor wie die Atomenergie. In schmerzhaften Entwicklungen haben es die Menschen schließlich immer gelernt, sie zu gebrauchen.

Evans: Obwohl Sie der Vernunft, nach Ihren eigenen Worten, wenig trauen?

Teller: Ich traue den Tatsachen, die schließlich sogar Vernunft hervorbringen, gelegentlich.

aus: HEINAR KIPPHARDT, In der Sache J. Robert Oppenheimer

Übung C8

Aufgabe:

1. Geben Sie Tellers Haltung zur Frage der Verantwortlichkeit eines Wissenschaftlers für seine Forschungsergebnisse knapp wieder.

2. Beziehen Sie selbst Stellung
   - sowohl grundsätzlich
   - als auch in Bezug auf BRECHTS Fall „Galilei".

Anmerkung:
Die Atombombe wurde unter Oppenheimer, die Wasserstoffbombe unter Teller entwickelt.

Freie Erörterung mit fachspezifischem Thema:

Erörterung

Übung C9

Aufgabe:

Sprache – Mimikry des Menschen?

Anmerkung:
Mimikry [*...kri; gr.-lat.-engl.;* „Nachahmung"] *die;* -: 1. Selbstschutz von Tieren, der dadurch erreicht wird, daß das Tier die Gestalt, die Färbung, Zeichnung wehrhafterer od. nicht genießbarer Tiere täuschend nachahmt. 2. Der Täuschung u. dem Selbstschutz dienende Anpassung[sgabe].

DUDEN Fremdwörterbuch

Übung C10

Aufgabe:

Literaturunterricht – wozu?

Erörterung als Rollenspiel:

Übung C11

Aufgabe:

Entwerfen Sie ein Gespräch zwischen EICHENDORFFS Taugenichts und einem viel beschäftigten Manager von 1998.

Erörterung
Originaltext

Über den Umgang mit Worten (…)

Wer mit den Worten Umgang pflegt, auf eine leidenschaftliche Weise, wie ich es von mir bekennen möchte, wird, je länger er diesen Umgang pflegt, immer nachdenklicher, weil nichts ihn vor der Erkenntnis rettet, welch gespaltene Wesen Worte in unserer Welt sind. Kaum ausgesprochen oder hingeschrieben, verwandeln sie sich und laden dem, der sie aussprach oder schrieb, eine Verantwortung auf, deren volle Last er nur selten tragen kann: wer das Wort *Brot* hinschreibt oder ausspricht, weiß nicht, was er damit angerichtet, Kriege sind um dieses Wortes willen geführt worden, Morde geschehen, es trägt eine gewaltige Erbschaft auf sich, und wer es hinschreibt, sollte wissen, welche Erbschaft es trägt und welcher Verwandlungen es fähig ist. Würden wir uns, dieser Erbschaft, die auf jedem Wort ruht, bewußt, unsere Wörterbücher vornehmen, diesen Katalog unseres Reichtums studieren, wir würden entdecken, daß hinter jedem Wort eine Welt steht, und wer mit Worten umgeht, wie es jeder tut, der eine Zeitungsnachricht verfaßt oder eine Gedichtzeile zu Papier bringt, sollte wissen, daß er Welten in Bewegung setzt, gespaltene Wesen losläßt: was den einen trösten mag, kann den anderen zu Tode verletzen.

Es ist kein Zufall, daß immer da, wo der Geist als eine Gefahr angesehen wird, als erstes die Bücher verboten, die Zeitungen und Zeitschriften, Rundfunkmeldungen einer strengen Zensur ausgeliefert werden; zwischen zwei Zeilen, auf dieser winzigen weißen Schußlinie des Druckers, kann man Dynamit genug anhäufen, um Welten in die Luft zu sprengen. In allen Staaten, in denen Terror herrscht, ist das Wort fast noch mehr gefürchtet als bewaffneter Widerstand, und oft ist das letzte die Folge des ersten. Die Sprache kann der letzte Hort der Freiheit sein. Wir wissen, daß ein Gespräch, daß ein heimlich weitergereichtes Gedicht kostbarer werden kann als Brot, nach dem in allen Revolutionen die Aufständischen geschrien haben. (…)

Worte wirken, wir wissen es, haben es am eigenen Leib erfahren, Worte können Krieg vorbereiten, ihn herbeiführen, nicht immer sind es Worte, die Frieden stiften. Das Wort, dem gewissenlosen Demagogen ausgeliefert, dem puren Taktiker, dem Opportunisten, es kann zur Todesursache für Millionen werden, die meinungsbildenden Maschinen können es ausspucken wie ein Maschinengewehr seine Geschosse: vierhundert, sechshundert, achthundert in der Minute; eine beliebig zu klassifizierende Gruppe von Mitbürgern kann durch Worte dem Verderben ausgeliefert werden. Ich brauche nur ein Wort zu nennen: Jude. Es kann morgen ein anderes sein: das Wort Atheist oder das Wort Christ oder das Wort Kommunist, das Wort Konformist oder Nonkonformist. Der Spruch: Wenn Worte töten könnten, ist längst aus dem Irrealis in den Indikativ geholt worden: Worte können töten, und es ist einzig und allein eine Gewissensfrage, ob man die Sprache in Bereiche entgleiten läßt, wo sie mörderisch wird. Manche Worte aus unserem politischen Vokabularium sind mit einem Bann belegt, der wie ein Fluch auf unseren frei und fröhlich heranwachsenden Kindern liegt; ich nenne zwei dieser Worte: Oder-Neiße, eine Wortverbindung, die, einem Demagogen ausgeliefert, den meinungsbildenden Maschinen anheimgegeben, eine schlimmere Wirkung haben könnte als viele Lastzüge Nitroglyzerin.

Es mag (…) merkwürdig erscheinen, daß einer, der sich als leidenschaftlicher Liebhaber der Sprache bekannt hat, (…) eine Rede hält, die nur düstere politische Prognosen zu enthalten scheint, aus Vergangenheit und Gegenwart Worte ausgewählt, die tödlich gewirkt haben oder tödlich wirken können, die Zukunft aus Worten beschwört; aber der politische Akzent solcher Beschwörungen und Erinnerungen, das Mahnende und Drohende, kommt aus dem Wissen, daß Politik mit Worten gemacht wird, daß es Worte sind, die den Menschen zum Gegenstand der Politik machen und ihn Geschichte erleiden lassen, Worte, die geredet, gedruckt werden, und es kommt aus dem Wissen, daß Meinungsbildung, Stimmungsmache sich immer des Wortes bedienen. Die Maschinen sind da: Presse, Rundfunk, Fernsehen, von freien Menschen bedient, bieten sie uns Harmloses an, beschränken sich aufs Kommerzielle, Werbung, Unterhaltung – aber nur eine geringe Drehung am Schalter der Macht, und wir würden erkennen, daß die Harmlosigkeit der Maschinen nur eine scheinbare ist. Sie preisen uns heute ein Waschmittel an oder eine Zigarette, was würde geschehen, wenn sie mit gleicher Intensität uns Atheisten oder Christen, Konformisten oder Kommunisten anbieten oder uns einhämmern würden: Oder-Neiße – nur Worte?

aus: Heinrich Böll, Die Sprache als Hort der Freiheit

Aufgabe:

Übung C12

Verfassen Sie einen fiktiven Brief an Böll.

Quellenverzeichnis

Was in Kapitel 3.4. erläutert wurde

Seite	Quelle
9	Schulz von Thun, Friedemann: Miteinander reden, Reinbeck b. Hamburg 1981
12	Raddatz, Fritz J. (Hrsg): ZEIT-Bibliothek der 100 Bücher, Suhrkamp Verlag, Frankfurt/Main 1980, Seite 449 – 453
15	Eichendorff, Joseph von: Mondnacht. In: Votin, W. (Hrsg): Der Brunnen, Braunschweig 1979, Seite 170
15	Kirsten, Rudolf: Aus: 105 Fabeln, Logos-Verlag, Zürich 1960
15 f.	Allgemeine Erklärung der Menschenrechte vom 10.12.1948. In: Heidelmeyer, W. (Hrsg): Die Menschenrechte, Paderborn 1972, S. 240 f.
16	Eid der Athleten.
23	Angermeier, F.: Praktische Lerntips für Studierende aller Fachrichtungen, Heidelberg 1976, S. 56
25	Schröter, K., Riege, K. (Hrsg): Hermes Handlexikon: J. W. v. Goethe, Düsseldorf 1983, S. 203, 282
26	Fuchs, R.: Einführung in die Lernpsychologie, Darmstadt 1980, S. 52
3o f., 173	Brockhaus Enzyklopädie in 24 Bänden: Stichwort „Aufklärung", Mannheim, 18. Aufl. 1987 ff., Bd. 2, S. 304 f.
33	Aichinger, Ilse: Das Fenster-Theater. In: Der Gefesselte, Erzählungen, Frankfurt/Main 1958, S. 61 – 63
47	nach Kelber, Magda: Fibel der Gesprächsführung, Opladen, Leske Verlag, o. J., S. 139
49 ff.	Cohn, Ruth: Das Thema als Mittelpunkt internationaler Gruppen, zitiert nach: Anleitung zum sozialen Lernen für Paare, Gruppen und Erzieher. Hamburg 1974, S. 242 ff.
69	variiert übernommen aus der Mentor Lernhilfe 507, Bausteine und Spielregeln unserer Sprache, Mentor Verlag, München 1997
74	Rilke, Rainer Maria: Ich lebe mein Leben in wachsenden Ringen. In: Allemann, Beda (Hrsg): Werke in drei Bänden, Frankfurt/Main 1966, S. 9
75	Jandl, Ernst: 1944/1945. In: Sprechblasen, Stuttgart 1979, S. 9
78 f.	Fontane, Theodor: Die Brücke am Tay. In: Reiners, L. (Hrsg): Der ewige Brunnen, München 1955, S. 543 ff.
80	Schiller, Friedrich: Nänie. In: Der ewige Brunnen, a.a.O., S. 253 ff.
80 f.	Claudius, Matthias: Abendlied. In: Der ewige Brunnen, a.a.O., S. 303
81	Klopstock, Friedrich Gottlieb: Dem Unendlichen. In: Vontin, W. (Hrsg): Der Brunnen, Braunschweig, 3. Aufl. 1959, S. 86
82	Hagelstange, Rudolf: Wo wir die Beeren. In: Der ewige Brunnen, a.a.O., S. 669
82 f.	Hofmannsthal, Hugo von: Terzinen über Vergänglichkeit. In: Der ewige Brunnen, a.a.O., S. 234
84 f.	Mann, Thomas: Der Zauberberg. In: Gesammelte Werke in 13 Bänden, Fischer Verlag, Frankfurt/Main, 2. Auflage 1974, Bd. III, S. 9
84	Frisch, Max: Homo Faber. Suhrkamp Verlag, Frankfurt/Main 1977, S. 7
86	Joyce, James: Ulysses. Suhrkamp Verlag, Frankfurt/Main 1975, S. 99
87	Kafka, Franz: Die Verwandlung. In: Das Urteil, Frankfurt/Main 1976, S. 20 f.
88	Plenzdorf, Ulrich: Kein runter, kein fern, Frankfurt/Main 1984, S. 7 f.

89	Kleist, Heinrich von: Anekdote. In: dtv-Gesamtausgabe, München 1964, Bd. 5, S.13
89 f.	Brecht, Bertolt: Maßnahmen gegen die Gewalt. In: Geschichten vom Herrn Keuner. In: Gesammelte Werke, Suhrkamp Verlag, Frankfurt/Main 1967, Bd. 12, S. 375 f.
91 ff.	Sophokles: Antigone, Stuttgart 1955, S. 19 ff.
94 ff.	Schiller, Friedrich: Wilhelm Tell. In: dtv-Gesamtausgabe, München 1966, Bd. 8, S. 159 ff.
97 f.	Klonen bedroht die Zukunft der Menschheit, dpa vom 25. 2. 1997
99 f.	Kriener, Manfred: Das Schweigen der Lämmer. In: TAZ Nr. 5167 vom 1. 3. 1997, S. 6
101 f.	Stadelmann: Rede bei der Verabschiedung des 3. Battaillons des Infanterieregiments Nr. 121 (1914). In: Schlüter, H.: Grundkurs Rhetorik, München, 9. Aufl. 1985, S. 188 f.
103 f.	Die Angst vor dem Sturz in die Tiefe. In: Hamburger Abendblatt vom 16. 8. 1989
104 f.	Ebert, Wolfgang: Beschwichtigungen. In: Die Zeit vom 5. 9. 1986
107 ff.	übernommen aus der Mentor Lernhilfe 526, Texte analysieren und interpretieren, Mentor Verlag, München 1998, S. 142 f.
111 f., 116 f., 122 f., 132 133 ff., 136 f., 139 f.	Einheitliche Prüfungsanforderungen in der Abiturprüfung Deutsch. Hrsg. vom Sekretariat der Ständigen Konferenz der Kultusminister der Länder in der Bundesrepublik Deutschland, Neuwied 1989, S. 10 ff.
113 ff.	übernommen aus der Mentor Lernhilfe 526, a.a.O., Kap. 2.3.
118	Benn, Gottfried: Fragmente. In: Sämtliche Werke, Stuttgarter Ausgabe Bd. 1, Klett-Colta, Stuttgart 1986
125 ff.	Hildesheimer, Wolfgang: Endzeit – nur ein Gerede? In: Die Zeit vom 5. 12. 1986
128 ff.	Anders, Günter: Die Antiquiertheit des Menschen, München 1956, Bd. 1, S. 136 ff. (gekürzt)
136	Lichtenberg, Georg Christian: Sudelbücher. In: Schriften und Briefe Bd. II, München, Wien, 3. Aufl. 1991, S. 443
148 f.	Kunze, Reiner: Wenigstens. In: Die wunderbaren Jahre, Frankfurt/Main 1976, S. 82 f.
149 f.	Grass, Günter: In Ohnmacht gefallen. In: Deutsche Dichter, ausgewählt von E. Kirsch und W. Ross, Frankfurt/Main, 4. Aufl. 1970, S. 388
150 ff.	Pressemitteilung der Deutschen Bischofskonferenz vom 11. 1. 1998, Quelle: Internet
152 ff.	King, Martin Luther: Aus: Reden, die die Welt bewegten, MUNDUS-Verlag, Stuttgart, 5. Aufl. 1986, S. 587 ff.
155 ff.	Schiller, Friedrich: Wallenstein (Prolog). In: dtv-Gesamtausgabe, München, 3. Aufl. 1973, Bd. 6, S. 6 ff.
158 ff.	Goethe, Johann Wolfgang: Faust. Der Tragödie erster Teil, Stuttgart 1994, S. 4 ff.
164	Brecht, Bertolt: Deutschland 1952. In: Gesammelte Werke, a.a.O., Bd. 9, S. 1005
164	Busch, Ralph: Wechsellied. In: Schmid, A. (Hrsg): Primarer Lyrik Prosa, Reinbek b. Hamburg 1965, S. 69
165	Arnim, Uta von: Stichwort Hirntod. In: Berliner Tagesspiegel vom 27. 6. 1997
166 f.	Kipphardt, Heinar: In der Sache J. Robert Oppenheimer, Suhrkamp Verlag, Frankfurt/Main 1964, S. 90 f.
167	Aus: DUDEN Fremdwörterbuch, Mannheim, Leipzig, Wien, Zürich 1990, S. 502
168 f.	Böll, Heinrich: Die Sprache als Hort der Freiheit. In: Erzählungen, Hörspiele, Aufsätze, Kiepenheuer & Witsch, Köln 1964, S. 439 – 441
180	Stichwort aus: Microsoft Encarta 98, Enzyklopädie, CD-ROM

In einigen Fällen ist es uns trotz intensiver Bemühungen nicht gelungen, die Rechteinhaber zu ermitteln. Für entsprechende Hinweise sind wir dankbar.

mentor Abiturhilfe

Deutsch

Oberstufe

Wissen und Strategien fürs Abitur

Antje Kelle

Lösungsteil

mentor
Eine Klasse besser.

Aufklärung

Übung A5
S. 30

1. Exzerpt mit genauem Wortlaut (93 statt 227 Wörter):
- „Geistesgeschichtl. Epoche, beginnend Ende des 17. Jh. […], zugleich die sie prägende Richtung des Denkens"
- „von England […] und Frankreich […] ausgehend"
- „bis ins 19. Jh. wirksam"
- „Bedeutung auch in der Gegenwart noch"
- „Grundanliegen […], dem Menschen […] zum ‚Ausgang aus seiner selbstverschuldeten Unmündigkeit' (I. Kant) zu verhelfen"
- „Vorstellung, daß die Vernunft das Wesen des Menschen darstelle […] und […] befähigt sei, […] die in ihrer Gesamtheit vernünftig angelegte Welt zu erkennen"
- „Kritik an allen autoritätsbezogenen, irrational bestimmten Denkweisen"
- „Loslösung des […] als gut gedachten […] Menschen aus seinen Abhängigkeiten"
- „Vervollkommnung und Verwirklichung eines freiheitl., menschenwürdigen und glückl. Daseins in einer neuen Gesellschaft"

2. Exzerpt aus zusammenfassenden Stichwörtern (59 Wörter):
- geistesgeschichtliche Epoche und Denkrichtung vom Ende des 17. Jh. bis 19. Jh.
- Ursprung in England und Frankreich
- noch heute bedeutsam
- Anliegen: „Ausgang aus seiner selbstverschuldeten Unmündigkeit" (I. Kant)
- Vernunft – Wesen des Menschen
- Vernunft – Mittel zur Erkenntnis der vernünftig angelegten Welt
- Kritik an Denkweisen ohne rationale Begründung
- Befreiung des – ursprünglich guten – Menschen aus seinen Abhängigkeiten: dadurch Verwirklichung einer neuen Gesellschaft

Übung A6
S. 33

In der Geschichte „Das Fenster-Theater" erzählt Ilse Aichinger von einer sensationsgierigen Frau, die im Fenster gegenüber die Clownerien eines alten Mannes beobachtet, mit der von ihr herbeigerufenen Polizei in dessen Wohnung eindringt und erkennen muss, dass das Spiel einem Kind gilt, das in der vermeintlich leeren Wohnung über ihr am Fenster steht.

Inhaltsangabe:

Eine Frau schaut aus der vorletzten Etage eines Hochhauses neugierig aus dem Fenster. Im Abwenden sieht sie, dass der Alte gegenüber trotz der Helligkeit Licht gemacht hat, und bleibt stehen.
Der Alte öffnet sein Fenster und scheint zu grüßen. Die Frau ist unsicher, ob sie gemeint sei; da sie aber glaubt, dass die Wohnung über ihr leer stehe und in der Werkstatt unter ihr keiner mehr sei, erwidert sie mit zurückhaltender Geste. Der Mann winkt herüber, holt Hut und Mantel und gibt lächelnd allerlei clowneske Verkleidungspantomimen zum Besten.
Die Frau, die Spiel und Mimik auf sich bezieht, beobachtet neugierig das Treiben; als er jedoch Kopfstand macht, alarmiert sie erregt die Polizei.
Unterdessen setzt der Mann seine Aktivitäten fort. Trotz des herannahenden Überfallautos kann sich die Frau nur schwer vom Fenster trennen. Sie läuft nach unten, wo sich bereits zahlreiche Neugierige eingefunden haben, die sich als Hausbewohner ausgeben und sich bemühen, den Polizisten und ihr bis zur Wohnung des Mannes zu folgen. Da Klopfen und Klingeln erfolglos bleiben, brechen die Polizisten die

A

Tür auf und arbeiten sich wie Einbrecher zu dem Mann vor, der in einen Teppich gehüllt am Fenster steht und jemandem mit einem Kopfkissen signalisiert, dass er schlafen wolle.
Als die Eindringlinge sich dem schwerhörigen Mann nähern, sieht die Frau in der Wohnung über ihrer eigenen einen Jungen mit Kopfkissen vergnügt gestikulierend und lachend im Gitterbett am Fenster stehen.

Übung A 7
S. 37

A

Fach:	Deutsch (Frau Schrader)
Kurs:	GK 4. Sem.
Datum:	2.8.1998
Thema:	Unterrichtsplanung REFLEXION ÜBER SPRACHE
Protokollant:	Michael Klein

Verlaufsprotokoll:

Unsere Aufgabe ist es, das für das 4. Semester vorgeschriebene Thema REFLEXION ÜBER SPRACHE mit Inhalt zu füllen und zu entscheiden, wie wir methodisch vorgehen wollen.
Zunächst wird über den Vorschlag diskutiert, Sprache als Verständigungsmittel zu untersuchen – beispielsweise die Faktoren, die an einer Kommunikation beteiligt sind. Unter Zuhilfenahme unseres Buches „Wissen und Strategien fürs Abitur", S. 9, wird mit einem Tafelbild veranschaulicht, in welche Richtung eine solche Untersuchung gehen könnte:

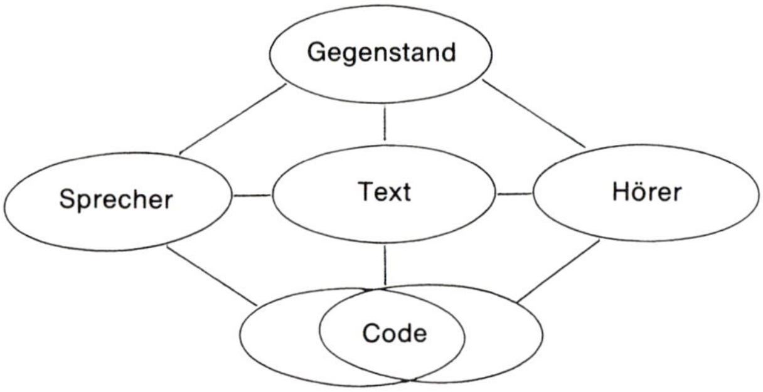

Als weitere Vorschläge werden genannt:
- Begriffsklärung Kommunikation
- Bedeutung der Sprache für den Menschen

Da sich der Philosophiekurs in diesem Semester ebenfalls mit Sprache beschäftigt, macht Frau Schrader den Vorschlag, dessen Ergebnisse in Form eines Referats dem Deutschunterricht zugänglich zu machen.

Ergebnisprotokoll:
Aufgabe der Stunde:
1. Konkretisierung des Lehrplanthemas: Reflexion über Sprache
2. Planung der Arbeitsmethoden

zu 1: Folgende Vorschläge wurden gemacht:
 - Untersuchung des Kommunikationszusammenhangs

vorläufiges Tafelbild:

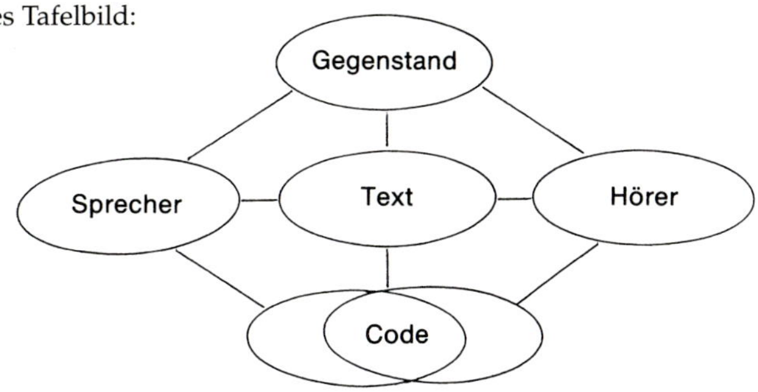

- Begriffsklärung Kommunikation
- Bedeutung der Sprache für den Menschen
  (hierzu evtl. Referat aus dem Philosophiekurs)

A

Übung A 8
S. 40

Dieser Satz ließe sich problemlos in die 1. Regel einfügen.
Diese hieße dann:
Zitate sind in Anführungszeichen zu setzen. (Wird ein Zitat unterbrochen, so werden die einzelnen Zitatteile in Anführungszeichen gesetzt. Zitate innerhalb eines Zitats erhalten halbe Anführungszeichen.)

Übung A 9
S. 42

- DUDEN. Rechtschreibung der deutschen Sprache. Hrsg. von der Dudenredaktion, Dudenverlag Mannheim/Wien/Zürich, 19. Aufl. 1986, Bd. 1, S. 20 (= „alter“ Duden)
- DUDEN. Rechtschreibung der deutschen Sprache. Hrsg. von der Dudenredaktion, Dudenverlag Mannheim/Leipzig/Wien/Zürich, 21. völlig neu bearbeitete und erweiterte Aufl. 1996, Bd. 1, S. 22 (= „neuer“ Duden)

Übung A 12
S. 53

Im Deutschen gibt es folgende Wortarten:
Substantiv, Verb, Adverb, Adjektiv, Numerale, Präposition, Konjunktion, Artikel, Pronomen, Interjektion.

Übung A 13
S. 59

vor:	Präposition
keiner:	Indefinitpronomen
so:	Adverb (modal)
schön:	Adjektiv
wir:	Personalpronomen
gern:	Adverb (modal)
mit:	Präposition
indem:	Konjunktion
ach:	Interjektion
oder:	Konjunktion

Übung A 14
S. 59

flexibel	**inflexibel**
Verb	Adverb
Substantiv	Präposition
Adjektiv	Konjunktion
Pronomen	Interjektion
Numerale	
Artikel	

Übung A 15
S. 61

a) 1. Er sagt, er ***verstehe*** mich. (Konj. Präs.)
2. Sie fragt, ob er heute ***komme***. (Konj. Präs.)
3. Sie meinen, sie ***hätten*** heute Zeit. (Wegen der Identität von Konj. Präs. und Ind. Präs. – *haben* – ist der Konj. Imp. zu verwenden.)
4. Ihr rieft, wo wir ***steckten***. (Wegen der Identität von Konj. Präs. und Ind. Präs. – *stecken* – ist der Konj. Imp. zu verwenden.)

b) 1. ***Gäbe*** es doch keine Zeugnisse mehr! (Konj. Imp. des starken Verbs *geben*)
2. Wenn er jetzt ***käme,*** könnten wir ausführlich darüber sprechen. (Konj. Imp. des starken Verbs *kommen*)
3. Wenn er es mir ***erklärte/erklären würde***, verstünde ich es sofort. (Umschreibung des Konj. Imp. des schwachen Verbs *erklären* mit ***würde***)
4. Wenn wir zusammen ***lernen würden,*** könnten wir uns gegenseitig abfragen. (Umschreibung des Konj. Imp. des schwachen Verbs *lernen* mit ***würde***)

Übung A 16
S. 67

1. Subjekt – Selbstvertrauen
Prädikat – fördert
Akk.-Objekt – den Erfolg
adj. Attribut – gesundes

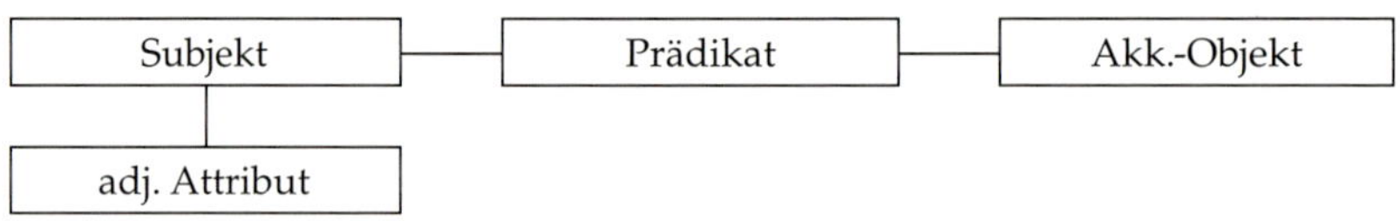

2. Subjekt – Unterrichtsbeteiligung
Prädikat – schafft
Akk.-Objekt – eine Basis
adj. Attribut – aufmerksame
adj. Attribut – gute

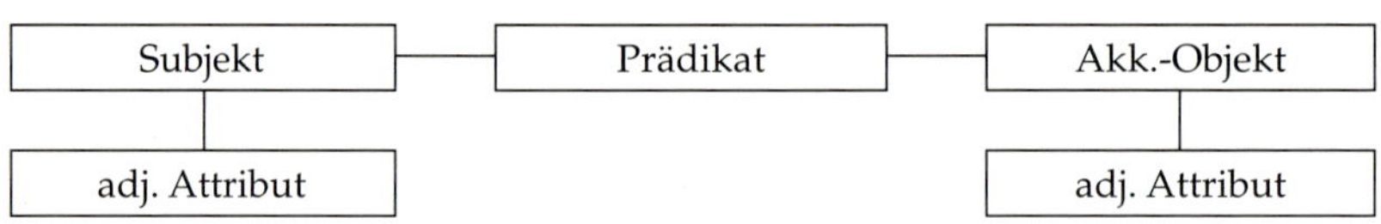

3. Subjekt – Klausuren
Prädikat – geben
Akk.-Objekt – Gelegenheit
präp. Attribut – zum Üben

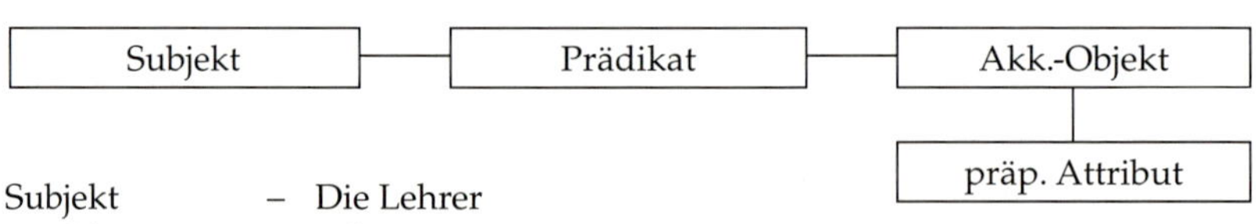

4. Subjekt – Die Lehrer
Prädikat – geben
Dat.-Objekt – den Schülern
Akk.-Objekt – Tipps
adj. Attribut – meisten
mod. adv. Best. – gern

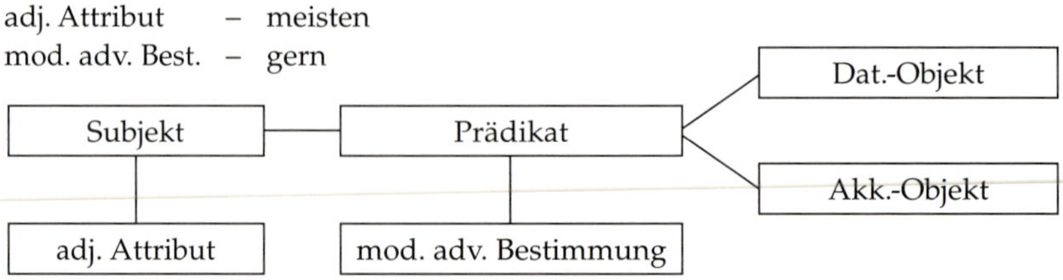

5. Subjekt – Schüler
Prädikat – vermissen
Akk.-Objekt – die Schule
konsek. adv. Best. – zum Erstaunen
Gen.-Attribut – ihrer Freunde
temp. adv. Best. – nach dem Abitur
adj. Attribut – manche

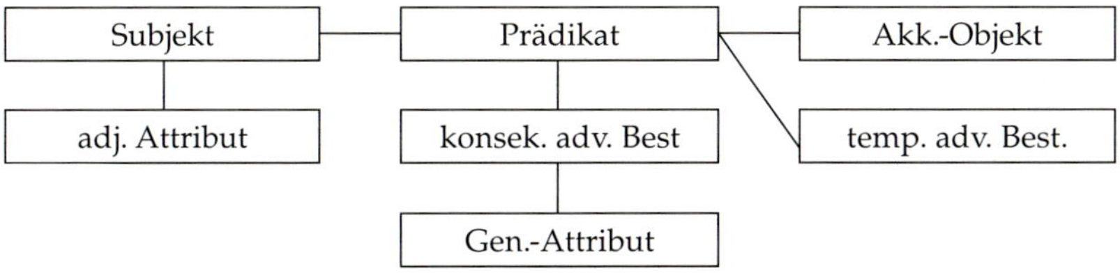

A

Übung A 17
S. 70

1. Relativsatz – was für einen Menschen?
2. Subjektsatz – wer oder was? (Achtung! Da das Subjekt des 2. Satzes ja zu einem Subjektsatz erweitert wurde, fehlt es im Hauptsatz; dieser ist nun unvollständig.)
3. Kausalsatz – warum?
4. Konzessivsatz – trotz welcher Voraussetzung?
5. Modalsatz – wie?
6. Objektsatz – wen oder was?
7. Konditionalsatz – unter welcher Bedingung?
8. Konsekutivsatz – mit welcher Folge?
9. Lokalsatz – wo?
10. Temporalsatz – wann?

Übung A 18
S. 71

1. Ein normaler Hauptsatz beginnt mit einem großen Buchstaben(,) und er schließt mit einem Punkt ab.
(Das Komma kann gesetzt werden, da **zwei Hauptsätze aneinander gereiht** werden und eine nebenordnende Konjunktion zwischen ihnen steht.)
2. Jeder weiß, dass man nach einem Semikolon klein weiterschreibt. (Das Komma steht, da **ein Gliedsatz/Objektsatz vom Hauptsatz getrennt** wird.)
3. Weder Rechtschreibung noch Grammatik oder Zeichensetzung sind in der Schule beliebt.
(Der Satz erhält kein Komma, da *weder … noch* und *oder* **nebenordnende Konjunktionen** sind, die bei der Aufzählung gleichartiger Satzglieder keine Kommaunterstützung benötigen.)
4. Dieser Satz erhält ein Komma, das logisch einleuchtet und das daher wohl auch von jedem richtig eingesetzt wird.
(Es handelt sich um ein **Satzgefüge**, das aus einem Hauptsatz und zwei aufgezählten Gliedsätzen/Attributsätzen besteht. Da zwischen diesen schon die **nebenordnende Konjunktion** *und* steht, besteht kein Bedarf am Komma.)
5. Kommas, diese sichtbaren Verständnishilfen, sind recht nützliche Strichelchen.
(Die **nachgestellte Apposition** wird in Kommas eingeschlossen.)

Übung A 19
S. 72

literarische Texte:	**Gebrauchstexte:**
Erzählung	Abkommen
Novelle	Wetterbericht
Epos	Notiz
Anekdote	Anzeige

literarische Texte:	Gebrauchstexte:
Ballade	Inhaltsangabe
Sonett	Satzung
Fabel	Predigt
Kurzgeschichte	Bewerbung
Roman	Biographie
Parabel	Gebrauchsanweisung

Übung A20
S. 83

- **Metrum:** Das Gedicht besteht aus Jamben, denen jeweils im 1. und 3. Vers eine unbetonte Silbe folgt.
- **Reim:** Das Reimschema lautet: abab.
- **Kadenz:** Die Kadenzen sind: a = klingend
  b = stumpf

Übung A21
S. 90

Roman: Nach heutigem Verständnis ein erzählender, im Gegensatz zu <u>Kurzgeschichte</u> und <u>Novelle</u> umfangreicher Prosatext. Der Roman profiliert sich erst zu Beginn der Neuzeit als eigenständige Gattung, gewinnt aber seit seiner Akzeptanz als „hohe" Literatur im 18. Jahrhundert zunehmend an Bedeutung und entwickelt bis heute eine schier unerschöpfliche Vielfalt des Erscheinungsbildes. Mit dem Beginn der industriellen Buchproduktion um 1800 und der Formierung einer modernen, d. h. extensiv konsumierenden Literaturgesellschaft setzt der Siegeszug des Romans zur populärsten Prosa- und Literaturgattung ein. Einerseits als triviales „Lesefutter" in Fülle verbreitet, fordert er andererseits als Sprachkunstwerk beständig zu neuen Experimenten heraus, wobei im 20. Jahrhundert die Handlung als strukturbildendes Element zunehmend in den Hintergrund tritt zugunsten multiperspektiver, häufig am Filmschnitt orientierter Darstellungsweisen.

aus: Microsoft Encarta 98, Enzyklopädie

Übung A 22
S. 95

Möglichkeiten, den Zuschauer in der Exposition mit Vorkenntnissen für den Verlauf des Dramas auszustatten, könnten z. B. sein:
- Rückbesinnender Monolog, etwa *Hier sitze ich nun …*
- Klärendes Gespräch über das Zustandekommen der Situation der Anfangsszene, etwa *Was machst du denn hier?*
- Vergangenheitsbezogene Nebenbei-Einführung, wann immer es passt, etwa *Sprich nicht von dem, dem ich einst …* oder *Weißt du noch damals, als wir …?*

Übung A 23
S. 105

sachorientiert	verfasserorientiert	empfängerorientiert
Anleitung	Erörterung	Handlungsanweisung
Bekanntmachung	Kommentar	Werbetext
Charakteristik	Leitartikel	
Feature		
Gutachten	Memoiren	
Inhaltsangabe		
Jahresbericht		

sachorientiert	verfasserorientiert	empfängerorientiert
Nachricht	Tagebuch	
Ortsbeschreibung		
Protokoll		
Quellenangabe		
Reportage		
Sachbericht		
Untersuchungsbericht		
Vertrag		

Ob ein Deutschaufsatz sachorientiert (z. B. Inhaltsangabe) oder verfasserorientiert (z. B. Erörterung) ist, kann ohne konkrete Vorlage nicht entschieden werden.

Übung A 24
S. 109

Die Sätze enthalten folgende Stilmittel:

1. Litotes (nicht schlecht)
2. Alliteration (mit Kind und Kegel)
3. Metapher (am Fuß des Berges)
4. Personifikation (lädt ein)
5. Ellipse (Gesagt, getan)
6. Klimax (gut, besser, am besten)
7. Inversion (Dies ist … nicht)
8. Synästhesie (warme Töne)
9. Lautmalerei (quirliger)
10. Synekdoche (pro Nase)

Lösungen Teil B

Übung B 1
S. 122

Interpretation im Sinne der Gliederung von S. 120;

BENN gibt in seinem Gedicht ein Bild des 20. Jahrhunderts. Schon die Überschrift kündigt die Kernaussage an: Wir haben es heute mit Fragmenten zu tun, also mit Bruchstücken von etwas, das früher einmal ein Ganzes war. Damit ist auch bereits der Gedankengang des Gedichts angedeutet, dessen Hauptteil – in meist fragmentarischen „Sätzen" – die Gegenwartsbeschreibung einnimmt, in die ein Rückblick in die Vergangenheit eingeschoben ist.
BENN empfindet unsere Zeit als krank. Mögen zwar „Narben" (Z. 4) auf zurückliegende Heilerfolge verweisen, so geben derzeitige „Seelenauswürfe", „Blutgerinnsel" und Kreislaufstörungen (Z. 2, 3, 4) als gefährliche Symptome Anlass zu großer Sorge. Der Patient 20. Jahrhundert befindet sich in äußerst kritischem Zustand: Natürliche Abläufe sind gestört. Und was der Welt Sinngebung und Ordnung verleihen könnte, ist zerstückelt; die Transzendenz hat „Risse" (Z. 7) oder ist „zertrümmert" (Z. 6) und erreicht den Menschen nur noch als Tonfetzen aus zweiter Hand (Z. 33); die Wissenschaft hat keine klaren Konturen mehr und ist unüberschaubar geworden (Z. 7–9). Damit gibt es für den Menschen keine Orientierung an einem übergeordneten Bezugssystem. Was bleibt, sind ruhelose Individuen, die versuchen, die Haltlosigkeit durch übertriebenen Aktivismus zu kompensieren, durch Maßlosigkeit im privaten Bereich (Z. 21, 24, 25) und Überspanntheiten im öffentli-

chen (Z. 22, 23). Der Mensch ist nur noch eine leere Hülle (Z. 27), die durch Äußerlichkeiten den guten Schein wahrt (Z. 28–30) und so wie die leise Ironie dieser Zeilen über den wahren Sachverhalt hinwegtäuscht.
Im Gegensatz zu solch negativem Zeitbild zeichnet BENN – im Imperfekt und in vollständiger Satzkonstruktion – die Welt der Vergangenheit als einen natürlichen Raum (Z. 10), der zur Besinnung einlädt (Z. 12–14). In ihr waltet ein unsichtbares Prinzip, das alles ganzheitlich durchdringt und mit göttlichem Wohlwollen als „Allvater" wirksam ist (Z. 11). Die Menschen sind für intensive Farben und Stimmungen in der Natur empfänglich (Z. 14, 16) und suchen die Geselligkeit, die ihnen mit bescheidenen Ansprüchen (Z. 18) genug zu sein scheint (Z. 15, 16). Keiner muss sich profilieren, sondern jeder findet trotz soziologischer Unterschiede seinen Platz in der Gemeinschaft (Z. 19).
Obwohl BENN an keiner Stelle eine persönliche Wertung ausspricht, ist das Gedicht wohl als erbarmungslose Zeitkritik zu verstehen, bei der die Defizite der Gegenwart einer heilen Vergangenheit entgegengestellt werden.

Übung B2
S. 125

Die Überschrift und die Einleitungszeilen sind so freundlich, den Leser die Intention explizit wissen zu lassen: Es geht HILDESHEIMER um eine Kritik an HANDKES Urteil über ihn: „Sicheres Zeichen, dass einer kein Künstler ist: wenn er das Gerede von der ‚Endzeit' mitmacht." Hierbei kommt es ihm offensichtlich vor allem darauf an darzulegen, dass das Reden von der Endzeit kein Gerede ist. (Hierzu sei ergänzt: HILDESHEIMER hat vor einigen Jahren angesichts einer Einschätzung unserer Zeit als Endzeit bewusst zu schreiben aufgehört.)
Diese Intention wird auch in der Gedankenführung des Artikels erkennbar:
Ausgehend von der wörtlichen Wiedergabe des Kollegen-Urteils (Z. 1–3), beginnt er mit einer bei HANDKE nachprüfbaren Feststellung, dass dieses Urteil nicht begründet werde (Z. 3–5). Diese Feststellung schließt HILDESHEIMER mit der – zunächst noch unbegründeten – Behauptung der Diskrepanz zwischen Sinn und Wortlaut bei HANDKE (Z. 5, 6).
Danach nimmt er detailliert zum Zitat Stellung. Anfangs zollt er HANDKE auf anderen Gebieten Anerkennung und stimmt mit einer axiomatischen Setzung (Z. 9, 10) dessen Auffassung vom Künstlertum zu (Z. 7–11). Danach begründet er die Behauptung aus Zeile 5/6 über die Diskrepanz zwischen Sinn und Wortlaut des Zitats (Z. 12–20); allerdings stützt er diese Begründung auf eine unbegründete Behauptung (Z. 15 – 20), indem er über HANDKES Absicht ganz sichere Aussagen macht, die in Wirklichkeit nur Vermutungen sein können. Es folgt eine Charakterisierung des Künstlers als einen Menschen, der über seismographische Sensibilität verfügt (Z. 21 – 27). Diese Fähigkeit stellt HILDESHEIMER als Tatsache dar, ebenso wie die Endzeit-Symptome (Z. 28 – 67), die für ihn „evident" (Z. 28) sind und sich jedem aufdrängen (Z. 40). Es folgen zahlreiche Beispiele (Z. 34, 46, 51, 53, 59 – 62, 63), die für HILDESHEIMER ausschließlich eine apokalyptische Deutung zulassen (Z. 65–67).
Damit weist er HANDKES Urteil zurück, indem er nachdrücklich versucht, seine eigene These aus sich selbst heraus sprechen zu lassen. Da er mehrfach einfließen lässt, dass seine Sichtweise zwingend ist (Z. 38, 41), setzt er HANDKES Urteilsvermögen in diesem Bereich herab. Er gesteht ihm zwar zu, dass sich solche Weltsicht vielleicht nicht mit Künstlerschaft verträgt (Z. 64/65), hält es jedoch für selbstverständlich, dass auch ein Künstler diese Einsicht gewinnt und weitergibt (Z. 68 – 72).
Resümierend lehnt HILDESHEIMER HANDKES Urteil als unverständlich ab (Z. 74 – 77) und grenzt seine eigene Position gegen die der „terribles simplificateurs" (Z. 88) ab, die HANDKE zu Recht kritisieren könnte, die er aber gar nicht meint (Z. 78 – 92). Mit abschließender Ergänzung eines KLEE-Zitats spitzt HILDESHEIMER seine These von der Endzeit noch einmal deutlich pointiert zu (Z. 93 – 95).
HANDKES Haltung, von „Endzeit" zu reden, sei „Gerede", setzt HILDESHEIMER also

entgegen, man müsse notwendigerweise die Zeichen der Zeit als „Endzeit" deuten. Beide geben somit ihre subjektive Interpretation als objektiv aus. Beide stellen also Deutung als Tatsachen dar.

Übung B 3
S. 130

Mögliche Gesichtspunkte eines Textvergleichs könnten z. B. sein:
Negatives Bild des heutigen Menschen
- Substanzlosigkeit
- Haltlosigkeit
- Betriebsamkeit

Übung B 4
S. 132

Denkbar wäre folgende Stellungnahme:
So gern man auch ANDERS widersprechen und sein Menschenbild für absurd erklären möchte, so lässt sich wohl kaum leugnen, dass es für jede seiner Aussagen Belege gibt: sei es die steigende Tendenz zur durchorganisierten Urlaubsplanung oder die weit verbreitete Fernsehpassivität, sei es die hohe Anzahl von Drogentoten und Selbstmorden; all dies sind Signale dafür, dass es offensichtlich vielen Menschen heute schwer fällt, ihr Leben aktiv zu gestalten und so in sich zu ruhen, dass man dieses Leben bejahen kann.
Dies ist aber wahrlich nicht die ganze Wahrheit. Es gibt glücklicherweise auch eine Fülle von Beispielen für die Gegenthese: angefangen vom großen Interesse an der „Halle der Stille" auf den Kirchentagen und den langen Warteschlangen bei Musikveranstaltungen bis hin zu den engagierten Aktivitäten von Selbsthilfegruppen, Greenpeace oder amnesty international.
Der Text müsste also ergänzt werden. Auch wäre es nötig, verallgemeinernde Aussagen – wie z. B. in Z. 33 oder 49 – zu modifizieren, da sie im Sinne der genannten Gegenbeispiele keineswegs für alle Menschen gelten.

Übung B 5
S. 136

Zu Aufgabe 1:
1. Von der Aufklärung gehen wesentliche Impulse aus.
2. Maßvoll dosiert ist sie nützlich.
3. Unkontrolliert wirkt sie zerstörerisch.
4. Sie sollte nicht in die Hände Unmündiger geraten.

Zu Aufgabe 2:
Eine inhaltliche Auseinandersetzung mit dem Text könnte so aussehen:
Wie das Feuer, das LICHTENBERG zum Vergleich heranzieht, hat die Aufklärung zwei entgegengesetzte Seiten:
Solange man es nicht übertreibt, kann von verstandesmäßigem Durchdringen einer Sache eine große Bereicherung ausgehen: Unscharfes gewinnt Konturen, Geahntes wird Gewusstes, und Irrtümer werden korrigierbar. Wer gelernt hat, selbst zu denken, wird bald manches Dunkel erhellen und Schein vom Sein unterscheiden können.
Wenn der alles zergliedernde Verstand jedoch nicht aufzuhalten ist und die Welt so lange zerfragt und zerdacht wird, bis sie sich in Einzelteile auflöst, stellt sich im Bewusstsein Konfusion statt Klarheit ein. Was vorher sicher schien, ist dann keine tragfähige Basis mehr. Die Folge radikaler Aufklärung ist radikale Verunsicherung, das Gegenteil also von dem, was Aufklärung ursprünglich zum Ziel hatte.
Diese Gefahr entspricht wohl dem, was durch LICHTENBERGS Vergleich mit dem Feuer vorgezeichnet ist.
Ich denke aber, dass nicht erst maßlose Verstandesanalyse zu Problemen führt, sondern schon Verstandesanalyse an „falscher" Stelle. Wenn sie nämlich zum alleinigen Prinzip erklärt wird und nicht neben sich die Intuition duldet, so verkümmern leicht die seelischen Kräfte und mit ihnen alles „Ungeistige" wie Gefühl und Träume, Phantasie und Kreativität. Die Folge dürfte wohl kopflastige Einseitigkeit sein, die die Erlebnisfähigkeit des Menschen erheblich einschränkt. Auch dürfte Rationa-

lität auf der ganzen Linie dem Menschen den Zugang zur Transzendenz verschließen. Man kann zwar gute Gründe haben, diesen Raum für eine Fiktion zu halten; den Weg dorthin jedoch von vornherein zu versprerren, würde bedeuten, ein Urteil zu fällen, bevor eine Auseinandersetzung stattgefunden hat.
LICHTENBERGS Fabel vom „Feuer" des Verstandes müsste meines Erachtens ergänzt werden durch eine Fabel von der „Luft" der Seele, die der Mensch zwar nicht wahrnimmt, aber lebensnotwendig braucht.

Übung B 6
S. 139

B

1. Einleitung: Hinführung zum Thema
2. Hauptteil
2.1 Bereitstellung der Argumente
2.1.1 Pro:
- Orientierung an Entscheidungen eines kompetenten Fachgremiums
- Tradierung von Bewährtem
- Schaffung kultureller Gemeinsamkeiten
- unproblematische Vergleichbarkeit des Abiturs in allen Bundesländern

2.1.2 Kontra:
- Entmündigung der Lehrer und Schüler
- Förderung verantwortlicher Entscheidungsprozesse
- Unterstützung kultureller Vielfalt
- kontinuierliche Überprüfung der Lernziele

2.2 Abwägen der Argumente zugunsten schulischer Selbstbestimmung (innerhalb vorgegebener Rahmenrichtlinien)
3. Schluss: Entscheidung

Übung B 7
S. 141

In der Schülerzeitung könnte Folgendes stehen:

Fachleute gegen Fachleute
Kontroverse der Germanisten um literarische Verfilmungen spitzt sich zu

Wenn Lehrer uneinig sind, sollten Schüler sich zwar besser raushalten; aber Opportunismus war noch nie meine Stärke. Außerdem haben die inzwischen hinlänglich bekannten Grundsatzdebatten innerhalb der Lehrerschaft Auswirkungen auf uns Schüler; es ist schließlich ein Unterschied, ob wir einen Film vor oder nach einer Lektüre oder eben gar nicht zu sehen bekommen.
Natürlich kann ich die hehren Ideale derjenigen verstehen, die die „hohe Literatur" nicht in die Niederungen eines gemütlichen Kinosessels hinabsteigen lassen möchten; es stimmt auch, dass sich ein Werk erheblich verändert, wenn es sich vom Wort in Bild und Ton wandelt. Aber was ist daran so schlimm? Es behauptet ja keiner, dass Viscontis Verfilmung des „Tod in Venedig" oder die Verfilmung des „Faust" mit Quadflieg und Gründgens oder des „Nathan" mit Werner Hinz noch dasselbe seien wie die literarischen Originale. Aber sollen sie uns deshalb ganz vorenthalten werden?
Natürlich wäre es nicht gut, sie vor der Lektüre zu sehen, da man dann keine eigenen Gedankenbilder der Figuren und Schauplätze mehr erzeugt, sondern den Text mit den Augen des Films liest (falls man ihn dann für den Unterricht überhaupt noch liest …). Aber nach der Lektüre können Filme der genannten Qualität doch neue Anregungen geben.
Ich fände es wirklich schade, wenn man sich den schwarz-weiß geschminkten Mephisto, die kauenden Hotelgäste in Venedig oder die Heimkehr Nathans von einer Geschäftsreise nur in der Spätvorstellung ansehen könnte. Ich jedenfalls habe vieles neu gesehen.
Übrigens: Den „Tod in Venedig" gibt es nächste Woche im Magazin. Lasst ihn euch nicht entgehen – es sei denn, ihr könnt ihn demnächst in der Schule sehen …

Im Folgenden sind keine ausgearbeiteten Lösungen angegeben, sondern wichtige Aspekte einer möglichen Lösung skizziert. Mithilfe dieser Lösungsperspektiven könnten Sie zu einer eigenen Lösung finden.

Übung C 1
S. 149

Lösungsperspektive
Zu Aufgabe 1:

Folgende Aspekte könnten bei der Interpretation besondere Beachtung finden:

- Der Vater
  - Persönlichkeit (Einstellungen, Erziehungsstil)
  - Gesprächsführung (Argumente, Gesprächsstrategie)
- Die Tochter
  - Persönlichkeit (Einstellungen, Befindlichkeit)
  - Gesprächsverhalten (verbale und nonverbale Reaktionen)
- Die Schule
  - Lehrer (Charaktere, pädagogische Ziele)
  - Beziehung Lehrer – Schüler
- Die Vater-Tochter-Beziehung: Generationsproblem
- Die Aussage: Situation des Jugendlichen

Zu Aufgabe 2:

Als Ausgangspunkt für eine Stellungnahme böten sich die beiden letzten Zeilen des Textes an.

Übung C 2
S. 149

Lösungsperspektive
Als besonders ergiebig für die Interpretation dieses Gedichts erwiese sich die Frage: Was kritisiert GRASS? Es könnte dann herausgearbeitet werden
die Kritik an der Gesellschaft
- zu wenig Information über Gefahren und Machtmissbrauch
- zu wenig Betroffenheit angesichts der Gefahren und des Machtmissbrauchs
- zu wenig echtes und planvolles Engagement bei den Versuchen, den Gefahren und dem Machtmissbrauch entgegenzuwirken.

Hierbei wäre auch die Frage einzubeziehen, mit welchen sprachlichen Gestaltungsmitteln GRASS diese Kritik formuliert.

Es wäre lohnenswert, im Schlussteil zu erörtern, ob solche Kritik (die zur Entstehungszeit des Gedichts auf den Vietnamkrieg bezogen war) heute (noch?) aktuell ist und welches die Gründe hierfür sind.

Übung C 3
S. 152

Lösungsperspektive
Zu Aufgabe 1:

Bei der Interpretation müssten wohl folgende Schwerpunkte Beachtung finden:

- Thema: Abschaffung des „Scheins“ bei der Schwangerenkonfliktberatung
  (vgl. Z. 47: *nicht mehr ausgestellt*)
- Art des Schreibens
  (vgl. Z. 4 /5: *verstehender und brüderlicher Brief*)
- Grund des Schreibens
  (vgl. Z. 78: *Zweideutigkeit des Scheins*)
- Ziel des Schreibens
  (vgl. Z. 14: *Rettung des Lebens ungeborener Kinder*)

C

- Kritische Stimmen von außen
  (vgl. Z. 11: *Vor-Urteile* und Z. 69: *Bedenken*)
- Verhältnis Papst – deutsche Bischöfe
  (vgl. Z. 23: *grundlegende Einmütigkeit*)
- Haltung des Papstes zu den deutschen Bischöfen
  (vgl. Z. 45: *eindringlich bitten* und Z. 52: *wünscht ausdrücklich*)
- Haltung der deutschen Bischöfe gegenüber dem Papst
  (vgl. Z. 21: *dankbar* und Z. 50: *Folge leisten*)
- Fortsetzung der kirchlichen Beratung
  (vgl. Z. 51/52: *Wir werden sie noch verstärken*)
- Problemlösung
  (vgl. Z. 70: *Arbeitsgruppe*)

C

Bei der Berücksichtigung der sprachlichen Mittel wäre u. a. besonders herauszuarbeiten,
- wie deutlich der Papst darum bemüht ist, seine Abordnung als Bitte darzustellen
- wie sehr die Bischofskonferenz darum bemüht ist, das Gesicht zu wahren.

Zu Aufgabe 2:

Es müsste abschließend ausgeführt werden, wie schwierig es für die Bischofskonferenz sein dürfte,
- mit dieser Entscheidung breite Akzeptanz in der Bevölkerung zu finden
- die Bevölkerung von ihrer Eigenständigkeit zu überzeugen.

Übung C 4
S. 156

Lösungsperspektive
Folgende Aspekte dürften bei der Interpretation wohl nicht unberücksichtigt bleiben:

- Situation
- Anspruch auf Änderung
- Gewissheit des rechten Zeitpunkts
- Warnung vor einer Unterschätzung der Bewegung
- Aufforderung an die Schwarzen zur Gewaltlosigkeit
- Hinweis auf erste Erfolge bei den Weißen
- Betonung der Beharrlichkeit
- Erinnerung an die Leiden
- Vision der Zukunft: der Traum von der Gleichheit, Brüderlichkeit, Freiheit, Gerechtigkeit.

Bei der textanalytischen Untersuchung müssten (neben manchen anderen semantischen, syntaktischen und phonetischen Besonderheiten) besonders die zahllosen Metaphern Beachtung finden, die statt abstrakter Gedanken lebensnahe Bilderfülle bieten, deren unmittelbarer Eindringlichkeit man sich wohl emotional nicht verschließen kann, etwa

- Z. 6: *Leuchtfeuer*
- Z. 7: *Flammen*
- Z. 11/12: *Fesseln, Ketten*
- Z. 13/14: *Insel, Ozean*
- Z. 19: *Scheck*
- Z. 21: *Schuldschein*
- Z. 30: *Bank* usw.

Lösungsperspektive
Zu Aufgabe 1:

Übung C 5
S. 163

Folgende Gesichtspunkte wären für den Textvergleich geeignet:

- Publikum
  - Beurteilung durch den Dichter
  - Stimmung, Erwartung an das Schauspiel
- Dichter
  - Einschätzung seiner Aufgaben
  - Wahl des Gegenstandes
- Schauspieler
  - Ziele
  - Anforderungen

C

Denkbar wären auch folgende Aspekte:

- Wandel des Dichters
- Schaffensprozess
- Theaterraum
- Vergänglichkeit der Aufführung

Zu Aufgabe 2:

Hier wären wohl hauptsächlich die kulturelle, gesellschaftliche und unterhaltende Funktion zu thematisieren.

Lösungsperspektive
Der Vergleich müsste wohl zu folgendem Ergebnis führen:

Übung C 6
S. 164

1.	Thema „Vaterland" bei BRECHT	Thema „Vaterland" bei BUSCH
Direktheit:	– eindeutige Namensnennung des Landes: *Deutschland* (Z. 1)	– Verschlüsselung des Namens: *meines Vaters Land* (Z. 1/5/9) *schwarz/rot/gold* (Z. 2/6/10)
Schwerpunkt:	– Teilung des Landes (Z. 1, 3/4)	– Krieg, Kapitalismus (Z. 4/8/12)
Zeitbezug:	– Gegenwart und Zukunft (Z. 1 – 4, 7/8)	– Gegenwart und Vergangenheit (Z. 2, 6, 10)

2.	Verhältnis zum Thema bei Brecht	Verhältnis zum Thema bei Busch
Distanz:	– geringe Distanz (Z. 1)	– größere Distanz (Z. 3)
Sprechhaltung:	– kritisch, emotional (Z. 5 – 8)	– kritisch, „cool" (Z. 4/8/12)

Lösungsperspektive
Zu Aufgabe 1:

Übung C 7
S. 166

Hier ließen sich drei Problemkreise anführen, vor die ein Hirntoter den Arzt bzw. das Pflegepersonal stellt:

- das Problem des Zeitpunkts, an dem die lebenserhaltenden Maschinen abgestellt werden
- das Problem der Beziehung des Arztes bzw. des Pflegepersonals zum „lebendigen" Körper des „Toten"
- das Problem der angemessenen Gesprächsführung mit den Angehörigen.

Zu Aufgabe 2:

Die Erörterung könnte vor allem folgende Gesichtspunkte berücksichtigen:

- den sozialen Aspekt
  - Der Mensch ist Teil eines Ganzen.
  - Der Mensch ist ein einmaliges Individuum.
- den moralischen Aspekt
  - Der Mensch hat die Pflicht zur Solidarität.
  - Der Mensch hat das Recht auf die persönliche Würde.
- den psychologischen Aspekt
  - Eine Organspende könnte dem Tod einen Sinn geben.
  - Der Entscheidungsdruck könnte die Trauer erheblich stören.

Übung C8 S. 167

Lösungsperspektive

Zu Aufgabe 1:

Herauszuarbeiten wären Tellers Überzeugungen,
- dass ein Wissenschaftler keineswegs immer voraussagen kann, welche Anwendungsmöglichkeiten in seinen Forschungsergebnissen liegen
- dass nicht der Wissenschaftler die Verantwortung für die Anwendung seiner Forschungsergebnisse trägt, sondern der Anwender
- dass die Menschen es vielleicht lernen, Forschungsergebnisse verantwortlich zu gebrauchen.

Zu Aufgabe 2:

Die grundsätzliche Stellungnahme müsste sich wohl mit der Frage beschäftigen, ob der Wissenschaftler nicht doch die volle oder Teil-Verantwortung für seine Forschungen zu tragen habe. Außerdem könnte darüber reflektiert werden, ob das menschliche Verantwortungsbewusstsein für die gesamte Menschheit so ausgeprägt ist, dass eine Selbstbeschränkung auf das ethisch Verantwortbare realistisch ist.

Es wäre darauf hinzuweisen, dass BRECHTS „Galilei" im 13. Bild Bedenken äußert, die in deutlichem Widerspruch zu Tellers Haltung stehen.

Übung C9 S. 167

Lösungsperspektive

Die Erörterung müsste um diejenigen sprachlichen Mittel kreisen, die es möglich machen, durch gezielte Sprechstrategie als ein anderer zu erscheinen, als man ist. In Anlehnung an das biologische Phänomen Mimikry sind hierbei verbale Schutzmechanismen gemeint.

Denkbar wäre die Darlegung folgender Verbergungstechniken:
- Man sagt *wir* statt *ich*, z. B. *Wir wollen jetzt beginnen.* statt *Ich möchte, dass ihr jetzt beginnt.*
  (Solche – selten wörtlich zu nehmende – Verallgemeinerung verbirgt den persönlichen Willen.)
- Man sagt *man* statt *ich*, z. B. *Man freut sich, wenn das Telefon klingelt.* statt *Ich freue mich über deinen Anruf.*
  (Solches Verstecken hinter einer Gesetzmäßigkeit verhindert den Blick auf die persönlichen Gefühle.)
- Man „verpackt" ein Eingeständnis einer Schwäche in einen Vorwurf an den anderen, z. B. *Du hättest mich ruhig daran erinnern können.* statt *Es ist mir unangenehm, dass ich es vergessen habe.*

(Solche Umwandlung der Ich-Perspektive in die Du-Perspektive lenkt von der eigenen Schwäche ab.)
- Man verwendet viele Fremdwörter, z. B. *Er hat einen eklatanten Fauxpas begangen.* statt *Er hat sich daneben benommen.*
  (Man gibt sich „gebildet", dieser (vermeintliche!) Image-Gewinn könnte vorbauen für Situationen, in denen man nicht so stark ist.)
- Man macht ein „wissendes" Gesicht und schweigt.
  (Solche Fassadentechnik könnte – bei Gelingen – als Souveränität gedeutet werden.)

Nach solcher Darlegung müsste natürlich aufgezeigt werden, dass sprachliche „Mimikry" – ähnlich wie in der Natur – ein Sonderfall ist und unsere Kommunikation in der Regel authentischer ist.
(Vgl. hierzu Schulz von Thun: Miteinander reden, S. 107 ff.)

C

Übung C 10
S. 167

Lösungsperspektive
Die Erörterung zielt auf den Deutsch-Lehrplan an der Schule, in dem bekanntlich der Literaturunterricht eine große Rolle spielt.

Ein Zugang zu diesem Thema ließe sich leicht mit einem kleinen Trick finden, nämlich mit dem Denkmodell: Was fehlt dem Deutschunterricht, wenn es keinen Literaturunterricht gäbe? Da kämen bald Argumente wie diese:

- Literaturunterricht kann den Horizont erweitern.
  (Man lernt ein Stück Kultur kennen und manches Problem/Thema, mit dem man sich sonst kaum beschäftigen würde.)
- Literaturunterricht kann interessante Gesprächsanlässe geben.
  (Man hat Gelegenheit, über Wichtiges mit anderen zu kommunizieren.)
- Literaturunterricht kann Kreativität freisetzen.
  (Die Distanz zu Autor und Stoff kann Lust auf eigene Bearbeitungen machen.)

In diese positive Argumentation müssten sich jedoch auch kritische Überlegungen mischen, etwa
- Literarische Texte sind meist älter.
  (Ihre Aktualität muss dann erst durch Übertragung in die Gegenwart herausgearbeitet werden.)
- Literarische Texte sind Produkte der Phantasie.
  (Der konkreten Wirklichkeit müsste evtl. mehr Raum im Deutschunterricht gegeben werden.)
- Literarische Texte tragen nicht zur unmittelbaren Lebensbewältigung bei.
  (Schüler brauchen oft unmittelbare Orientierungshilfen.)

Übung C 11
S. 168

Lösungsperspektive
Ein solches Gespräch könnte folgende Themen zur Sprache bringen:

- wie man sein Leben plant
- was im Leben wichtig ist
- welchen Stellenwert der Beruf hat
- welche Einstellung man zur Zeit hat
- welche Bedeutung Gefühle haben
- welche Beziehung man zu anderen Menschen hat
- welche Hoffnungen, Wünsche und Träume man hat
- welche Rolle die Umgebung (Orte, Natur, Atmosphäre) spielt.

Übung C 12
S. 169

Lösungsperspektive
Dieser Text gibt wohl kaum Gelegenheit zu einer „Gegendarstellung". Er könnte jedoch Anlass sein zu einer ausführlichen Ergänzung der anderen Seite des gespaltenen Wesens Wort (vgl. Z. 4), die im Text nur angedeutet ist (vgl. Z. 17 und 26).

Möglich wären dann vertiefende Ausführungen zur positiven Kraft des Wortes, etwa

- im persönlichen Bereich: wenn jemand das Gespräch braucht und findet
- im pädagogischen Bereich: wenn Worte intellektuelle oder persönliche Orientierung bieten
- im gesellschaftlichen Bereich: wenn Worte Zusammenarbeit und Gemeinschaft ermöglichen
- im politischen Bereich: wenn Worte Veränderungen unhaltbarer Zustände bewirken (z. B. MARTIN LUTHER KING).

Stichwortverzeichnis

Was man im Buch suchen könnte